Für Herrn Helmut Schilpp –
zum 90. Geburtstag zugeeignet,
verbunden mit einem ganz herz-
lichen Segenswunsch!

Ihr Pater Medard Kehl SJ

Bilder des Himmels

Klaus Berger
Wolfgang Beinert
Christoph Wetzel
Medard Kehl

Bilder des Himmels

Die Geschichte des Jenseits von der Bibel bis zur Gegenwart

HERDER
FREIBURG · BASEL · WIEN

Seite 2: Andrea Mantegna, „Oculus“, 1474 vollendet, Durchmesser 269 cm; Mantua, Palazzo Ducale
Das illusionistische Gemälde in der Camera degli Sposi, dem Schlafgemach des fürstlichen Ehepaars, „öffnet“ die Decke. Mantegnas Auftraggeber war Markgraf Ludovico Gonzaga.

Vorwort

Wir sind Kinder des Himmels. So wie physiologisch zum Menschen die Fähigkeit zum aufrechten Gang gehört, so ist die Orientierung nach oben Teil unserer archetypischen Seelenausstattung: Der Himmel ist das „Jenseits“ schlechthin. Die Religionsgeschichte bezeugt es mit der zentralen Rolle der Himmelsgottheiten. Dabei ist die Unterscheidung des kosmischen, naturalen Himmels („sky“) und des metaphysischen, jenseitigen Himmels („heaven“) beileibe keine moderne Erfindung, sondern reicht in der Geschichte der Himmelsvorstellungen zurück in biblische Zeiten.

Dieses Buch erzählt eine „Geschichte des Himmels“. *Klaus Berger* führt zurück zu den biblischen Anfängen und ihrer bleibenden Aussage. *Wolfgang Beinert* durchschreitet die Mentalitätsgeschichte des Himmels im Abendland – von den christlichen Anfängen und ihren außerchristlichen Vorgeschichten über die Neuzeit bis zur Gegenwart und wirft Seitenblicke auf außerchristliche Himmelsvorstellungen. *Medard Kehl* stellt die Frage nach der Wahrheit der Bilder in ihrem Wandel: Welche Vorstellung vom Jenseits lässt sich heute verantworten? *Christoph Wetzel* erschließt die Fülle der überlieferten Bildfindungen und ihren Wandel bis zur Moderne. Von ihm stammen auch das Bildprogramm des Buches insgesamt sowie die Bildlegenden.

„Wie im Himmel, so auf Erden“: Dieser Ur-Satz einer Religionsgeschichte des Himmels beschreibt die Selbsterfahrung des biblisch geprägten Menschen, Zentrum eines Dramas zu sein, in dem die heilvolle Herrschaft des Himmelsgottes um ihre Durchsetzung auf Erden ringt. Das Gemälde „Johannes auf Patmos“ von Hieronymus Bosch bringt diese Dynamik zum Ausdruck (Abb. gegenüber). Der Blick des Menschen im Zentrum des Bildes ist nach oben gerichtet, vom Himmel her offenbart sich das göttliche Zeichen der apokalyptischen Frau (Offenbarung des Johannes, Kap. 12). In der Diagonale dieses Blicks stehen der helle Engel und der dunkle Dämon. Damit sind Bühne und Personal des Dramas dargestellt, um das es nach *Klaus Berger* unter dem Stichwort „Himmel“ im Christentum geht: um den endgültigen Sieg des Schöpfergottes über jene widergöttlichen Mächte, die mit ihm um Geschichte und Geschick der Menschen streiten.

„Wie auf Erden, so im Himmel“: So ließe sich die Wende beschreiben, in dem nicht mehr ein göttliches Drama, sondern die ins Unendliche ausgeweiteten Glückserfahrungen des Menschen mehr und mehr in den Fokus des Interesses am „Himmel“ geraten. Nach *Wolfgang Beinert* rückt in der Renaissance die Wiederbegegnung mit lieben Verstorbenen ins Zentrum der Himmelssehnsucht, ja in der Folge wird der Himmel selbst zum Ort, an dem die wahrhaft Liebenden zueinander finden. Am Ende ist dieses Jenseits allerdings nur wenig davor geschützt, vom Hoffnungsbild eines nach dem Tode erwarteten Zustands umzuschlagen in eine Metapher der Zielgestalt oder Höchstform irdisch erlebbaren Glücks.

Das in diesem Buch als Frontispiz abgebildete Deckenmedaillon Andrea Mantegnas aus der Camera degli Sposi im Palazzo Ducale in Mantua illustriert bereits diesen Wandel: Die perspektivische Illusion einer sich öffnenden Himmelskuppel findet sich im Zentrum eines fürstlichen Schlafzimmers. Der Pfau als Unsterblichkeitsvogel, die geflügelten Putten – oder sind es Eroten? – verherrlichen den Himmel einer recht irdischen Liebe.

In den imposanten Deckengemälden des Barock feiert ein Naturalismus des Himmels Triumphe. Anders als in frühchristlichen und mittelalterlichen Bildfindungen oder in der bewussten Zweidimensionalität ostkirchlicher Ikonenmalerei dient hier die perfekte künstlerische Illusion des naturalen Himmels dazu, das Jenseits unmittelbar anschaulich zu machen. Der Himmel als Ballsaal der Engel – bei aller Glorie dieses jenseitigen Banketts gerät der so dargestellte Himmel neuzeitlich unter den Verdacht bloßer Projektion. In der Folge wenden sich Ikonographie und Theologie des Himmels der Abstraktion zu (vgl. *Christoph Wetzels* Ausführungen zu den zeichenhaften Himmelsbildern der Neuzeit).

Hieronymus Bosch, „Johannes auf Patmos“, um 1503, Öl auf Holz, 63 x 13,3 cm; Berlin, Gemäldegalerie
Das Gemälde zur Offenbarung des Johannes verbindet die Bereiche Firmament, Erde und Jenseits, Letzteres in Form des geöffneten Himmels mit der Erscheinung der apokalyptischen Frau. Die von links oben nach rechts unten „fallende“ Diagonale kennzeichnete die Vision als kontemplative, dem Seher zuteil werdende Schau. Als Vermittler erscheint der Engel; er wird Johannes auf den Berg führen, um ihm das vom Himmel auf die Erde gesandte neue Jerusalem zu zeigen. Jene Diagonale endet rechts unten bei einem teuflischem Kobold, einem Abgesandten aus dem dämonischen Jenseits. Die Erde ist Schauplatz des Widerstreits zwischen himmlischem Licht und dem Feuer der Finsternis – im Hintergrund steht ein Schiff in Flammen –, doch ist das neue Jerusalem mit einem neuen Himmel und einer neuen Erde verbunden.

Wie lässt sich unter diesen Bedingungen eine Vorstellung vom jenseitigen Schicksal des Menschen gewinnen? *Medard Kehl* unternimmt einen Gang durch die überlieferten Bilder der „Letzten Dinge“, um sie zum Sprechen zu bringen. Im Fest des zerbrechlichen menschlichen Lebens erscheint nach wie vor das geerdete Bild des Himmels. Die Hoffnung auf den Himmel erweist sich gegenüber jedem Verdacht als hartnäckig – solange die Sehnsucht der Menschen sich mit nicht weniger zufrieden gibt als mit dem, was „kein Auge jemals gesehen hat“ (Paulus, 1. Korintherbrief, Kap. 2, Vers 9).

Zwei Himmelsbilder

Ein Buch über „Bilder des Himmels“ handelt von einem Vorstellungsbereich, der sich in Sichtbares und Unsichtbares teilt. Doch von jeher diente Sichtbares sprachlich und bildnerisch den Allegorien des Unsichtbaren bis hin zu einer Gleichsetzung dessen, was als Vergleich dient, mit dem, was verglichen wird. Ein Beispiel ist das „Bild“ der erahnten, als „Sphaira, Kosmos, Universum“ bezeichneten Unermesslichkeit. Sie eignet sich für den Vergleich mit der göttlichen Allmacht. Dieser Himmel, der das von Gott erschaffene Firmament übersteigt, wird nicht allein zum Thronsaal Gottes und Aufenthaltsort von Engeln und Seligen, sondern Gott selbst ist der Himmel.

Eine Bestätigung dieser Vorstellung *ex negativo* enthält die pflichtgemäße, da ideologisch korrekte Auskunft von Jury Gagarin, dem ersten Menschen im Weltall, bei seinem Flug in der Raumkapsel „Wostok I“ (1961) sei er Gott nicht begegnet. Beruht dieser „Beweis“ der Nicht-Existenz Gottes auch auf ganz und gar trivialen Gottesvorstellungen, so wirft er doch ein Schlaglicht auf die Fragwürdigkeit „wörtlich“ genommener Bilder. Zwar wird heute, wie Klaus Berger bereits im Fazit des 1. Kapitels festhält, „kein Mensch (mehr) Gott im Weltall suchen, sondern die Rede vom Himmel als Bild deuten“. Doch das religionsgeschichtliche und zugleich ganz gegenwärtige Leitthema des Buches handelt von „Himmel und Erde“ und somit von „Gott und den Menschen“. Was bedeutet in dieser Hinsicht die Rede vom Himmel als Bild?

An dieser Stelle sei die Frage zugespitzt auf die Gegenüberstellung von zwei „Himmelsbildern“: Das eine verbildlicht Worte des Propheten und Sehers Jesaja „figurativ“, das andere visualisiert die Messdaten eines der Astroteleskope, deren „Blick“ bis an die Grenzen des Universums zu reichen verheißt, um dessen Entstehung auf die Spur zu kommen. Das eine durchschaut den „Schleier“, als welcher der Himmel ausgespannt ist (Jes 40,22), und den der Psalmist mit einem „Zelt“ bzw. in Luthers Übersetzung mit einem „Teppich“ vergleicht (Ps 104,2). Alle drei Textilien lassen sich ausbreiten und wieder einrollen – ein Motiv, das in den Abbildungen des 1. und des 2. Kapitels je einmal vertreten ist. Mit anderen Worten: Die imaginären Himmelsbilder spiegeln eine durch religiöse Bilderverbote selten zu unterdrückende Affinität des Menschen zum Bild. Die Gegenüberstellung von „damals“ und „heute“ erschöpft sich nicht in der Unterscheidung zwischen einer biblisch fundierten Bildsprache einerseits und dem Ergebnis wissenschaftlich-technischer Errungenschaften andererseits. Gemeinsam ist der imaginäre Charakter mit dem jeweiligen Anspruch, Wahrheit und Wirklichkeit als Bild vor Augen zu führen.

Abb. gegenüber: „Gottesvision und Berufung des Jesaja“ in einer Prachthandschrift des Buches Jesaja mit Randglossen, Reichenau, um 1000, Tempera und Gold auf Pergament; Bamberg, Staatsbibliothek, Msc. Bibl. 76, fol. 10 v
Das Werk der ottonischen Buchmalerei bezieht sich auf den Beginn von Jesaja 6 mit der Berufung des Propheten: Zu Füßen Gottes in der Gestalt Christi nimmt einer der Serafim „mit einer Zange eine glühende Kohle vom Altar“, um damit die „unreinen Lippen“ des zum Prophetenamt Berufenen zu berühren: „Deine Schuld ist getilgt, deine Sünde gesühnt“ (Jes 6,6f). Aus der Mandorla sprießen Blätter mit goldenen Strahlenbündeln. Es sind hier wie an anderer Stelle Bildzeichen für den „Glanz der Herrlichkeit des Herrn“ (Ezechiel 10,4) und der Blitze, des Donners und Hörnerschalls auf dem Sinai (Exodus 19,16), die auch in der Offenbarung des Johannes vom Thron Gottes als „Blitze, Stimmen und Donner“ ausgehen (4,5).

Folgende Doppelseite: Das fotografische Himmelsbild zeigt unsere heimatliche Galaxie, die Milchstraße, mit Blick in Richtung des Sternbilds Schütze. Die Aufnahme entstand am 17. Juli 1999 kurz vor 1.00 Uhr auf dem Roque de los Muchachos, dem höchsten Berg (2426 m) der kanarischen Insel La Palma. Hier befindet sich eine der modernsten Sternwarten der Welt.

Himmel – Biblische Grundlegung

Einführung. Die Bildseite befindet sich in einer Prachtausgabe des Machsor (hebr. „Wiederholung"), einer Sammlung von Gebeten im Jahreszyklus. Sie enthält eine Reihe von Motiven bzw. Themen des folgenden, in drei Teile gegliederten Kapitels über die biblische (und apokryphe) Grundlegung des Bildbereichs „Himmel". Es handelt zunächst von der Schöpfung, der Erschaffung des Firmaments und der Gestirne. Darauf bezieht sich das vom Buchmaler oben angebrachte Himmelssegment, das von einem roten Wolkensaum gerahmt wird (Abb. 1). Den Unterschied zwischen diesem sichtbaren, erschaffenen Himmel und dem göttlichen Himmel deutet die Hand Gottes an.

Dieses Symbol steht hier in Zusammenhang mit der szenischen Darstellung in der oberen Hälfte: Nachdem Mose 40 Tage und Nächte auf dem Berg Sinai verbracht hatte (Ex 24,18), übergab Gott ihm „die beiden Tafeln der Bundesurkunde" (Ex 31,18). Zu beiden Seiten symbolisieren Engel mit Posaunen den „Hörnerschall" beim Erscheinen Gottes auf dem Berg (Ex 19,19). Die Augen dieser zur Erde gestiegenen Himmelsbewohner werden durch ihre Kronen verdeckt; ein Motiv, das sich auf Verse im Kapitel über die Erneuerung des Bundes beziehen lässt: Mose bittet, die Herrlichkeit des Herrn zu sehen. Zwar wird Gott seine „ganze Schönheit (an ihm) vorüberziehen lassen", aber „Du kannst mein Angesicht nicht sehen; denn kein Mensch kann mich sehen und am Leben bleiben" (Ex 33,20). Dies kann in gewisser Weise auch für die himmlischen Wesen gelten – als Sehende oder gesehen Werdende. So verdeckt eines der drei Flügelpaare der Serafim ihre Gesichter (Jes 6,2). Darüber hinaus klingt hier das Thema der Unsichtbarkeit des göttlichen Himmels an, die allein in Visionen aufgehoben zu sein scheint.

Die dreizeilige Inschrift auf der unteren Hälfte des Bildfeldes beginnt in goldenen Buchstaben: „(der) Herr" ('adon) und fährt in dem hellen Schriftfeld im Hinblick auf Moses Gemeinschaft mit Gott auf dem Sinai fort: „hat mich wahrhaftig neben sich wohnen gemacht." Auf dem Sinai hat Mose das „Muster / Urbild" des Heiligtums geschaut, dessen Errichtung und Ausstattung in allen Einzelheiten einen Bestandteil der „Anordnungen für Heiligtum und Kult" bildet („Das Heiligtum und seine Geräte", Ex 25,1–27,21). Konkret handelt es sich um das Offenbarungszelt / die Stiftshütte, aus der retrospektiven Sicht der Entstehung des Buches Exodus jedoch um den Tempel in Jerusalem.

Das zur Einführung gewählte Sinai-Bild weist voraus auf den Abschnitt „Berge als Eingänge zum Himmel". Darüber hinaus bietet es mit der Darstellung der Übergabe der Gesetzestafeln ein Beispiel für die „Richtung von oben nach unten". Von ihr handelt der 2. Teil dieses Kapitels. Das Thema des 3. Teils ist „Die Richtung von unten nach oben" mit dem Abschnitt „Das Erheben der Augen und Hände" – eine Geste, welche auf dem einleitenden Bild die Israeliten am Fuß des Berges Sinai auf vielfältige Weise und doch gemeinsam ausführen.

Abb. 1: „Empfang und Weitergabe der Gesetzestafeln am Berg Sinai", Seite im Machsor des Schreibers Re'uben, um 1290; Dresden, Sächsische Landesbibliothek – Staats- und Universitätsbibliothek, Mscr. Dresd. A 46a, fol. 202 v
Entstanden ist dieser Machsor wahrscheinlich in Esslingen am Neckar. Hier wurden im 13. Jh. mehrere Kirchen im Stil der Frühgotik errichtet, und es dürfte kein Zufall sein, dass zum Rahmenschmuck dieser Seite seitlich und oben in der Mitte gotische Fialen gehören, also schlanke Türmchen mit knollenblättrigen Krabben (Kriechblumen) am Turmhelm und einer ähnlich gebildeten Kreuzblume als Spitze. Insgesamt entspricht die Illumination der christlichen Ikonographie, etwa beim gestirnten Himmelssegment mit der Hand Gottes.

SCHÖPFUNG UND OFFENBARUNG GOTTES

Die Menora, ein Symbol der sieben Tage der Schöpfung. Detail aus dem Bodenmosaik der Synagoge von Bet-Schean (Skythopolis, Nysa) in Galiläa, 6. Jh.(?)

Der sichtbare und der unsichtbare Himmel. In der Bibel ist „Himmel" eine komplexe Wirklichkeit, die das sichtbare Firmament ebenso umfasst wie den Ort Gottes, der Engel und der Seligen. Am sichtbaren Himmel (das „Antlitz" des Himmels) fliegen Vögel und könnten auch wunderbare „Zeichen am Himmel" geschehen. Der unsichtbare Himmel dagegen ist ein verborgenes Etwas, in dem alles das, was in der Zukunft gut sein wird, aufgehoben ist. Der sichtbare Himmel bestimmt das Licht und die Zeit, der unsichtbare verbirgt die Unvergänglichkeit (Abb. 2).

Der Himmelsgott. Diese vielfältigen Funktionen erfüllt der „Himmel" hauptsächlich deshalb, weil der Gott der Bibel eindeutig ein Himmelsgott ist, dessen Merkmal eben Licht und nicht Finsternis ist. Dieser Gott hat nichts im Sinn mit der Unterwelt, die es zweifellos gibt, die aber der Ort der Gottesferne ist. Die Unterwelt war in den umliegenden Fruchtbarkeitskulten (Abb. 3) der Ort der Götter, die den Kreislauf von Zeugen und Sterben bedingten und in Gang hielten. Damit hat der Gott des Himmels nichts zu tun. Die Option für den Himmelsgott im Kontrast zu den Göttern der Unterwelt

Abb. 2: „Creator mundi" im Palatina-Stundenbuch aus England, um 1320–50, Tempera und Blattgold auf Pergament, 21 x 12,7 cm; Vatikanstadt, Biblioteca Apostolica Vaticana, Pal. lat. 537, fol. 36 r
Die Miniatur zeigt den „Schöpfer der Welt" in der Gestalt Christi, die Rechte im Gestus des Segnens erhoben. Ihn umgeben Hinweise auf den 3. Tag der Schöpfung (Trennung von Wasser und Land, Pflanzen der Erde), den 4. Tag (Sonne, Mond und Sterne), 5. Tag (u.a. Tiere der Luft) und den 6. Tag (u.a. Tiere auf dem Land). Ähnlich ‚fragmentarisch' wie das Bild der Schöpfung ist der Text. Vollständig würde er lauten: *Domine labia mea aperies. Et os meum annunciabit laudem tuam* („Herr, öffne meine Lippen. Und mein Mund wird deinen Ruhm verkünden"; Ps 51,17). Eingetragen ist der 2. Teil, beginnend mit der prachtvollen Initiale E(t). Die herausragende Bedeutung dieser Miniatur beruht aber auf der Unterscheidung zwischen dem sichtbaren gestirnten Firmament in Form von zwei Himmelssegmenten mit Wolkensaum sowie einem durch die Farbe Gold symbolisierten zeit- und raumlosen, unsichtbaren Himmel.

Abb. 3: Nordsyrisches Rollsiegel mit der Heiligen Hochzeit des Baal, 1750–1650 v. Chr.; Freiburg (Schweiz), Sammlungen Bibel+Orient der Universität Freiburg, VR 1992.1
Der Wettergott schreitet mit Keule und Lanze auf seine Partnerin zu. Sie steht auf Baals Symboltier, dem Stier, und hebt zum Zeichen ihrer Liebesbereitschaft den Schleier. Von rechts eilen Verehrer zu dieser Heiligen Hochzeit, die dem Land seine Fruchtbarkeit sichern soll. Im Alten Testament kämpfen die Propheten gegen den Kult des Baal, und im Buch Hosea wird das mit Silber und Gold überhäufte Israel beschuldigt, dass es daraus „dann Baalsbilder machte" (Hos 2,10). In diesem Zusammenhang erweist sich Jahwe seinerseits als Wettergott, der den „Ehebruch" bestraft: „Ich mache sie der Wüste gleich, wie verdorrtes Land mache ich sie und lasse sie verdursten" (Hos 4,5).

Abb. 4: Ein Engel rollt am Jüngsten Tag das Firmament wie eine Buchrolle ein, Codex Parisinus, Konstantinopel, 11. Jh.; Paris, Bibliothèque nationale, par. gr. 74, fol. 51 v
Der Ausschnitt aus einer figurenreichen Darstellung des „Jüngsten Gerichts" im Evangelium nach Matthäus (25,31–46) zeigt einen der Kerubim vor dem Weltenrichter, zwei Gruppen von Erlösten (die „Schafe zu seiner Rechten") sowie einen Engel, der den „alten Himmel" einrollt. Dieses Motiv bezieht sich auf Offenbarung 6,14. Ein Beispiel für die monumentale Gestaltung des Motivs enthält Giottos „Jüngstes Gericht" in der Arenakapelle von Padua (S. 44).

ist bis heute maßgeblich für alle jüdisch oder christlich beeinflusste Kultur. Sie ist auch extrem folgenreich in der Abwehr der Fruchtbarkeitskulte. Deswegen ist der Gott der Bibel der Schöpfer und nicht eine alles Leben gebärende Urmutter. Aber für die Bibel ist auch wichtig, dass Sonne, Mond und Sterne Geschöpfe Gottes sind, aber nicht selbst göttlich. Noch im Mittel- und Neuplatonismus wurden sie dagegen als „am Himmel wandelnde Götter" bezeichnet.[1]

Gegenbegriffe zum Himmel. „Himmel und Erde" meint die Gesamtheit der Räume des Alls. Dabei sind beide durchaus unterschiedlich wertvoll: Der Himmel ist unvergänglich, die Erde ist von Sterblichen bewohnt (1 Kor 15). „Himmel und Menschen" dagegen meint den Gegensatz von Gott und Mensch. „Himmel und Unterwelt" markiert den Ort Gottes und der Engel im Kontrast zur Scheol, dem Ort der sterblichen Menschenseelen nach dem Tod, wo sie nur vegetieren. „Himmel und Hölle" sind dagegen die Orte oder Zustände der endgültigen Belohnung oder Bestrafung. „Der alte Himmel" / „der neue Himmel" meint den vergänglichen Himmelsraum im Gegensatz zum unvergänglichen.

Die Geschichte des Himmels. Die Bibel weiß, dass der Himmel von Gott geschaffen ist, und zwar mit der Erde zusammen. Damit ist der „Kosmos" eben gerade nicht göttlich oder von Gottes Art, wie in Teilen der griechischen Philosophie. – Ebenso werden „Himmel und Erde" auch vergehen – wie alles Geschaffene. Hier freilich ist der Himmel nicht als Wohnsitz Gottes verstanden, sondern als Geschöpf. Der Himmel kann dann „krachend" einstürzen wie ein Zelt, er kann eingerollt werden wie eine Buchrolle (Abb. 4). Im Kontrast zu diesem zeitlich-geschöpflichen Himmel steht Gottes Unvergänglichkeit oder die seines Wortes. (Der Himmel als Gottes Thron in Jes 66,1 richtet sich gegen den irdischen Tempel, vgl. die Rede des Stephanus, Apg 7,49.)

Die Geographie des Himmels. Im Alten Orient dachte man sich die Erde als flache, auf dem Wasser schwimmende Scheibe. Unter dem Wasser war die „Unterwelt". Über der Erde erstreckt sich flach und fest das Firmament, an dem sich Sonne, Mond und Sterne bewegen. Hinter der Oberfläche des Himmels ist (nach oben hin) der Innenraum des Himmels. In diesen kehrt die Sonne beim Untergang zurück, aus diesem kommt sie beim Aufgang hervor.

Abb. 5: „Aaron und das als Tempel dargestellte Offenbarungszelt", 244/245 n. Chr.; Wandgemälde in der Synagoge von Dura Europos (Syrien)
Mit der „Weihe des Heiligtums" endet das Buch Exodus (40,1–38). Es entspricht der retrospektiven, den Tempel in Jerusalem voraussetzenden Sicht dieses Buches, dass jene transportable Kultstätte (in Luthers Übersetzung „Stiftshütte") hier ein antikes Bauwerk ist. Im Vordergrund steht die siebenarmige Menora. Auf diesen Leuchter bezieht sich die Anweisung Gottes an Mose: „Sieh zu, dass du *ihn* nach dem Muster ausführst, das du auf dem Berg gesehen hast" (Ex 25,40); unter Muster ist jedoch das gesamte Heiligtum bzw. dessen „Urbild" (Hebr 8,5) zu verstehen. Dies verdeutlicht die Lutherbibel: „Und sieh zu, dass du *alles* machest nach dem Bilde, das dir auf dem Berge gezeigt ist" (Ex 25,40).

Diese Bewegungen geschehen durch Tore. – Erst in jüngeren persischen (iranischen) Quellen gibt es die Anschauung von sieben oder acht Sphären des Himmels. Vermutlich entstand diese Anschauung durch Verschmelzung der babylonischen Auffassung von den sieben Planeten und ihren Bahnen mit der älteren iranischen Lehre der drei oder vier Himmel. – Zwischen den Sphären entsteht dann dadurch, dass sie sich gegeneinander drehen, die Sphärenmusik (Plato und Cicero[2]; vgl. Abb. 7).

Im Übrigen enthält der Himmel Kammern, in denen Tau, Regen, Schnee, Hagel, Blitz und Donner verwahrt werden. Engel bedienen diese Kammern zur rechten Zeit nach der Ordnung des Himmels. Propheten wie Elija können freilich auch mit ihrer Vollmacht die Regenschleusen des Himmels und damit „den Himmel" verschließen, als Beugestrafe für die Menschen (so auch Offb 11,5). – Davon zu unterscheiden sind himmlische Schatzkammern (Vorratshäuser), in denen für jeden einzelnen Menschen der unvergängliche Ertrag seiner Taten als „himmlischer Schatz" aufbewahrt wird.

Vor allem von Plato geht die Überzeugung aus, dass der Himmel immateriell und rein geistig ist. Das bedeutet: Er ist nicht räumlich, denn alles Materielle ist räumlich, und nur dieses. Die Folge ist: Bis tief in die mittelalterliche Kunst hinein äußert sich die Überzeugung, dass der Himmel nicht materiell ist, in der Darstellung darin, dass er nur zweidimensional vorgestellt und dargestellt werden kann. Bereits in den Hymnen aus Qumran existieren deshalb die Engel nur flächenhaft.

Die Entsprechung von Himmel und Erde. Der Satz „Wie im Himmel, so auf Erden", galt schon bei den Sumerern und Babyloniern, und zwar so, dass dem irdischen Geschehen und den irdischen Dingen himmlische Entsprechungen geradezu spiegelbildlich gegenüberstehen. Nach Exodus 25,40 erhält Mose den Auftrag, den Tempel in Jerusalem[3] in allem nach dem Vorbild des himmlischen Tempels zu errichten, der ihm auf dem Sinai gezeigt worden sei (Abb. 5). Diese Stelle wird im Neuen Testament im Hebräerbrief 8 zitiert, der nun in der Tat das himmlische Heiligtum als den Ort der wahren und gültigen, ewigen und wirksamen Kultordnung „nach Melchisedek" ansieht, deren Hoherpriester Jesus Christus, der zum Himmel Erhöhte, ist.

Denn als der (Auferstandene und) Erhöhte tritt Jesus Christus beim himmlischen Vater für die Menschen ein und reinigt die entscheidende Dimension, nämlich das Gewissen der Menschen. Die irdische Kultordnung nach Mose hat dagegen nur äußerliche Reinheit bewirkt, und weil sie keine für immer gültige Reinheit zu schaffen vermochte, musste der Deckel der Bundeslade jedes Jahr am Jom Kippur neu gereinigt werden (Abb. 6). Jesu Opfer ist dagegen einmal und ein für allemal dargebracht worden, so dass fortan kein blutiges Opfer in irgendeinem irdischen Tempel mehr vollzogen werden muss.

Verwandt mit der Konzeption „Wie im Himmel, so auf Erden" ist die Vorstellung von Makrokosmos und Mikrokosmos: Der Kosmos wird öfters (z. B. in Zeus-Hymnen[4]) als großer Mensch gedacht, und entsprechend der Mensch als kleines Abbild des Kosmos. In Hymnen wird der Himmel oft Haupt (Gesicht) des jeweiligen Gottes genannt, z.B. des Zeus'; seine Augen sind dann Sonne und Mond. Diese Ansicht von der riesenhaften Größe Gottes könnte auch der Ursprung sein für die urchristliche visionäre Erfahrung, dass Jesu Gestalt bis an den Himmel reicht, das Haupt aber den Himmel überragt (Abb. 7). Allerdings wird auch von glücklichen Menschen gesagt, sie glaubten, mit ihrem Kopf bis zum Himmel zu reichen (Aristainetos; Horaz).[5]

Die im Vaterunser gemeinte Entsprechung von Himmel und Erde ist so zu formulieren: „Lass uns und andere deine Herrschaft anerkennen und deinen Willen tun, damit das, was im Himmel bereits geschieht, auch auf Erden wirklich werden kann." Damit ist – wie zahlreiche jüdische Vergleichstexte nahelegen – gemeint: Die Engel, die „über" die einzelnen meteorologischen Einrichtungen „gesetzt sind", tun bereits Gottes Willen, so auch alle Ge-

Abb. 7: „Maiestas Domini" in einem Reichenauer Perikopenbuch, frühes 11. Jh.; München, Bayerische Staatsbibliothek, Clm 4454, fol. 20 r

Die Maiestas Domini (Christus in der Mandorla, umgeben von den vier Evangelistensymbolen) ist hier mit zwei weiteren Motiven verbunden: Christus ist der Baum des Lebens, und die Mandorla wird vom Haupt der riesenhaften Gestalt Gottes überragt. Hinzu kommt eine ungewöhnliche Gestaltung der Evangelistensymbole: Wie die Mandorla mit dem Motiv des Himmelsträgers Atlas verbunden ist, so ruhen der Engel des Matthäus, der Adler des Johannes, der Löwe des Markus und der Stier des Lukas auf weiblichen Halbfiguren. Sie werden als Sirenen und mitunter als Personifikationen der Sphärenmusik in der Lehre Platos vom Kosmos gedeutet.

Abb. 6: Mose und das Offenbarungszelt im Psalter Ludwigs IX., um 1250, 21 x 15 cm; Paris, Bibliothèque nationale, Ms. lat. 10525, fol. 36 r
Die Buchmalerei verbindet Architekturmotive einer gotischen Kirche (z.B. Fialen) mit dem durch Vorhänge gekennzeichneten Offenbarungszelt, in dem Mose (zwei Hörner sind sein Attribut), der hier neben der Kultstätte steht, die Anweisungen Gottes erhält. Die Darstellung des Offenbarungszeltes bzw. der Stiftshütte folgt der Beschreibung des Heiligtums in Exodus 34–40. Links erscheint der goldene Kultleuchter Menora, hinter dem der Tisch mit den Schaubroten steht, rechts die Bundeslade. Statt der beiden Kerubim auf der Deckplatte flankieren zwei „gewöhnliche" Engel in Gebetshaltung den Schrein.

HEC URBS EX VIVIS CONSTAT ꝯSTRUCTA LAPILLIS
IACOB
SA. PIET
EGO IN ALTISSIMIS HABITO
VIDEO DNM FACIE AD FACIEM
AN GE LI
CONFES SORES
VIR GINES
HIC SUNT TRANQUILLE SEDES EX GAUDIA MILLE

stirne. Nur der Mensch ist Gott nicht gehorsam. Er soll sich den Gehorsam der Engel und der (beseelten) Himmelskörper zum Vorbild nehmen und so seinen Frieden finden. Weil die Himmelskörper die Zeit angeben, kommt der Mensch nach monastischer Anschauung zu seiner Ordnung, indem er sich von den Himmelskörpern die genauen Gebetszeiten vorgeben lässt. Deshalb legen die Klöster besonderen Wert auf die Pünktlichkeit des Stundengebets und versuchen, die Zeiten sorgfältig zu ermitteln. Wie das syrische „Testament Adams“[6] zeigt, halten die Engel in jeder Stunde tags und nachts Gottesdienst im Himmel, zu jeder Stunde eine besondere Gruppe. – Im Rabbinat wird der Grundsatz „Wie im Himmel, so auf Erden“ allgemein und eignet sich auch zum Finden und Begründen weitreichender theologischer Folgerungen.

Der Himmel ist eine Stadt. Gemäß dem Grundsatz „Wie im Himmel, so auf Erden“ lässt sich der heilige himmlische Bereich Gottes vor allem beschreiben als himmlisches Jerusalem.

Nach Hebräer 12,22 sind die Christen nicht mehr theologisch gesprochen „am Berg Sinai“, sondern sie stehen vor dem Berg Zion. „Hier ist die Stadt Gottes, das himmlische Jerusalem“. Diese Stadt wird zugleich als Kirche, d.h. als Versammlung der Engel und der Gerechten angesprochen. Diese Verwendung des Wortes Kirche weist im Übrigen auf den urbanen, städtischen Charakter der „Volksversammlung“ (griech. *ekklesia)* und damit auch der Bezeichnung der christlichen Gemeinde als Kirche. In der Endzeit erwacht diese himmlische Stadt zu neuer Aktualität: Die Christen sind wie Neubürger dieser Stadt (Abb. 8). Das gilt nicht nur für Hebräer 12, sondern auch für Galater 4: Das himmlische („obere“) Jerusalem ist die Mutter der Christen. Die Juden vor und ohne Christus gehören zum irdischen Jerusalem. Die Christen sind dagegen Bürger der himmlischen Stadt (wie auch Philipper 3,20: „unser Bürgerrecht ist im Himmel“). – Nach der Offenbarung wird nun etwas ganz Unerhörtes geschehen: Das himmlische Jerusalem kommt herab auf die Erde (s.u.).

Der Himmel als Buch. Die Sterne fasste man als Schriftzeichen am Himmel auf, und in diesem Himmelsbuch sah man auch alle Ereignisse der Geschichte aufgeschrieben. Schon das jüdische Jubiläenbuch aus dem 2. Jh. v. Chr.[7] zeigt, dass die Ordnung der Geschichte (in Jubiläen nach dem Siebenerschema geordnet) in enger Korrespondenz zum Kalender steht. Im Jubiläenbuch ist Geschichtsschreibung Kalenderwissenschaft und umgekehrt. Diese Verknüpfung hält sich bis in mittelalterliche Chroniken durch. – Bis heute meinen Astrologen, insbesondere aber ihre zahlreiche Klientel, die Konstellationen des Himmels könnten Auskunft über irdische Geschicke und Geschichte geben (Abb. 9).

Insgesamt unterscheidet man fünf Spielarten des himmlischen Buches: den himmlischen Kalender (astronomisch an Sonne und Mond orientiert), das himmlische Tatenregister (über die Taten der Menschen, von Henoch geführt, zum Gericht hervorgeholt), die himmlische Bürgerliste, in der die Namen der Himmelsbürger stehen (oder auch nicht), das

Abb. 8: Allegorie des himmlischen Friedens als Einleitungsbild einer Handschrift *De civitate Dei* von Augustinus, Tempera und Blattgold auf Pergament, Böhmen, 12. Jh.; Prag, Hradschin, A. 7., fol. 1 v
Mauern und Türme charakterisieren die figurenreiche Darstellung als das Bild einer Stadt nach dem Vorbild des „neuen Jerusalem“ (Offb 21,9–22,5). Das Thema ist die „vollkommen geordnete und einträchtige Gemeinschaft des Gottgenießens und des wechselseitigen Genusses in Gott“. Zu dem hier herrschenden Frieden gelangt der Mensch während der irdischen Pilgerfahrt im Glauben (Augustinus). Zu beiden Seiten der Maiestas Domini mit den vier Evangelistensymbolen erscheinen die Allegorie der Weisheit *(sapientia)* und Jakob, der Stammvater der Kinder Israels.

Abb. 9: Zodiakus in der Synagoge von Bet-Alfa (Palästina), vermutlich aus dem 6. Jh. n. Chr.
Das Fußbodenmosaik in antiker Gestaltung ist ein spätes Beispiel für die jüdische Rezeption der babylonischen und ägyptischen Tierkreis-

Astrologie. Den Mittelpunkt bildet der Sonnengott Helios bzw. Phoebus Apollo. Ihn umrunden im Gegenuhrzeigersinn, unten beginnend, die Tierkreiszeichen bzw. Sternbilder Steinbock (Monat *Tebet,* Dezember/Januar), Wassermann, Fische, Widder, Stier, Zwillinge, Krebs, Löwe, Jungfrau, Waage, Skorpion und Schütze.

Abb. 10: Gebrüder Limburg, „Johannes auf Patmos" im Stundenbuch *Très Riches Heures* des Herzogs Jean de France, Duc de Berry, um 1415; Chantilly, Musée Condé, Ms. 1284, fol. 17 r
Während ein Adler, das Symboltier des Evangelisten Johannes, seine Flügel steil emporreckt, richtet der Seher den Blick in jäher Wendung hinauf zum Himmel, der sich in visionärer Schau geöffnet hat: „Und ich sah: Ein Thron stand im Himmel; auf dem Thron saß einer, der wie ein Jaspis und Karneol aussah. Und über dem Thron wölbte sich ein Regenbogen, der wie ein Smaragd aussah" (Offb 4,2f). Vers für Vers verbildlicht die Miniatur das 4. und 5. Kapitel der Offenbarung: die vier Lebewesen, das versiegelte Buch und das Lamm sowie die 24 Ältesten in einer perspektivisch wiedergegebenen Art von Chorgestühl; es evoziert die Räumlichkeit eines Thronsaals; der Eindruck von dreidimensionaler Ausdehnung ist ein Merkmal der Kunst an der Schwelle der Neuzeit. Die mitten in der Arbeit an dem „Außerordentlich kostbaren Stundenbuch des Herzogs von Berry" 1416 (wie auch ihr Auftraggeber) gestorbenen drei Gebrüder Limburg schufen hier nicht eine Illustration zur Offenbarung in einer Bibel, sondern das Evangelistenbild zur Perikope des Johannes-Evangeliums im Stundenbuch. Dies verdeutlicht das Textfeld mit dem Beginn des Johannes-Prologs im rechten Teil: *In principio erat verbum et verbum erat apud deum* (Joh 1,1). Dieser Vers modifiziert den Beginn des 1. Schöpfungsberichts.

himmlische Geschichtsbuch, in dem alle Geschehnisse verzeichnet sind, und die himmlischen Tafeln, deren Kopie die Tafeln sind, auf denen das Gesetz des Mose stand. Hier ist gewissermaßen die Norm des Gerichtes gegeben.

Gesondert zu betrachten sind die „Zeichen am Himmel", die Jesus (nach Mk 8,11f) nicht liefern kann und statt derer den Zeitgenossen Jesu nur das „Zeichen des Jona", nämlich der von Gott gesandte Umkehrprediger, gesandt wird. Zeichen am Himmel wären von Jesus herbeigeführte Veränderungen an den dem Menschen nicht verfügbaren und daher nicht manipulierbaren Gestirnen, z. B. eine Sonnenfinsternis, wie sie dann bei Jesu Tod nach Markus 15,13 allerdings eintritt – freilich zu spät.

Die Bewohner des Himmels. Bereits im alten Babylonien sind die Himmel Sitze der Götter. Der Gott der Bibel hat die Eigenschaft eines Himmelsgottes mit diesen alten Göttern gemeinsam, etwa im Unterschied zum ägyptischen Osiris, der ein typischer Unterweltsgott ist. Bis in die frühe Neuzeit hinein wird auf der Grundlage biblischer Bilder der Himmel als Thronsaal vorgestellt, in dessen Mitte Gottes Thron steht. Große Propheten wie Jesaja (Abb. S. 8) und Ezechiel haben diese *basileomorphe* (am Bild des Königs ausgerichtete) Mystik bestätigt. Die Offenbarung des Johannes ist davon beherrscht (Abb. 10), und das „Sitzen Jesu zur Rechten Gottes" ist auf dieser Grundlage zu verstehen. Der Hebräerbrief denkt an ein himmlisches Heiligtum.

Nicium sancti
euuangelij secũ
dum johanne.
N principio erat
uerbum et uerbũ
erat apud deum

DUO CERUBIN
SEX ALE UNI
ET SEX ALE
ALTE
RI.
DUAB VELABANT FA CIEM EIUS
ET DUAB UELABANT PEDES EIUS
ET IN DUAB UOLABANT ET CLA
MABANT ALTER AD ALTERU
DICENTES SCS SCS SCS

Bewohner des Himmels sind darüber hinaus selbstverständlich die Engel; ihre Erschaffung wird in den klassischen Schöpfungsberichten nicht erwähnt, da sie „zur Grundausstattung Gottes" dazugehören. Unter den Engeln tragen die Erzengel besondere Namen (Michael, Gabriel, Rafaël, außerbiblisch Fanuël, Raguël).[8] Außerdem kennt die Bibel Kerubim und Serafim (Abb. 11), Ofanim, Herrschaften, Throne, Mächte, Gewalten.[9] Die Vielfalt der Engelwesen erleichtert es, die unfassliche Herrlichkeit des einen Gottes wenigstens im Spiegel einer begrenzten Pluralität zu benennen.

Berge als Eingänge zum Himmel. Berge gelten im Umkreis der Bibel als Eingänge zum Himmel. Alle Bergheiligtümer haben bis auf unsere Tage diese Funktion bewahrt. Die Berge Ararat, Sinai (Abb. 1) und Zion sind daher Orte der besonderen Begegnung von Himmel und Erde, Gott und Mensch. Die Gipfelkreuze auf alpinen Höhen sind ein lebendiger Rest dieser Anschauung. In der Wallfahrtskirche Ronchamp in Burgund (1952–55, Architekt: Le Corbusier) kann man gut erkennen, welche Bedeutung Offenbarungen des Licht- und Himmelsgottes auf Bergen hatten. Für die Griechen war der Berg Olymp der Ort der Berührung von Himmel und Erde und der Sitz der Götter.

Nach dem jüdischen Jubiläenbuch (2. Jh. v. Chr.), Kap. 4, gehören vier Orte auf der Erde dem Herrn: der Garten Eden, der Berg des Morgens, der Berg Sinai und der Berg Zion. Der letztere „wird geheiligt werden in der neuen Schöpfung zur Heiligung der Erde". Nach Kap. 8 desselben Buches gibt es die drei Heiligtümer Eden, Sinai und Zion. Auch Noach opfert auf einem Berg (Lubar). Zu einem Teil gehen die mit dem Namen Henochs verbundenen Traditionen auf Petrus über. So bietet das äthiopische „Buch der Geheimnisse" (8. Jh.) nach einem Herrenwort an Petrus über die Himmelspforte (s.u. Abb. 21) ein Henoch-Zitat: „Ich habe die Seelen gesehen an vier Orten, denn es gibt vier Tore des Himmels: Der Berg Zion, der Berg des Ostens (= der Berg Zayt), der Berg Sinai und der Berg Tabor. Die Seelen bleiben dort einen Tag ...".[10] Nach der arabischen Petrus-Apokalypse[11] hat Eden drei Tore: das erste bei der Tür des Auferstehungsgrabes Jesu, das zweite beim Berg Zaite, d.h. beim Ölberg, das dritte beim Berg Sinai. Petrus wird dem Berg Zaite zugeordnet. – Das Opfer Henochs auf dem Berg Zion steht in enger Beziehung dazu, dass die Erneuerung der Lichter bzw. der Schöpfung mit dem Berg Zion verbunden ist. In der äthiopischen Schrift CSCO II 21,10 (Lektionar)[12] erscheint Jesus Christus in Begleitung von Michael und Gabriel und sagt: „Deswegen bin ich zu dir gekommen, um einen Bund mit dir zu schließen, wie ich es gemacht habe mit meinem Sklaven Mose auf dem Berg Sinai und mit Petrus, dem höchsten Apostel, auf dem Ölberg, und dem Propheten Esra habe ich gesagt: ..."

Abb. 11: Thronbild Gottes in der Gestalt Christi mit Engeln, Handschrift der *Moralia in Iob* von Gregor d. Gr., Spanien 945; Madrid, Biblioteca Nacional, Cod. 80, fol. 2 r

Die Miniatur im Stil der spanischen Buchmalerei der Jahrtausendwende verwendet Motive aus zwei Himmels- und Gottesvisionen. Aus der Vision des Jesaja stammen die beiden Serafim: „Jeder besaß sechs Flügel: Mit zwei Flügeln bedeckten sie ihr Gesicht, mit zwei bedeckten sie ihre Füße, und mit zwei flogen sie" (Jes 6,2). Die unzähligen Augen auf den Flügeln der Serafim und auf den Armen der beiden oberen Engel stammen aus der Beschreibung der „vier Lebewesen" (Ez 1,18; Offb 4,6). Das Buch Ezechiel enthält den „Thronwagen Gottes"; hier kennzeichnen sie die vier Kerubim (Ez 10,12) mit Rädern und jeweils vier Gesichtern. Diese tetramorphen Kerubim mit vier Flügeln und den Gesichtern von Mensch, Adler, Stier und Löwe erscheinen bereits bei der Berufung des Propheten (Ez 1–3). Der spanische Buchmaler hat verdeutlicht, dass sich von diesen auch als Lebewesen bezeichneten viergesichtigen Kerubim die vier Evangelistensymbole (nach Hieronymus) herleiten. Dazu trug die Thronvision des Johannes bei. Hier besitzen die „vier Lebewesen" nach dem Vorbild der Serafim „sechs Flügel, außen und innen voller Augen" (Offb 4,8).

Abb. 12: Raffael (1483–1520), „Die Verklärung Jesu", 1519/20, Öl auf Leinwand, 405 x 278 cm; Vatikanstadt, Pinacoteca Vaticana
Auf dem Berg der Verklärung (Transfiguration) lagern Jakobus, Johannes und Petrus sowie rechts die beiden Schutzheiligen der Kirche, für

die das Altarbild bestimmt war. Auch ihnen wird die Vision zuteil. Über dem Berg schwebt, eine Himmelfahrt assoziierend, Jesus Christus zwischen Mose (mit dem Attribut der beiden Gesetzestafeln) und Elija. Zu Füßen des Berges ereignet sich die synchrone Szene, in der die zurückgebliebenen Jünger vergeblich versuchen, einen besessenen Knaben zu heilen. Dies berichtet der verzweifelte Vater Jesus, nachdem dieser am folgenden Tag mit den drei auserwählten Jüngern vom Berg herabgestiegen ist und auf die Menschenmenge mit dem Jungen in der Gewalt eines Dämons trifft: „Ich habe schon deine Jünger gebeten, ihn auszutreiben, aber sie konnten es nicht" (Lk 9,40), so der Vater; und in Raffaels Darstellung weisen die hilflosen Jünger hinauf zu Jesus: Nur er kann helfen, und so geschieht es. Dieses Heilungswunder folgt bei allen drei Synoptikern der Verklärung. Nach außerbiblischer Überlieferung ist der Tabor der „Berg der Verklärung".

(Zitat aus 4. Esra). – Im Hebräerbrief sind der Berg Sinai als Symbol der alten Heilsordnung und der Berg Zion als Symbol der neuen Ordnung gegenübergestellt (Hebr 12,18–21/22–24). Dabei wird der Berg Zion als das „himmlische Jerusalem" vorgestellt.

Die entscheidenden Stationen der Geschichte des Heils sind daher Offenbarungen auf bestimmten Bergen. Mit den Bergen zusammen aber sind stets große menschliche Offenbarungsmittler oder -empfänger genannt (Abb. 12).

Der Himmel als Vorhang und der Vorhang im Himmel. Hier sind zwei verschiedene Vorstellungen zu unterscheiden. Die zuerst zu besprechende meint mit „Vorhang" das sichtbare Firmament zwischen Himmel und Erde. – Eine zweite Vorstellung meint sodann ganz speziell einen Vorhang vor Gottes Thron, der diesen Thron vom übrigen Himmel abgrenzt.

Das Firmament als Vorhang:
Nach jüdischer Anschauung sind Erde und Himmel durch einen Vorhang geschieden. Man konnte sich dafür auf Jesaja berufen: „Gott spannt den Himmel aus wie einen Schleier, er breitet ihn wie ein Zelt zum Wohnen" (Jes 40,22). Die Vorstellung vom Vorhang ist daher, das wird aus dieser Stelle erkennbar, eine Fortbildung der bei Jesaja bezeugten Auffassung vom Himmelszelt, die wir auch in unserer Sprache noch haben.

Der Vorhang ist Grenze und Scheidewand zwischen Erde und Himmel. Bisweilen spricht man statt von einem Vorhang auch von einer Mauer. Wo man den Vorhang meint, heißt er aramäisch *wilon* (von lat. *velum)*. Den Tag über verhüllt er die am Firmament befestigten Gestirne. Abends wird der Vorhang zurückgezogen, damit Mond und Sterne die Erde erleuchten können. Durch Fenster in diesem Vorhang sehen die Engel die Menschen.

Abb. 13: Detail des Modells des von Herodes erbauten Tempels, Jerusalem, Gelände des Holy Land Hotels; Freiburg (Schweiz), Sammlungen Bibel+Orient der Universität Freiburg
Das Innere gründet sich auf die Schilderung in 1. Könige 6–7. In der Gotteswohnung, dem Allerheiligsten, ließ Salomo zwei vergoldete Kerubim aufstellen (1 Kön 6,23); das Modell zeigt sie als geflügelte, vierbeinige Mischwesen (vgl. die Stierbeine der Kerubim in Ez 1,7) nach dem Vorbild

assyrischer Wächterfiguren. In dieser Funktion stellte Gott nach der Vertreibung von Adam und Eva aus dem Paradies „östlich des Gartens von Eden die Kerubim auf" (Gen 3,24): „An allen Wänden des Hauses, im inneren wie im äußeren Raum, ließ er ringsum Kerubim, Palmen und Blütenranken einschnitzen" (1 Kön 6,29). Salomo folgte damit dem Vorbild des mosaischen Offenbarungszelts (Stiftshütte) mit zwei Kerubim auf der Bundeslade; Kerubim schmücken den Vorhang, der das Heilige vom Allerheiligsten trennt (Ex 26,31; 36,8).

Eine etwas andere Logik liegt dann vor, wenn man den Aufbau von Erde und Himmel wiedererkennt im Offenbarungszelt (Stiftshütte) bzw. im Tempel von Jerusalem (Abb. 13). Im Tempel trennt ein Vorhang das Allerheiligste vom Heiligen und vom Vorhof. Im Allerheiligsten sieht man den Himmel abgebildet, im Heiligen und im Vorhof sieht man ein Abbild von Land und Meer, die allen Menschen offen stehen. Diese „kosmische" Symbolik des Tempels von Jerusalem wird häufig auch vor allem auf den romanischen Kirchbau des Mittelalters übertragen. – In jedem Falle geht das Bild zurück auf den Vorhang, der das Allerheiligste vom Heiligen scheidet.

Der Vorhang vor Gottes Thron:
Im Unterschied zu der zuerst besprochenen Vorstellung geht es hier nicht um ein kosmologisches

Bild, sondern um eine theologische Metapher, die speziell die Unerkennbarkeit Gottes meint. Dieser Vorhang hat auch einen anderen Namen, er heißt *pargoda*. – Nach Hiob 26,9 steht „Gewölk" vor Gottes Thron. Im Targum (der aramäischen Übersetzung dieser Stelle) heißt es: „Wie ein Vorhang ist die Wolke seiner Herrlichkeit." Auf der Gott zugewandten Seite dieses Vorhangs sind alle Generationen der Welt und ihre Taten verzeichnet. Nur wenige dürfen diesen Vorhang durchschreiten, dazu gehört Metatron, eine menschenähnliche Figur des himmlischen Thronszenarios.[13]

Im Hebräerbrief wird Jesus Christus mit dem Zugang zu Gottes Thron identifiziert: „Dank des Blutes, das Jesus für uns vergossen hat, steht uns der Zugang in das himmlische Heiligtum offen. Weil Jesus Mensch ist wie wir, kann er für uns die Tür zum Himmel sein. Auf diese Weise ist er der neue, lebendige Weg selbst, der Vorhang, durch den Gott zugänglich wird. Er ist als der große Priester über Gottes Tempel gesetzt" (Hebr 10,19f).

Offenbarung vom Himmel her. Judentum und Christentum verstehen sich als Offenbarungsreligion, nicht als gewachsene Naturreligion. Das aber bedeutet, dass der Himmel nicht die Konstante im Weltbild ist, sondern dass die bestehende geschichtliche Wirklichkeit immer wieder durch „Eingriffe" vom Himmel her gestört und durchkreuzt wird. Der Bauer in einer Naturreligion lebt auf dem Acker und unter dem Himmel, dessen Wetterregeln er lernen und sich nach ihnen richten kann. Für eine Offenbarungsreligion gilt von Anfang an und immer wieder der „Auszugsbefehl" (Abraham, Mose, bis hin zur Fremdlingschaft der Christen [1 Petr und Hebr 11]). Die Weisen, nach denen die unsichtbare himmlische Wirklichkeit in den Alltag einbricht, sind unterschiedlich. Neben der Inspiration und Berufung des Propheten steht die Himmelsstimme, und eine wichtige Rolle spielt im Neuen Testament der „einen Spaltbreit geöffnete Himmel". In unserem Zusammenhang ist besonders die „Himmelsstimme" zu beachten. Sie ist dem Neuen Testament wie dem rabbinischen Judentum geläufig: Gott äußert sich direkt verbal vom Himmel her. Der rabbinische Ausdruck *bath qol* („Tochter einer Stimme") gibt zu erkennen, dass man eher an den Widerhall einer wörtlichen Äußerung Gottes dachte. Zugrunde liegt ein Donner-Orakel. Texte aus den Höhlen von Qumran geben Anweisungen, wie Donnerschläge zu übersetzen sind.[14] Derartige Anweisungen nennt man *Brontologien*. Auch in Johannes 12,28–30 wird dieser Zusammenhang erkennbar: „Da ertönte eine Stimme vom Himmel: So war es und so wird es sein." (Nach dem Kontext ist gemeint: Gott möge seine Herrlichkeit zeigen.) „Da dachten einige von den Umstehenden, es habe gedonnert. Andere meinten: Ein Engel hat mit ihm gesprochen. Jesus sagte: Diese Worte galten nicht mir, sondern euch." Dies zeigt: Die Himmelsstimme ist nur für den Offenbarer eindeutig, für die übrigen Menschen bleibt sie vieldeutig. So ist die Himmelsstimme in Markus 1,11 direkt an Jesus gerichtet: „Du bist mein lieber Sohn, an dir habe ich Wohlgefallen" (ebenso Lk 3,22), im Unterschied zum Taufbericht bei Matthäus (Abb. 14). Wie hier an Johannes den Täufer und Zeugen der Taufe im Jordan, so ist die Stimme in Markus 9 an die drei auserwählten Jünger gerichtet: „Das ist mein lieber Sohn; auf ihn sollt ihr hören!" (Verklärung Jesu, Mk 9,7; s. o. Abb. 12). Im Übrigen zeigen alle vier Evangelien, dass die Himmelsstimme ebenso selten wie hochbedeutsam ist. Gott selbst spricht jeweils an den entscheidenden Stellen des Evangeliums. Wenn zwei Jünger Jesu, Johannes und Jakobus, bei Markus Donnersöhne heißen (Mk 3,17), bedeutet das womöglich ihren besonderen Zugang zur Offenbarung.

Wenn sich dagegen der Himmel einen Spaltbreit öffnet (wie bei der Taufe Jesu, im Zusammenhang mit der Himmelsstimme), dann liegt die Vorstellung

(und Wahrnehmung) des Himmels als eines Vorhangs zugrunde. Das, was hinter dem Vorhang liegt, Gottes Heiligtum und Thron, ist üblicherweise verborgen, der auditive Teil der Offenbarung besteht im Hören der Stimme, der visionäre im Erblicken von Lichtglanz (Herrlichkeit), im Falle von Markus 1,10f wird das Herabströmen des Heiligen Geistes (offenbar als Licht) wahrgenommen, der dann auf Jesus ruht (wie eine Taube nach kurzem Flug zu ruhen pflegt).

Offenbarung von Gottes Zorn und Gericht vom Himmel her. Vor allem am Ende der Zeiten tritt der „Himmel" in intensiven Kontakt mit der Erde. Dieser Kontakt besteht vor allem darin, dass die himmlischen Normen der Gerechtigkeit auf der Erde durchgesetzt werden. Nichts anderes nennt man das Weltgericht; sofern Jesus Christus der Richter ist, wird er vom Himmel kommen. Doch diese endzeitliche Berührung von Himmel und Erde hat auch positive Seiten: Die neue Erde kommt vom Himmel her auf die Erde: „Wir warten aber auf einen neuen Himmel und eine neue Erde nach seiner Verheißung, in denen Gerechtigkeit wohnt" (2 Petr 3,13).

Im Übrigen äußert sich Gottes richtender Zorn nicht erst am Ende, nach Römer 1,18 wird er schon je und je wirksam, wenn Gottes Zorn über die Götzenanbetung sich als Zorn über die Menschen ergießt, der die Menschen so verstockt und verblendet, dass sie in ihren Perversitäten gefangen bleiben.

Abb. 14: Rogier van der Weyden (1399/1400–1464), „Die Taufe Jesu", um 1455, 77 x 48 cm; Berlin, Gemäldegalerie

Die Mitteltafel des Johannesaltars bezieht sich auf den Bericht über die Taufe Jesu im Jordan im Evangelium nach Matthäus. Das Spruchband mit dem Text der Stimme aus dem Himmel enthält nämlich die Version: „Das ist mein geliebter Sohn, an dem ich Gefallen gefunden habe" (Mt 3,17). Das im Bogen geführte Band umrundet die Taube des Hl. Geistes. Das Band enthält den zusätzlichen Text: „Der Geist Gottes steigt herab als eine Taube"; bei Matthäus sieht Jesus „den Geist Gottes wie eine Taube auf sich herabkommen" (Mt 3,16; ebenso Mk 1,10). Als Rahmen dient ein gotisches Kirchenportal mit Gewändefiguren als Trompe-l'oeil (Augentäuschung) in Grisaille-Malerei. An Stelle des Tympanons erscheint am Himmel über der tiefenräumlichen Flusslandschaft in Rot- und Goldtönen die Theophanie. Die Themen der Seitenflügel sind die Geburt des Johannes und seine Namensgebung durch Zacharias sowie die Enthauptung des Täufers.

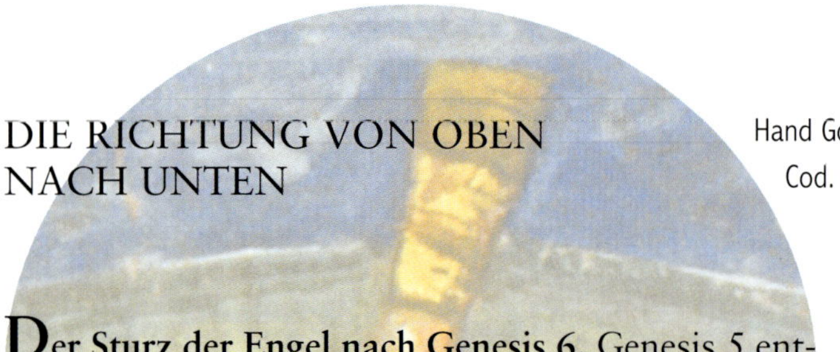

Hand Gottes, Wiener Genesis, 16. Jh.; Wien, Österreichische Nationalbibliothek, Cod. theol. gr. 31

DIE RICHTUNG VON OBEN NACH UNTEN

Der Sturz der Engel nach Genesis 6. Genesis 5 enthält den Bericht über Henochs Wandel mit Gott und Entrückung (Gen 5,24). Im nächsten Kapitel folgt der Bericht über die Engel[15], die sich mit Menschentöchtern einließen und Riesen zeugten. Daran schließt die Erzählung von der Sintflut an. Diese drei Themenkomplexe hat man spätestens im frühen Judentum eng miteinander verflochten. Dabei sah man Henoch als den Typus des Gerechten, der sich auf seiner Himmelsreise von guten Engeln mit wahrer Weisheit belehren ließ und dann in den Himmel erhoben wurde. Dort lebt er mit allen Schülern in Ewigkeit. Er stellt als der gerechte Mensch die Richtung von unten nach oben dar. – Die Gegenrichtung erleben die ungehorsamen Engel nach Genesis 6, die mit den Menschen unerlaubt sexuell verkehren. Sie werden zur Strafe in finsteren Kammern verwahrt und am Ende der Welt endgültig gerichtet.[16]

Der Sturz des Satans vom Himmel. Nach Hiob 1 und Sacharja 3 ist der Teufel ursprünglich im Himmel „angestellt“, und zwar als eine Art Staatsanwalt vor Gottes Thron. Er testet auf eigenen Antrag hin Hiob (Abb. 15), und er klagt die Menschen an, während Michael sie verteidigt.[17] Gottes Thron ist in solchen Texten wesentlich Forum des Gerichts.

Doch die Zeiten änderten sich: Es gibt im Neuen Testament eine Reihe von innerlich verwandten Texten, die von einer „jetzt“ dramatisch veränderten Situation zwischen Himmel und Erde berichten. Dazu gehören Römer 8 (Szene im Himmel, Verfolgung auf der Erde), Lukas 10,18 (Sturz Satans vom Himmel auf die Erde), Offenbarung 12,7–14 (Michaels Drachenkampf, Abb. 16). Auch hier folgen Verfolgung und Martyrium auf Erden auf eine Szene im Himmel, nach der es keinen Ankläger mehr im Himmel gibt und daher auch keine Verurteilung.

Nach dem Aufbau von Römer 8 gilt: Keiner wird mehr Gottes Erwählte anklagen, denn Gott ist Richter, aber keiner verurteilt. Und Jesus Christus ist Anwalt der Christen. Daher werden ihnen Verfolgung und Martyrium nichts anhaben können, auch nicht Engel, Mächte und Gewalten (Vers 38). Die Szene ist daher zweigeteilt: Im Himmel ist kein Ankläger mehr. Auf Erden gibt es Verfolgung, Martyrium und Not, auch den möglichen Widerstand von Engeln, Mächten und Gewalten. Doch die Christen werden „siegen“ (Vers 37), weil Jesus Christus sie liebt.

Wir besprechen im Folgenden, was der Neutestamentler eine „Tradition“ nennt, nämlich eine Überlieferung, die – wie Grimms Märchen vor ihrer Niederschrift – in unterschiedlichen Ausformungen mündlich weitergegeben wurde. Mindestens fünf Elemente, so sagt man, müssen Anhalt dafür geben, dass es sich um eine einigermaßen feste Überlieferung handelt. Dazu gehören hier: der Kontrast zwischen Himmel und Erde, Gottes Richterstuhl (Forum), die Entfernung des Anklägers, Dämonen oder

Abb. 15: Der Satan vor Gottes Thron, fünfteilige Bildseite zum Buch Hiob in der Gumbertusbibel, vor 1195 (Besitzernachweis des Gumbertusklosters in Ansbach um 1200), Tempera auf Pergament, 67 x 46 cm; Erlangen, Universitätsbibliothek, Ms. 1, fol. 247 v

Das Gottesbild in einer Mandorla, an deren inneren Rand sich acht Engel schmiegen, beherrscht diese Bilderzählung in der am umfangreichsten illuminierten Bibel aus der Zeit der Romanik. Rechts erscheint der braun behaarte Satan vor Gott. Ein oder die Benutzer dieser um 1200 als Besitz des Gumbertusklosters in Ansbach nachgewiesenen Riesenbibel haben den Kopf des Anklägers abgekratzt; wollten sie sich vor der selbst im Bild gegenwärtigen Macht des Feindes schützen? Die vier Medaillons im Rankenwerk schildern oben den Einsturz des Hauses, das Hiobs Kinder unter sich begräbt, als eine der Zerstörungen von Hiobs Glück, wozu Satan freie Hand erhalten hat, sowie den Unglücksboten vor Hiob. Wann wird er mit seinem Glück auch die Frömmigkeit verlieren? Unten gehen die Freunde und seine Frau mit Hiob ins Gericht, doch schließlich ergreift ein Engel seinen Arm als Zeichen seiner Rechtfertigung: „Gott der Herr wandte das Geschick Hiobs, als er für seine Freunde Fürbitte tat“ (42,10).

ANTIQVV DIERV

Abb. 16: Peter Paul Rubens, „Michaels Drachenkampf“, 1624/25, Öl auf Leinwand, 548 x 365 cm; München, Alte Pinakothek
Das monumentale Altarbild veranschaulicht die gleichsam bereits im 12. Kapitel der Offenbarung enthaltene „barocke“ Dramatik des Drachenkampfes. Rechts unten verdeutlicht der Ausblick in einen Landschaftsraum (mit der Stadt Freising), dass hier Himmel und Erde als Schauplätze dienen: Nicht allein der Drache und sein Gefolge stürzen auf die Erde, sondern hier verfolgen sie weiterhin die „mit der Sonne bekleidete“ Frau; sie erhielt die „Flügel des großen Adlers“ und flog in die Wüste (Offb 12,14), doch ihr Feind bedrohte sie mit einer Flut. „Aber die Erde kam der Frau zu Hilfe; sie öffnete sich und verschlang den Strom, den der Drache aus seinem Rachen gespien hatte“ (Offb 12,16). Indem Rubens die im Himmel verfolgte (schwangere) Frau als Maria mit dem Jesuskind gestaltet hat, beteiligte er sich an der ikonographischen Entwicklung von der „apokalyptischen Frau“ zum Bild der *Immaculata conceptio Mariae.*

Abb. 17: Gebrüder Limburg, „Der Engelsturz (Michaels Kampf mit dem Drachen)“ im Stundenbuch *Très Riches Heures* des Herzogs Jean de France, Duc de Berry, um 1415; Chantilly, Musée Condé, Ms. 1284, fol. 64v.
Die halbkreisförmige Erweiterung des Bildfeldes rahmt das Thronbild Gottes mit der kugelförmigen *Sphaira* in seiner Linken. Zu beiden Seiten erscheint der Thronsaal Gottes (s. Abb. 10). Auf einem Wolkensaum, der den göttlichen Himmel vom Firmament der Erde trennt, stehen Michael und seine Mitstreiter. Darunter vollzieht sich – den Sieg Michaels voraussetzend – der Sturz des Drachen und seiner Engel: „Und ich hörte eine große Stimme, die sprach im Himmel: Nun ist das Heil und die Kraft und das Reich unseres Gottes und die Macht seines Christus; denn der Verkläger unserer Brüder ist verworfen, der sie verklagte Tag und Nacht vor unserem Gott“ (Offb 12,10).

Satan auf der Erde, Kampf und Sieg der Jünger oder Märtyrer gegen sie, das Thema Reich Gottes.

Zum Vergleich mit Römer 8 bietet sich nicht nur Offenbarung 12,7–14 an, sondern ebenso Lukas 10,9.11.17–20, und auch das Vaterunser gewinnt einen neuen Sinn. Im Hintergrund dieser vier Texte nehmen wir eine gemeinsame mündliche Tradition an. Diese hat folgende Umrisse: Im Himmel gibt es ein jetzt schon tagendes Gericht. Zu diesem Forum gehört auf jeden Fall und eigentlich ein Richter, aber auch ein Ankläger (Staatsanwalt) und gegebenenfalls ein Anwalt. Vor Gericht steht der Mensch. Der Ankläger ist stets der Teufel (Satan). Als zweites wird nun das Entferntwerden oder das Entferntsein des Anklägers berichtet oder im Resultat vorausgesetzt. Dramatisch wird es, indem Michael den Ankläger der Menschen auf die Erde stürzt. Genau so sieht es Jesus in seiner Vision vom Satanssturz: „Ich sah den Satan wie einen Blitz vom Himmel fallen"(Lk 10,18). Wenn der Satan aber nicht mehr im Himmel vor Gottes Richterstuhl gegen die Menschen auftritt, herrscht genau jener Zustand, den Röm 8 berichtet: Es gibt keinen Ankläger mehr. Das ist höchst erstaunlich: Gott, der Gerichtsherr, lässt den Ankläger der Menschen aus dem Himmel hinabstürzen. Im Himmel ist damit für den Menschen schon „reine Luft". Umso unerfreulicher wird es freilich nach dem Satanssturz auf Erden. Hier verfolgt der Teufel jetzt die Frau und ihre Kinder (die Kirche; Offb 12,13 bis 18), nach Lukas 10,19 gibt es eine Fülle von Dämonen („Macht des Feindes"), welchen die Jünger sich unterwerfen müssen; es kommt zum Martyrium. Denn vor dem himmlischen Gericht sind die Christen nicht mehr zu belasten; umso ärger ergeht es ihnen jetzt vor den weltlichen Gerichten auf Erden. Das heißt: Himmel und Erde driften als Stätte von Heil bzw. Unheil immer weiter auseinander. In der angespannten Situation auf Erden geht es um den Sieg (Offb 12,11; Röm 8,37; Lk 10,19f) über Dämonen oder teuflische Macht, und der Sieg wird durch Jesu Jünger bzw. Märtyrer vollzogen. Zu diesem Sieg hilft ihnen ganz entscheidend das Blut Christi (Offb 12,10) oder seine Vollmacht gegen Dämonen, die er den Jüngern gegeben hat (Lk 10,19). Denn wie das Blut des Paschahlamms beim Auszug aus Ägypten, an die Türpfosten gestrichen, die Würgengel von den Häusern der Juden fernhielt, so hält auch Jesu Blut die dem Menschen feindlichen Mächte fern. Bei Paulus wird das einfach Jesu Liebe genannt. Schließlich dient das Ganze der Verwirklichung von Gottes Königreich auf Erden (Lk 10,9.11; Offb 12,10; Mt 6,10: „Dein Reich komme"). Auf Erden liegt daher alles daran, die Macht Satans und der Dämonen zu brechen. Die Folge: „Die Macht des Feindes wird euch kein Unrecht mehr antun" (Lk 10,19). – Und der Bewegung des Satans vom Himmel auf die Erde (Satanssturz) entspricht als Gegenbewegung, dass die Jünger als Himmelsbewohner registriert werden (Lk 10,20; Freude der Himmelsbewohner auch nach Offb 12,12). Sie bewegen sich von der Erde in den Himmel.

Das Vaterunser. Welchen „Sinn" sollte diese Überlieferung gehabt haben? Sie schildert die Verwirklichung des Reiches Gottes auf eine uns ganz ungeläufige Weise, nämlich als ein Geschehen angesichts von Gottes Richterstuhl im Himmel und zugleich als einen Kampf gegen die satanische und dämonische Bedrohung auf Erden. Nach Lukas 10,18 geht diese Tradition auf eine Vision Jesu zurück („Ich sah den Satan wie einen Blitz vom Himmel fallen"), und auch Offenbarung 12 schildert eine Vision. – Im Vaterunser nimmt der Beter selbst durch sein Gebet an dem Kampf teil. Denn er betet: „Befreie uns vielmehr von dem Bösen (= Satan)".

In der Tat reflektiert das Vaterunser in mehreren Elementen die hier berichtete Tradition: Es geht um Gottes Reich (wie in Offb 12,10; Lk 10,9.11 und anti-dämonisch auch in Lk 11,20). Christen beten darum, dass das, was im Himmel bereits verwirklicht ist, auch auf Erden geschehe. Was im Vaterunser etwas unklar bleibt („wie im Himmel, so auf Erden"), das wird in unserer Tradition klar entfaltet: Aus dem Himmel ist der Satan schon vertrieben, auf Erden muss er noch bekämpft werden; dazu trägt im Vaterunser der Christ durch sein Gebet bei, während dieses nach Lukas 10 die Vollmacht Jesu in der Hand der Jünger und nach Offenbarung 12,10 Jesu Blut einschließlich Zeugnis der Jünger bewirkt. Aber auch das Thema „Gericht über die Schuld der Menschen" findet sich im Vaterunser: Die Schuld vor Gott wird dann sicher aufgehoben, wenn wir unseren Nächsten vergeben haben. Das ist der originelle Beitrag des Vaterunsers im Rahmen unserer Tradition.

Wie in allen anderen Texten nimmt auch im Vaterunser das Geschehen vom Himmel her seinen Anfang. Die Formulierung als Gebet ist nicht erstaunlich, denn das Ausüben eines Gebets ist Vollmacht. Alle fünf wichtigen Elemente der Tradition sind daher im Vaterunser gegeben: Himmel und Erde, Reich Gottes, Satan, Schuld der Menschen und Sieg über den Satan, sprich Befreiung von ihm durch die Kraft des Gebetes.

Das Martyrium. Zurück zu Römer 8,33–37: Der zunächst rätselhafte Vers 36 wird nun erklärbar, denn in den Parallelen geht es um den Kampf der Märtyrer und ihren Widerstand gegen den Satan (Abb. 18). Aber auch die in Römer 8,38f genannten unterschiedlichen Mächte (einschließlich Tod) werden im Rahmen der berichteten Tradition verständlich: An ihrer Stelle stehen sonst Dämonen oder der verfolgende Satan. – Im Unterschied zu den Visionen schildert Paulus den Tatbestand, der bleibt, nicht das Drama. Aber besonders interessant ist bei ihm die Feststellung „wir sind Sieger und Überwinder" (Röm 8,37), denn der ganze Wortstamm „siegen" findet sich bei Paulus nur an dieser Stelle. Wir konnten das aber mit dem Siegen der Märtyrer nach Offenbarung 12,10 vergleichen.

Einzigartig bei Paulus ist die Betonung der Liebe Jesu Christi, von der uns nichts trennen kann. Nur Paulus kann das Kampfesgeschehen (vgl. 8,37: „wir obsiegen") mit der Liebe Jesu Christi zusammendenken. Diese Liebe hat im Aufbau von Römer 8 ihren Sinn. Denn bedenken wir: Römer 8,33f beginnt mit einer Gerichtsszene. Das entsprach ganz der Tradition, in der immer ein Forum vor Gott vorausgesetzt ist. Wenn aber Gott dafür sorgt, dass es keinen Ankläger mehr gibt (Paulus schildert weder die Dramatik des Satanssturzes noch die exorzistische Praxis), dann hat Gott eine folgenschwere Revolution des himmlischen Forums vollzogen. Was für einen Skandal würde es bedeuten, wenn heute ein Gerichtspräsident den Staatsanwalt vor die Türe setzen oder aus dem Fenster werfen ließe! Gott hat das um Jesu willen getan. Er liebt die Menschen so sehr, dass er fortan Barmherzigkeit vor Recht ergehen lässt.

Gott steigt herab aus dem Himmel zu den Menschen. Der Sturz Satans bedeutet für die Menschen vor allem Drangsal, Verfolgung und Martyrium. Wenn dagegen Gott herabkommt, so ist das endgültiges Heil.

Abb. 18: „Der Glaube krönt die Märtyrer mit dem Siegeskranz", Illustration in einer karolingischen Handschrift der *Psychomachia* des Prudentius, um 900; Bern, Burgerbibliothek, Cod. 264, pag. 7

Der antike, aus Lorbeerzweigen geflochtene Kranz gebührte dem Sieger im sportlichen oder musischen (olympischen) Wettkampf, dann auch dem siegreichen Imperator. Er ist in der frühchristlichen Ikonographie das Attribut der Märtyrer. Hier wird diese *corona* von der Personifikation des Glaubens überreicht, zu deren Füßen sich eine Missgestalt krümmt. Im unteren Teil kämpft die Tugend mit der Begierde. Die Seite gehört zu einer Prachthandschrift des allegorischen Werks des Aurelius Prudentius (348–um 405) mit dem Titel *Psychomachia* („Kampf um die Seele").

EXVLTAT VICTRIX LEGIO QVAM MILLE COACTAM
Martyribus regina fides animarat inhostem
Nunc fortes socios parta plaude coronat
Floribus ardentiq. iubet uestirier ostro
DE PVDICITIA ET EST PA
RAGO
GE

Abb. 19: „Die Menschwerdung Gottes in Jesus Christus“, Bildseite zum Johannes-Prolog im Evangeliar des Bischofs Bernward, Hildesheim um 1015, Tempera und Gold auf Pergament, 27,7 x 20,5 cm; Hildesheim, Domschatz im Dommuseum, Hs. 18, fol. 174 r

Eine waagerechte Leiste teilt das Bildfeld in Himmel und Erde. Diese Grenze wird durch Lichtstrahlen durchbrochen; sie beleuchten das kastenförmige Symbol der Krippe mit Jesus als „Wickelkind“. Ein Kreuznimbus stellt die Verbindung zum Lamm her, das als *Agnus Dei* („Gottes Lamm“) mit demselben Nimbus versehen ist, wie auch die dominierende Gestalt Gottes zwischen zwei Serafim. Zugrunde liegt hier Offenbarung 5 mit den Bildern des Lammes und des versiegeltes Buches, das hier durch die Aufschrift *vita* als Buch des Lebens gedeutet wird. Das umfassende Thema ist die Lehre der Inkarnation: „Und das Wort ist Fleisch geworden und hat unter uns gewohnt“ (Joh 1,14a). Dieses „unter uns“, die Erde, verbildlichen die Allegorien des Meeres und des Erdreichs. Die „Mutter Erde“ hält ihre Kinder Adam und Eva im Schoß, von denen eines nach dem Apfel im Maul der Schlange greift. Hier schließt sich der Kreis, denn der inkarnierte Christus ist „Gottes Lamm, das der Welt Sünde trägt“ (Joh 1,29).

Abb. 20: „Das neue Jerusalem“, Bamberger Apokalypse, Reichenau um 1001/02, Tempera und Gold auf Pergament; Bamberg, Staatsbibliothek, Bibl. 140, fol. 55 r

Illustration zu Offenbarung 21,9–23: Einer der Engel, „welche die sieben Schalen voll der letzten sieben Plagen hatten“, führte den Seher Johannes „im Geist auf einen großen und hohen Berg und zeigte mir die heilige Stadt Jerusalem herniederkommen aus dem Himmel von Gott (...). Und ich sah keinen Tempel darin; denn der Herr, der allmächtige Gott, ist ihr Tempel, er und das Lamm. Und die Stadt bedarf keiner Sonne noch des Mondes, dass sie ihr scheinen, denn die Herrlichkeit Gottes erleuchtet sie, und ihre Leuchte ist das Lamm.“ Ausgespart sind die Verse 11–21 mit der detaillierten Beschreibung der Architektur, denn auch der Reichenauer Maler vernachlässigt sie. Seine Miniatur beschränkt sich auf die Motive einer Ummauerung und der zwölf zu vier Gruppen aus je drei Türmen zusammengefassten Tore. Umso mehr dominiert das Bild des *Agnus Dei* mit Kreuznimbus (im Unterschied zu den Nimben des Engels und des Johannes).

Im jüdischen apokryphen Jubiläenbuch 1,26 (2. Jh. v. Chr.) heißt es von Gott: „Zeugnis über die Jubiläen (...) bis in Ewigkeit, wenn ich herabsteigen werde und wohnen werde mit ihnen in alle Ewigkeit."[18] Das Herabsteigen Gottes bedeutet daher einen definitiven Wohnungswechsel. Genau in solchen Äußerungen wird die christliche Anschauung von der Menschwerdung Gottes in Jesus Christus vorbereitet (Abb. 19). Besonders interessant ist in dieser Hinsicht in der Septuaginta Baruch 3,38: Von Gott wird gesagt „Hierauf erschien er auf Erden und verkehrte unter den Menschen."[19]

Nach 1 Thessalonicher 4 wird Jesus Christus bei seiner Wiederkunft vom Himmel herabsteigen: „Wenn der Ruf des Erzengels zu hören ist und die Trompete Gottes ertönt, steigt der Herr Jesus Christus vom Himmel herab, und dann werden zuerst die im Glauben an Jesus gestorbenen Toten auferstehen" (1 Thess 4,16). – Dass es sich dabei um eine abgewandelte *Theophanie* (Erscheinen Gottes selbst) handelt, macht vor allem ein Text aus Pseudo-Jeremia nach Justin, *Dialogus* 72,4 (Mitte 2. Jh. n. Chr.) deutlich: „Es gedachte der Herr Gott, der Heilige Israels, seiner Toten, die entschlafen waren im Staub der Erde. Und er stieg herab zu ihnen, um ihnen sein Heil zu verkünden."[20] Auch nach 1 Thessalonicher 4 steigt der Herr (Jesus Christus) herab, um die Toten aufzuerwecken. Im Hintergrund steht hier die Stelle Jesaja 31,4: „Der Herr Zebaoth wird herabsteigen, um mit seinem Heer zum Berg Zion zu Felde zu ziehen."

Die Nähe Gottes oder des erhöhten Christus zu den Menschen ist daher eine endzeitliche Lebensgemeinschaft. Das Herabsteigen vom Himmel ist definitiv.

Das himmlische Jerusalem steigt herab. Dass der himmlische Bereich Gottes als große, herrliche himmlische Stadt gedacht ist, sahen wir bereits in Hebräer 12,22 und Galater 4 (S. 21). Für die Endzeit gibt es nun zwei Erwartungen. Entweder wird das irdische Jerusalem neu erbaut – oder das himmlische Jerusalem steigt herab zu den Menschen. Die letztere Erwartung ist bislang nur in der Offenbarung des Sehers Johannes belegt (Abb. 20). Das bedeutet: Wenn der Himmel auf die Erde kommt, ist die alte dualistische Zweiteilung zwischen Himmel und Erde beendet. Alles wird eins. Himmel und Erde sind versöhnt. Später wird dies als Naturlyrik („Mondnacht" in Eichendorffs „Geistlichen Gedichten") nachempfunden und säkularisiert, indem der Dichter von einer lauen Frühlingsnacht sagt:

„Es war, als hätt der Himmel
Die Erde still geküsst,
Dass sie im Blütenschimmer
Von ihm nur träumen müsst.

Die Luft ging durch die Felder,
Die Ähren wogten sacht,
Es rauschten leis die Wälder,
So sternklar war die Nacht.

Und meine Seele spannte
Weit ihre Flügel aus,
Flog durch die stillen Lande,
Als flöge sie nach Haus."

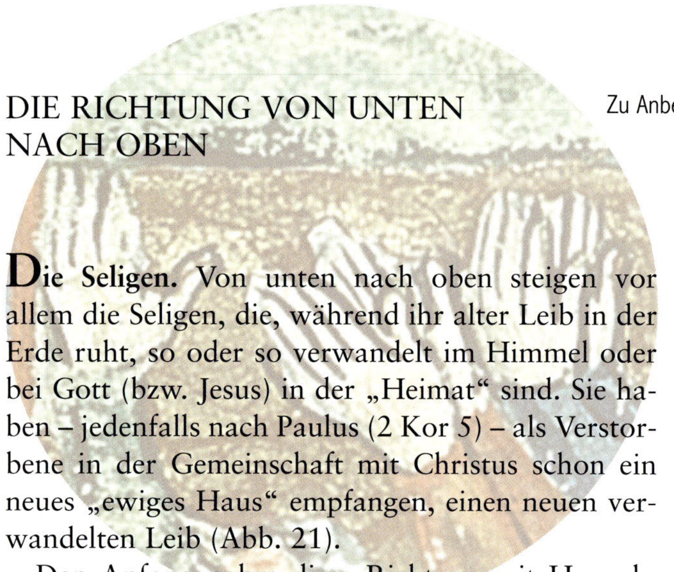

Zu Anbetung und Gebet erhobene Hände; Detail aus Abb. 1

DIE RICHTUNG VON UNTEN NACH OBEN

Die Seligen. Von unten nach oben steigen vor allem die Seligen, die, während ihr alter Leib in der Erde ruht, so oder so verwandelt im Himmel oder bei Gott (bzw. Jesus) in der „Heimat“ sind. Sie haben – jedenfalls nach Paulus (2 Kor 5) – als Verstorbene in der Gemeinschaft mit Christus schon ein neues „ewiges Haus“ empfangen, einen neuen verwandelten Leib (Abb. 21).

Den Anfang nahm diese Richtung mit Henoch. Während die Engel nach Genesis 6 vom Himmel auf die Erde stürzten, stieg Henoch (nach Genesis 5,24) als Mensch in den Himmel empor. Als Metatron-Gestalt nimmt er hier eine wichtige Rolle in jüdischer Mystik ein. Denn die Mystik besteht darin, diesen Weg durch die himmlischen Zollstationen nachzugehen. So wird zunächst schon im Judentum der Himmel der Verheißungsort für Henoch und alle, die ihm gleichen.

Der Himmel als Aufenthaltsort der Verstorbenen. Im Neuen Testament ist für die Seelen der verstorbenen Christen der Himmel noch nicht generell der Ort des Aufenthalts. Die Christen sind nach dem Tod „beim Herrn“ (Paulus). Sehr oft wird in den älteren Texten der Zwischenzustand bis zur Auferstehung mit jüdisch-alttestamentlicher Metaphorik beschrieben: Paradies (Lk 23,43), Abrahams Schoß, himmlischer Tempel, himmlisches Jerusalem (Hebr 12,22 f). Doch sind die Christen bereits in der himmlischen Bürgerrolle verzeichnet.

Das Erheben der Augen und Hände. Wer zum Gott des Himmels betet, erhebt die Augen zum Himmel (so auch die alten Griechen), und noch für die ersten Christen in Rom war dieses Element (vgl. Mt 14,19) so wichtig, dass sie zum Einsetzungsbericht des Abendmahls, der im Kanonteil der Messe zitiert wird, hinzusetzten: Jesus „erhob seine Augen zum Himmel, zu dir, dem allmächtigen Vater“ (vgl. „Christus in Emmaus“, Abb. 22). Das „Erheben der Hände“ ist Zeichen des Opferns, und es ist als Gebet auch Opferersatz.

Die Himmelsleiter. Nach Genesis 28,12 erblickt Jakob an dem Ort, der für einen Tempel bestimmt ist[21], eine Himmelsleiter. Sie steht für die Funktion des Tempels selbst. Jakob „traf auf eine Stätte, und er blieb dort über Nacht, weil die Sonne schon untergegangen war. Und er nahm einen von den Steinen der Stätte, legte ihn hinter seinen Kopf und legte sich an dieser Stelle zum Schlafen nieder. Da träumte er, eine Treppe sei auf die Erde gestellt, und ihre Spitze berühre den Himmel. Und siehe: Gottesengel stiegen auf ihr herauf und hernieder. (...) Als Jakob von seinem Schlaf erwacht war, sagte er: Fürwahr! Jahwe ist an dieser Stätte, und ich wusste es nicht“(Gen 28,11–16). Es handelt sich um die erste Traumerzählung der Bibel (Abb. 23). Jakob erblickt eine Treppe, nicht eine Leiter, offenbar eine steinerne Aufschüttung, eine Rampe, wie wir sie von den Bauten in Babylon (Tempeltürme) und den Pyramiden kennen. Im babylonischen Mythos besteigen die Götter „die lange Himmelstreppe“. Entscheidend: Die Treppe, die Jakob im Traum sieht, verbindet Himmel und Erde so, dass der irdische Ansatzpunkt der Ort ist, an dem Jakob schläft. Dieser wird so als heiliger Ort erkannt: Jakob „nannte die Stätte Bethel“ (Gen 28,19, Lutherbibel) bzw. „gab dem Ort den Namen Bet-El (Gotteshaus)“; Errichtung eines Altars in Genesis 35,1. Dass die Engel hinauf- und hinabsteigen, markiert die Treppe als das Verbindungsstück zwischen Himmel und Erde. Auch in Isaja 6 werden himmlische Wesen im Zusammenhang mit Gottes himmlischem Thron genannt.

Rezipiert wird das Bild in Johannes 1,51. Jesus sagt den Jüngern: „Ihr werdet den Himmel offen sehen und die Engel Gottes hinaufsteigen (zum Himmel) und (vom Himmel) herabsteigen auf den

Abb. 21: „Petrus am Tor zum Paradies", Palatina-Stundenbuch aus England, um 1320–50; Vatikanstadt, Biblioteca Apostolica Vaticana, Pal. lat. 537, fol. 136 v
Die Miniatur gehört zu einem Zyklus, der die sieben Bußpsalmen (ein fester Bestandteil der Stundenbücher) begleitet. Mit der Initiale B(eati) beginnt der 2. Bußpsalm, d.h. Psalm 32: „Wohl dem, dem die Übertretungen vergeben sind, dem die Sünde bedeckt ist." Das B schließt Betende in sich. Die Miniatur lässt sich darüber hinaus mit dem Motiv des Tores auf einen Psalm beziehen, der nicht zu den Bußpsalmen gehört: „Das ist das Tor zum Herrn, nur Gerechte treten hier ein" (Ps 118,20). Die christliche Tradition, Petrus mit dem (päpstlichen) Attribut des Schlüssels als Himmelspförtner darzustellen, leitet sich von der Szene der Schlüsselübergabe her, nämlich der Schlüssel des „Himmelreichs" (ein Begriff, der nur bei Matthäus den gleichfalls bildlichen Begriff „Reich Gottes" vertritt); „alles, was du auf Erden binden wirst, soll auch im Himmel gebunden sein, und was du auf Erden lösen wirst, soll auch im Himmel gelöst sein" (Mt 16,19).

Menschensohn." Wenn man hier nicht mit einem Pendelverkehr rechnen will, der den Menschensohn mit himmlischen Nachrichten oder entsprechender Nahrung versehen soll, kann man überlegen, ob nicht gemeint ist, dass die Engel Gottes den Menschensohn „umringen". Da der Himmel grundsätzlich nur zweidimensional gedacht ist, kann in dieser Vorstellungsweise das Umringen (außer im Falle des seitwärtigen) nur als „oben" und „unten" dargestellt werden. – In jedem Falle wird durch Johannes 1,51 der Menschensohn aber als der Ort der Anwesenheit Gottes, als der wahre Tempel ausgezeichnet. Das entspricht auch Johannes 4,24, denn sowohl der Berg Garizim (Dtn 11,29; 27,12; Jos 8,33; Ri 9,7) als auch Jerusalem werden in ihrer Eigenschaft als Kultorte durch den neuen Ort abgelöst, an dem Geist und Wahrheit (= Gottes Wirklichkeit) ist. – Auch im Islam ist die Symbolik der Himmelsleiter nicht selten gebraucht.[22]

Entrückung von Menschen in den Himmel. Im Alten Testament werden Henoch (Gen 5,24) und Elija (2 Kön 2,1–18) in den Himmel entrückt. Die damit geschilderte endgültige Entrückung ist von der nur zeitweiligen Himmelsreise bzw. Unterweltsreise zu unterscheiden. Die endgültige Entrückung Henochs und Elijas bedeutet nach der Auslegung des Judentums deren Bewahrtwerden vor dem Tod. Doch hat das in der Folgezeit eine Reihe weiterer Implikationen: Der Entrückte kann, wie Elija, jederzeit erscheinen, als eine Art Rübezahl. Das gilt besonders für die Endzeit, in der Henoch und Elija erscheinen und Umkehr predigen werden. Sie werden gegen den Antichrist kämpfen und dann auch den Märtyrertod sterben. Nach Angabe zahlreicher Apokalypsen werden sie dann nach drei Tagen unbeerdigt auferstehen und dann wirklich endgültig in den Himmel entrückt werden. In ihrem Martyrium haben sie sozusagen das Soll aller Sterblichen nachgeliefert.

Abb. 22: Rembrandt (1606–1669), „Christus in Emmaus", 1648, Öl auf Leinwand, 89,5 x 111,5 cm; Paris, Musée du Louvre
Häufiger als die Darstellungen des Letzten Abendmahls Jesu mit den zwölf Jüngern, die bereits das Thema der Passion enthalten (vgl. Jesu gesenkten Blick auf Leonardo da Vincis Wandgemälde), zeigen Bilder des Mahls des Auferstandenen mit zwei Jüngern in Emmaus den aufwärts gerichteten Blick Christi als Zeichen der Danksagung: „Und es geschah, als er mit ihnen zu Tisch saß, nahm er das Brot, dankte, brach's und gab's ihnen. Da wurden ihre Augen geöffnet, und sie erkannten ihn" (Lk 24,30f).

Abb. 23: Marc Chagall (1887–1985), „Der Traum Jakobs von der Himmelsleiter", undatiert, Öl auf Leinwand,195 x 278 cm; Nizza, Musée National Message Biblique Marc Chagall

Die Ikonographie der Himmelsleiter in Jakobs verheißungsvollem Traum beginnt in der Katakombenmalerei und mündet in Chagalls Schaffen in eine umfassende Traumerzählung, deren Entwicklung ab etwa 1930 bis in die 1950er Jahre reicht. Hier gliedert sich die Bildfläche in die beiden Nachtfarben Violett und Blau mit der rot gewandeten, aufrecht erscheinenden Gestalt des Träumenden unterhalb des hellsten der Engel an der Spitze der Leiter. Die Helligkeit im Blau erstrahlt von den Kerzen der Menora in den Händen eines Kerub. Von der Lichtgestalt eines Engels handelt die Schilderung einer Erscheinung in Chagalls Autobiographie „Mein Leben" (dt. 1959). Die Vision wird Chagall in St. Petersburg zuteil: „Plötzlich öffnet sich die Zimmerdecke, und ein geflügeltes Wesen schwebt hernieder mit Glanz und Gepränge und erfüllt das Zimmer mit wallendem Dunst. Es rauschen die schleifenden Flügel. Ein Engel! denke ich. Ich kann die Augen nicht öffnen, es ist zu hell, zu gleißend."

Himmelsreise. Religionsgeschichtlich gesehen ist die Himmelsreise das Pendant zur Unterweltsreise. Die Letztere ist jedenfalls im griechisch-römischen Bereich älter und häufiger überliefert, so in Homers *Odyssee* (Buch 5) und Vergils *Aeneis* (Buch 6). Die Himmelsreise ist eine Art Entsprechung dazu in den Religionen, die sich an Himmelsgöttern orientieren.

Von den oben besprochenen Variationen endgültiger Hinwegnahme unterscheidet sich die Himmelsreise dadurch, dass der Entrückte nur für eine Zeitlang durch Himmel (oder Unterwelt) wandert und dann zurückkehrt. Auf der Himmelsreise erkundet er zwei mögliche Tatbestände, die Himmelsgeographie mit dem Thronsaal Gottes und das Geschick der Gerechten und Seligen; der letztere Punkt ist die genaue Entsprechung zur Schau der Qualen der Verdammten in der Unterweltsreise.

Himmelfahrt. Am Ende des Lukas-Evangeliums und am Beginn der Apostelgeschichte wird jeweils davon berichtet, Jesus Christus sei unmittelbar nach einer Erscheinung vor den Jüngern als Auferstandener in den Himmel aufgenommen worden. Viele Ausleger meinen, dasselbe Ereignis sei zweimal berichtet worden, und gemeint sei der Vorgang von „Jesu Erhöhung zur Rechten Gottes". Doch die Berichte (Lk 24,52 und Apg 1,9–11) sind zu unterschiedlich. Und vor allem erscheint Jesus in allen Ostervisionen „schon vom Himmel her". Daher handelt es sich weder um eine Entrückung noch um die Erhöhung Jesu, sondern um den zweimal besonders feierlich gestalteten Schluss der jeweiligen Erscheinung Jesu. Das Phänomen ist aus vielen jüdischen Visionsberichten geläufig: Vor allem der Schluss einer Erscheinung gibt zu erkennen, wer der Erschienene war. Deshalb war Jesus nach Lukas 24 der priesterlich segnende Messias, nach Apostelgeschichte 1 ist er der auf den Wolken des Himmels wiederkehrende künftige Richter. Insofern klärt der Abschluss einer Erscheinung die Identität des Erscheinenden. Insbesondere durch den Abschluss der Vision in Apostelgeschichte 1,3 ff wird Jesus als der von Gott auch zum Gericht Gesandte legitimiert (Abb. 24).

Auf „Mariens Himmelfahrt" wird zwar der gleiche Ausdruck verwendet, aber hier handelt es sich nicht um den Schluss eines Erscheinungsberichtes, sondern Maria wird unter die Himmelsbewohner aufgenommen und nimmt insofern das künftige Geschick aller Gotteskinder vorweg.

. . . . .

Fazit. Im Judentum und im Christentum ist das Gegenüber von Himmel und Erde nicht statisch verstanden, sondern Schauplatz eines Dramas, und zwar von Auf- oder Abstieg, schließlich aber von Berührung und Verwandlung. Gegenüber der Rede von Transzendenz oder „Jenseits" bleibt der Vorteil der bildlichen Vorstellung vom Himmel, dass das Szenario für das Drama erhalten bleibt. Im Übrigen wird kein Mensch Gott im Weltall suchen, sondern die Rede vom Himmel als Bild deuten.

Abb. 24: „Die Wiederkehr Christi", um 526–30; Rom, Apsismosaik der Kirche Santi Cosmas e Damiano
Der Ausschnitt mit der Gestalt Christi entspricht der eschatologischen Szenerie: „Und dann werden wehklagen alle Geschlechter auf Erden und werden sehen den Menschensohn kommen auf den Wolken des Himmels mit großer Kraft und Herrlichkeit" (Mt 24,30). Insgesamt widmet sich das Apsismosaik der *Traditio legis* an Petrus und Paulus. Diese führen den Stifter der Kirche, Papst Felix IV., und die Titelheiligen der Kirche herbei. Es sind die Ärzte und Märtyrer Kosmas und Damian.

Die Geschichte des Himmels

Einführung. Der zweite Teil dieses Werkes wird eröffnet durch die monumentale Darstellung des Jüngsten Gerichts, die Giotto in den ersten Jahren des 14. Jh. an der Eingangswand der Capella degli Scrovegni in Padua geschaffen hat. Er hatte an den Wänden des einfachen Raumes entsprechend den Vorstellungen der Zeit Szenen aus dem Leben Christi und Marias gemalt. Der Betrachter sollte einbezogen werden in die Geheimnisse der Menschheitserlösung. Wenn er sich auf den Heimweg machte, traf sein Blick auf die absolute Vollendung der Gnadengeschichte Gottes – auf Endgericht und Endschicksal der Menschen.

Genau in der Mitte thront der Weltenrichter in einer fast kreisförmigen Mandorla, umgeben von den Aposteln als den Beisitzern des Gerichts. Die Chöre der Engel beten ihn an. Unterhalb seiner halten zwei Himmelsgeister das Kreuz, Zeichen des Widerspruchs und der Erlösung. Wer widersprach, ist für ewig verdammt: Zur Linken Christi stürzen die Verurteilten, auf unbedeutende Größe zusammengeschrumpft, in die Hölle, wo Satan sie verschlingt. Wer die Erlösung angenommen hat, das sind die Menschen in voller Größe zu seiner Rechten, gelangt in den Himmel. Die Dynamik dieser Szenen nimmt den Betrachter so gefangen, dass er leicht die Engel zu Seiten des mächtigen gotischen Fensters übersieht. Sie halten eine Buchrolle, auf der man goldene Sterne ausmachen kann. Am Ende der Zeiten, so kann man in der Offenbarung des Johannes lesen, „verschwand der Himmel wie eine Buchrolle, die man zusammenrollt, und alle Berge und Inseln wurden von ihrer Stelle hinweggerückt“ (Offb 6,14). Dieser Himmel ist das Firmament. Dahinter sieht man Türen: Sie führen in den Gotteshimmel, den Raum der ewigen Gemeinschaft mit Gott (Offb 4,1).

Der Besucher des Gotteshauses sollte in seinem Lebensalltag beständig konfrontiert sein mit der absoluten Zukunft jenseits der Weltgeschichte, also mit seinem ewigen Schicksal. Es entschied sich schon hier und heute, aber mit bleibender Gültigkeit. Die Frage, was einen da erwartet, wurde identisch mit der Frage nach dem Lebens- und Daseinssinn des Einzelnen wie der ganzen Schöpfung.

Weil sich niemand auf Dauer um sie herummogeln kann, haben sich die Menschen zu allen Zeiten und in allen Kulturkreisen mit jener letzten Vollendung beschäftigt, die gewöhnlich mit der Metapher des Himmels beschrieben wird, aber auch mit dem möglichen absoluten Scheitern, in der Bildvorstellung von der Hölle thematisiert. Sie erfuhr oft eine überaus plastische Materialisierung, doch die eigentliche Blickrichtung der Menschen war stets die ewige Seligkeit.

Man kann auf sie keine andere Perspektive haben als die je eigene Kultur, die Lebensvorstellungen, die Daseinsabzweckungen sie bieten. Der Himmel ist daher kein statuarisches Gebilde, weder innerhalb der Welt der Religionen insgesamt noch in der der je eigenen Religion. Wie es eine Geschichte der Kultur gibt, so auch eine der Himmelsbilder. Sie soll auf den folgenden Seiten in großen Zügen dargestellt werden. Im „Vorspiel zum Himmel“ werden die hermeneutischen Voraussetzungen der Rede vom beglückenden Jenseits erhoben, die kulturgeschichtlichen wie die theologischen. Einen wenigstens knappen Blick auf die außerchristlichen Religionen und etwas eingehender auf das Christentum vermittelt der anschließende Teil (das Motto ist dem Vaterunser entlehnt: „Wie im Himmel …“). Die Konsequenzen für ein beherztes Leben im Blick auf den Tod entwirft der dritte Teil („… so auf Erden“).

Abb. 1: Giotto di Bondone (1266/67–1337), „Das Jüngste Gericht“, 1303–06; Padua, Arenakapelle, Eingangswand
Das Gemälde an der ca. 10 m hohen Westwand dieses Saalbaus, den Giotto insgesamt mit Fresken ausgestattet hat, repräsentiert eine neuartige Darstellung von Räumlichkeit, Körperlichkeit sowie gestischer und mimischer Beziehung zwischen den Figuren. Unten links überreicht der Stifter Enrico Scrovegni Maria ein Modell der ihr geweihten Kapelle Santa Maria Annunziata, genannt Cappella degli Scrovegni oder Arenakapelle nach dem Baugrund, auf dem sie errichtet wurde.

VORSPIEL ZUM HIMMEL

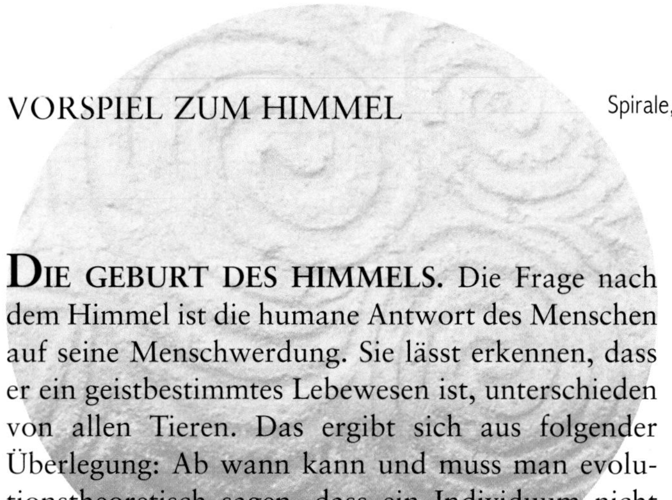

Spirale, Detail aus Abb. 2

DIE GEBURT DES HIMMELS. Die Frage nach dem Himmel ist die humane Antwort des Menschen auf seine Menschwerdung. Sie lässt erkennen, dass er ein geistbestimmtes Lebewesen ist, unterschieden von allen Tieren. Das ergibt sich aus folgender Überlegung: Ab wann kann und muss man evolutionstheoretisch sagen, dass ein Individuum nicht mehr ein Primat, sondern ein Mensch *(homo)* war? Die Antwort der Anthropologen ist komplex, doch gewöhnlich wird als sicheres Anzeichen angegeben: die *Bestattung der Toten*. Sie setzt voraus, dass beim Hinschied eines Artgenossen Gefühle von Liebe, Trauer, Pietät wach werden und dass man sich nicht mit seinem Ableben abfindet, sondern dieses sowohl als Nichtseinsollendes als auch als Nichtbleibendes empfindet. Das eine zeigt sich in der Pflege und dem Schmuck des Grabes, das die Präsenz des Verstorbenen unter den (noch) Lebenden gleichsam verlängert, das zweite in den weltweit verbreiteten Mythen mit dem Thema des Verscherzens einer ursprünglich und natürlich gedachten Unsterblichkeit und deren endlicher Wiedergewinnung[1]. Damit ist auch der Beginn der Religion gegeben. Ihr Ende ist dann folgerichtig gekommen, wenn die Überzeugung vom ewigen Leben verschwindet. „Von dem Augenblick an, in dem man nicht mehr an das ewige Leben glaubt, kann es keine Religion mehr geben", lässt Michel Houellebecq eine Romanfigur sagen[2]; sie fährt fort: „Und wenn es die Gesellschaft ohne Religion nicht geben kann, wie du zu glauben scheinst, dann kann es auch keine Gesellschaft mehr geben." Damit aber ist auch die erste Komponente der Vorstellung eines Himmels vorhanden, denn man fragt sich sofort nach dem Ort, der Weise und den Bedingungen eines Weiterlebens jenseits der Todeslinie.

Allerdings ist vorerst die zwangsläufige Auskunft nicht der Himmel, sofern dieser als Ort oder Zustand der Glückseligkeit gedacht wird. Viele Völker begnügen sich mit der Annahme eines dunklen Behältnisses der Toten, in denen diese wohl fortleben, doch eine wenig begehrenswerte Schattenexistenz führen. Auch die frühen Schichten des Alten Testamentes überliefern eine solche Theorie[3]. Damit es zur Geburt des Himmels kommt, bedarf es einer weiteren Komponente. Sie ist bereits enthalten in der Überzeugung vom Bösen des Todes – er soll eigentlich nicht sein – und entfaltet sich in der Erfahrung des Bösen im Leben – es gibt naturverdankte Katastrophen und das Übel aus menschlicher Schuld. Das uns einwohnende Bedürfnis nach ausgleichender Gerechtigkeit verlangt endgültige Bestrafung bzw. Belohnung der Taten. Sie kann nicht mehr auf Erden, sie muss von einer höchsten transzendenten und personalen Gerechtigkeit, von Gott, geschenkt werden. Das Jenseits verlangt nun nach einem Lebensgericht und nach mindestens zwei Orten oder Zuständen: einen zur Abbüßung des begangenen Bösen, die Hölle, einen zur Belohnung der geleisteten bzw. der Kompensation der entgangenen Lebensgüte – das erst ist der Himmel. Das setzt freilich voraus, dass man genau weiß, wer warum wozu bestimmt ist und wann man in diesen oder in jenen Zielort des Lebens gelangt[4].

Die Frage nach dem Himmel gehört also zu den ursprünglichsten und menschlichsten aller denkbaren Menschenfragen. Zum einen ist der Himmel Ludwig Feuerbach zufolge „der Schlüssel zu den innersten Geheimnissen der Religion"[5]. Zum anderen entscheidet sich an ihr – Houellebecq sieht das wohl richtig – die Humanität des Menschen überhaupt. Beides hängt zusammen.

Abb. 2: Grabanlage mit eingeritzten Spiralen, um 2500 v. Chr.; Newgrange, Tal der Boyne, Grafschaft Meath (Irland)
Im Gegensatz zum Kreis führen die Windungen der Spirale zu einem Mittelpunkt. „Als Mittelpunkt der Welt konnte der höchste Punkt am Himmel verstanden werden", so Marie P. König zu Beginn ihrer Deutung „Der Auferstehungsglaube im Sinnbild der Spirale", in: Marie P. König, „Am Anfang der Kultur. Die Zeichensprache des frühen Menschen", Berlin 1973.

Hat der Himmel eine Geschichte? Was geboren, also geworden ist, hat auch eine Geschichte. Im Fall des Himmels kann das aber nicht schlankweg gelten. Er ist eine jenseitige, also außerhalb der unsere Existenz diesseits des Todes bestimmenden Größen von *Raum* und *Zeit* gelegene Annahme, die mithin *per definitionem* kein Werden, also kein Geschehen und somit keine Geschichte kennt. Was eigentlich ist der Himmel?

„Himmel" ist ein vieldeutiger Begriff. Wenigstens vier unterschiedliche Bedeutungen machen wir aus:

• *Himmel* ist das sich (scheinbar) über uns wölbende Firmament, an dem wir die Sterne und die Galaxien ausmachen können. Hier dürfte auch der etymologische Ursprung des Wortes zu suchen sein: Vielleicht kommt es von der Wurzel **kem-* „bedecken, verhüllen" (sie steckt auch im Wort *Hemd). Himmel* ist dann die Hülle oder Decke der Erde.[6] Dieser Himmel hat eine Geschichte. Er ist entstanden, verändert sich andauernd und wird einst vergehen. Zuständig für die Registrierung sind die Kosmologie und die Astronomie. In unseren Überlegungen wird dieser Bereich ausgeklammert.

• *Himmel* ist Ausdruck der Transzendenz, dessen also, was die Welt schlechthin übersteigt. Dann meint das Wort die Residenz Gottes/der Götter oder, wie bei den alten Hebräern und den strenggläubigen Juden noch heute, die Seinsform Gottes selbst. Himmel ist mit anderen Worten ein Gleichwort für Gott.[7] Da Gott außerhalb von Raum und Zeit zu denken ist – wir nennen ihn *ewig* –, kann er selbstverständlich *nicht werden* und *nicht vergehen.* In diesem Sinn kann es mithin eine Geschichte des Himmels nicht geben (Abb. 3).

• *Himmel* ist ein Bildbegriff, mittels dessen etwas außerordentlich Angenehmes, Beglückendes oder Befriedigendes bezeichnet wird. Das kann auch adjektivisch mit himmlisch benannt werden. Man kann an eine Speise, eine Landschaft, ein Produkt denken, die „himmlischen Genuss" bereiten. Oft steht dafür Paradies oder paradiesisch. Das erinnert an den mythischen Urstand der Schöpfung, in den sie nach Ansicht vieler Religionen am Ende irgendwie zurückverwandelt werden soll. Metaphern haben zwar eine Geschichte ihrer Entstehung und Verwendung, aber nicht in sich. Eine Himmelsgeschichte kann es unter dieser Hinsicht auch nicht geben.

• *Himmel* bedeutet den Ort oder Zustand der Beseligung nach dem Tod. „In den Himmel" kommen die Menschen bzw. die Seelen der Menschen, die entsprechend den Weisungen Gottes/der Götter hinieden gelebt und sich so das vollendete und nimmer endende Glück verdient haben. Sofern er der Schluss-Zustand eines Individuums außerhalb von Raum und Zeit, der diesseitigen Existenzform, ist, vermag er gleichfalls keine Geschichte zu haben. In dem Moment freilich, da jemand sich Gedanken über die Details jener Existenzform macht und darangeht, sie aus- und fortzuspinnen, beginnt eine beschreibbare Geschichte – nicht mehr des Himmels als solchem, sondern der Vorstellungen über den Himmel. Wie ist das mit der Auferstehung, wann kommt man in den Himmel und wer kommt dorthin (Seelen, Leiber, der Mensch in seiner Ganzheit), ist er ein Ort oder ein Zustand, was tun die Seligen (nur Alleluja singen oder auch sexuelle Beziehungen pflegen) und wie sehen sie aus (sind sie alle Männer, Frauen oder Kinder, alt oder jung, verstümmelt oder schön?), wie finden sie sich mit ihrer Seligkeit ab, wenn es auch Verdammte geben kann (vielleicht aus der eigenen Verwandtschaft)? Sobald man einmal auf die Fährte gebracht ist, prasseln die Fragen hernieder. Sie sind unmittelbar nicht zu beantworten, da niemand eine direkte Erfahrung vom *Himmel* besitzt. Also vermag man zur Lösung der Probleme nicht anders zu kommen als durch Extrapolationen der bekannten Verhältnisse, durch Spekulationen über die Andeutungen der Heiligen Schriften der Religion, durch Projektionen beglückender irdischer Erfahrungen. Alle diese Startpunkte der Rede vom *Himmel* jedoch hängen ab von der Situation, der Gesellschaftsordnung, dem philosophischen und theologischen Horizont des Denkens, in dem der Denkende gerade steht, auf dem seine Einlassungen ruhen. Darüber kann man eine Geschichte schreiben.

Nur darüber handeln auch diese Seiten. Die „Geschichte des Himmels“ ist also vornehmlich ein Teil der *Kulturanthropologie*[8]: Wie haben die Menschen im Lauf der Geschichte über das Jenseits gedacht, welche Antworten haben sie auf die vielen Fragen gefunden, die gerade benannt worden sind? Dabei fokussieren wir uns vornehmlich – aber aus bald anzuführenden Gründen nicht ausschließlich – auf die christliche Kultur, mit besonderem Schwerpunkt auf deren abendländischer Ausformung und auf die theologischen Fundamente der je umlaufenden Jenseitsspekulationen. Doch das sind der Begrenzungen nicht genug. Selbst dann noch wird man mit einer Materialfülle von Anschauungen, Fragestellungen, Diskussionskomplexen konfrontiert, die in einer Publikation wie dieser nicht einmal näherungsweise behandelt werden können. Jean Delumeau hat vor einigen Jahren eine sehr umfassende „Geschichte des Paradieses“ geschrieben. Sie beansprucht nicht weniger als drei umfangreiche Bände.[9] Im Deutschen liegt mit ähnlichem Anspruch das Gemeinschaftswerk von Bernhard Lang und Colleen McDannell vor: „Der Himmel. Eine Kulturgeschichte des ewigen Lebens“. 578 eng bedruckte Seiten zählt es.[10] Der Beitrag in diesem Buch möchte dagegen lediglich die großen Konturen aufzeigen, die wichtigsten Akzente herausheben[11] und mit dem einen oder anderen Beispiel in Text und Illustration so anschaulich wie möglich machen, wie prächtig und farbig die Gestalt des Himmels in der Geschichte der Menschen bedichtet, besungen, gemalt und gedacht worden ist.

Abb. 3: Der physikalische und der transzendentale, metaphysische Himmel; kolorierter Holzschnitt, 1888
Die Grafik schematisiert lehrbildhaft die Vorstellung: Der Mensch vermag, die Grenzen seiner sinnlichen Wahrnehmung eines Himmelsgewölbes über der Erde zu durchbrechen und zu einer überirdischen Himmelsvision zu gelangen. Die Darstellung dieser Sphäre verwendet links oben ein Motiv aus der Gottesvision des Ezechiel in Verbindung mit den „vier Lebewesen“ (vgl. Offb 4,6–9). Neben ihnen schaut Ezechiel Räder am Thronwagen Gottes. „Sie waren so gemacht, dass es aussah, als laufe ein Rad mitten im andern“ (Ez 1,16b).

HIMMELSHERMENEUTIK. Texte und Bilder bedürfen der Auslegung. Hermeneutik ist die Kunst und Wissenschaft solcher Interpretation. Um das Gesagte oder Geschriebene richtig zu verstehen, muss man beispielsweise wissen, ob der Verfasser oder die Verfasserin sachkundig, glaubwürdig, objektiv sind; welche Absicht sie leitet, welcher Stilmittel sie sich bedienen und auf welcher Sprachebene sie sich bewegen. Jeder weiß: Den Vorgang des Verliebtseins wird der Verliebte anders beschreiben als der Naturwissenschaftler, der die Änderungen im Hormonspiegel registriert. Wer ein Auto kaufen will, wird den Herstellerprospekt anders lesen als einen Testbericht. In diesem Fall vermag sich der potentielle Käufer auch noch bei einer Probefahrt zu vergewissern, ob und wie weit beide je recht haben. Er kann die Angaben verifizieren oder falsifizieren, d.h. sie bestätigen oder widerlegen. Das wird schon schwieriger im Fall der Liebe. Die Behauptung, „Du bist das Kostbarste, was es gibt", kann sich nur in einem Notfall bewähren oder als Lüge herausstellen, experimentell überprüfen lässt sie sich mitnichten.

Aussagen über alles, was mit dem jenseits der Todeslinie Liegenden zusammenhängt, sind am schwierigsten und zugleich am dringendsten der hermeneutischen Fragestellung zu unterwerfen. Ehern gilt, was in christlicher Terminologie Paulus so auf den Punkt bringt: „Kein Auge hat es gesehen und kein Ohr gehört, was keinem Menschen in den Sinn gekommen ist: das Große, das Gott denen bereitet hat, die ihn lieben" (1 Kor 2,9). Niemand hat eine tatsächliche, nachweisbare Erfahrung von dem, was nach dem Hinscheiden sich möglicherweise ereignet. Noch nie hat einer die Todeslinie in die Richtung zum Diesseits hin überschritten und zu Protokoll gegeben, was er erlebt hat (Abb. 4).

Dem stehen nicht die zahlreichen Darstellungen entgegen, die das zu dementieren scheinen: Die Visionen, Träume, Jenseitsreisen, Himmelseinblicke, die in allen Religionen und zu allen Zeiten seit dem

Abb. 4: „Der arme Lazarus in Abrahams Schoß und der Reiche in der Qual der Unterwelt"; Miniatur in einer Handschrift des Neuen Testaments aus Verona, um 1250; Vatikanstadt, Biblioteca Apostolica Vaticana, Vat. lat. 39, fol. 58 r

Dass niemand „die Todeslinie in die Richtung zum Diesseits überschritten und zu Protokoll gegeben (hat), was er erlebt hat", gehört zu den Themen im „Beispiel vom reichen Mann und vom armen Lazarus" (Lk 16,19–31). Der Reiche bittet Abraham, Lazarus möge seine fünf Brüder „warnen, damit nicht auch sie an diesen Ort der Qual kommen", denn „nur wenn einer von den Toten zu ihnen kommt, werden sie umkehren. Darauf sagte Abraham: Wenn sie auf Mose und die Propheten nicht hören, werden sie sich auch nicht überzeugen lassen, wenn einer von den Toten aufersteht" (Lk 16,28.30 f).

Abb. 5: Giovanni di Paolo (1403–1482), „Dante schaut die Himmelsstadt Jerusalem im Empyreum"; Miniatur zum XXX. Gesang des *Paradiso* in einer Prachthandschrift der *Divina Commedia,* 1438–44; London, British Library, Ms. Yates Thompson 36, fol. 184 r
Auf drei halbrunden Bänken reihen sich die als Aktfiguren dargestellten Seligen. Dieses Motiv paradiesischer Nacktheit verwenden zwölf der 62 Miniaturen in den 33 Gesängen des *Paradiso* von Giovanni di Paolo (das *Inferno* und das *Purgatorio* illuminierte Vecchietta). Der mittlere Sitz der hinteren

Reihe ist mit dem Reichsadler geschmückt. Hier wird der 1313 während seines Italienzugs gestorbene und im Dom von Pisa beigesetzte Kaiser Heinrich VII. seinen Platz finden, wie Beatrice erklärt: „Und auf dem Thron, auf den dein Auge weist / Der Krone wegen, die schon drauf sich spreitet, / Wird (...) / Die Seele, die einst Kaiser war, geleitet, / Des edlen Heinrichs, der Italien wagt / Zu richten, eher, als es vorbereitet" (Par. XXX,133–138).

Gilgamesch-Epos überliefert sind. In allen Fällen sind die „Berichterstatter" nicht wirklich tot gewesen, sondern allenfalls dem Tode nah;[12] meist aber behaupten sie lediglich, ins Jenseits als Lebende und (vorerst) am Leben Bleibende entrückt worden zu sein. Nicht selten lassen sie durchblicken, dass sie bewusst eine literarische Fiktion verfassen.[13] Eine einfache Überlegung zeigt, dass solche Texte keine realen Erlebnisse wiedergeben können. Diesen Fall gesetzt, müssten sie sämtlich untereinander übereinstimmen. Davon kann keine Rede sein, wie sich im Laufe dieser Ausführungen zur Genüge zeigen wird, wie aber schon hier an einem scheinbar kuriosen und recht marginalen, in Wahrheit aber sehr sachhaltigen, jedenfalls heiß erörterten Beispiel nachgewiesen werden kann.

Eine Frage, die interessanterweise in der christlichen Jenseitsliteratur häufig aufgeworfen wird, lautet: Sind die Seligen im Himmel *hüllenlos oder bekleidet?* Die Antwort – die oft auch eingehend begründet wird – hängt davon ab, welchen Stellenwert im ethisch-religiösen System des Autors die Nacktheit besitzt. Wo sie negativ besetzt ist, tragen die Himmelsinsassen selbstverständlich Kleidung, die natürlich sehr kostbar sein muss. Positiv besetzt sein kann sie aus mehreren Gründen:

• Weil der Himmel eine Restitution des ursprünglichen Paradieses ist, in dem Adam und Eva, ohne Scham voreinander, kleiderlos umherwandelten (Gen 2,25; vgl. 3,7), wird dieser Zustand auch der eschatologisch, jenseits aller Zeiten, endgültige sein.
• Weil Kleider verhüllen, im Himmel aber alles irdisch Verdeckende sinnlos ist, braucht man auch keine Kleider. So verlangt Gott von Mechthild von Magdeburg, als sie den Himmel schaut: „Ihr sollt nackt sein!“[14]
• Weil der Himmel Ort der vollkommenen Schönheit ist, muss auch die Leibesherrlichkeit restlos sichtbar werden. In einer um 1440 entstandenen Illumination des *Paradiso* Dantes zeigt Giovanni di Paolo die Seligen in jugendlicher Nacktheit auf Steinbänken sitzend in der Himmelsstadt Jerusalem (nicht im Paradiesesgarten) wie in einem Amphitheater. Von links schweben der Dichter und seine Himmelsführerin Beatrice heran (Abb. 5). In Dantes Text selber gibt es nicht den mindesten Anhalt für diese „Interpretation“ des Zustands der Himmelsbewohner.

Mitunter kann man den Wechsel der Wertungen an ein und demselben Bild verfolgen. In der Renaissance stellt man sich, wie Giovanni di Paolo uns zeigt, die Heiligen textilfrei vor. In dieser Tradition gestaltete Michelangelo 1536–41 an der Altarwand der Sixtinischen Kapelle das „Jüngste Gericht“. Das Fresko ist die wohl bedeutendste, schönste und theologisch repräsentativste Wiedergabe dieses Themas in der ganzen westlichen Kunstgeschichte. Es gibt kaum eine Körperhaltung, die der Künstler nicht, anatomisch exakt, an einem Akt vorgestellt hätte. Wenige Jahre später (1546) begann das Reformkonzil von Trient, das an den Blößen Anstoß nahm. Unmittelbar nach Michelangelos Tod mussten Daniele da Volterra (gest. 1566) und Domenico Carnevale (vielleicht noch ein anderer Künstler) die vielen Akte diskret bekleiden (Abb. 6 und 7).[15] Daniele handelt sich dafür den Spottnamen *Il braghettone* („Hosenmaler“) ein.

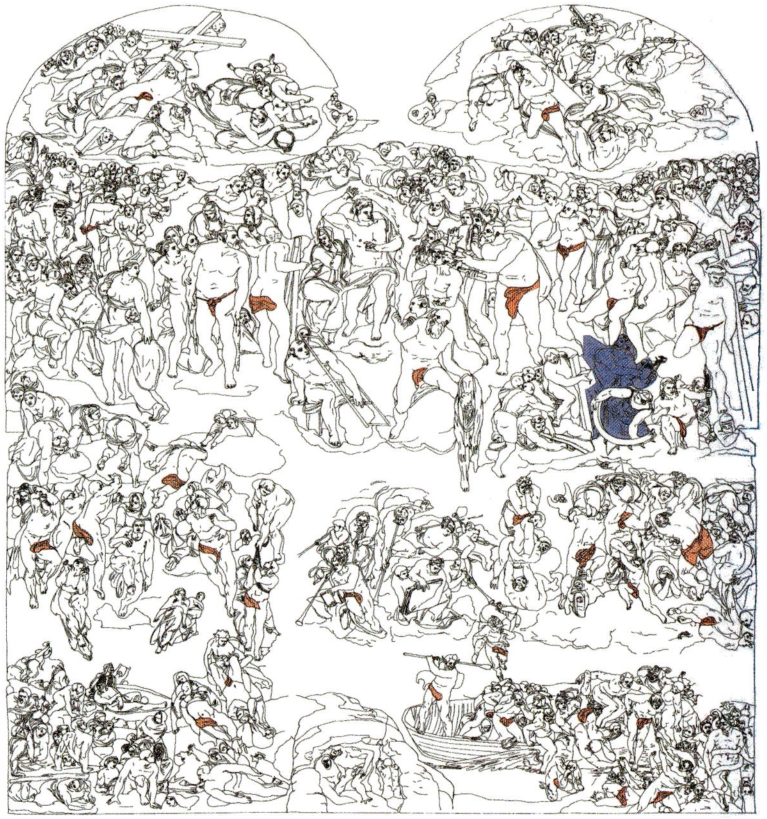

Abb. 6: Auf Anordnung des Konzils von Trient (Beschluss vom 11. Januar 1564, d.h. vor Michelangelos Tod am 18. Februar) wurden ab 1565 zahlreiche Korrekturen am „Jüngsten Gericht“ vorgenommen.
Rote Flächen: Korrekturen *al secco*
Blaue Fächen: Korrekturen *al fresco*

Abb. 7: Michelangelo Buonarroti (1475–1564), „Das Jüngste Gericht“, 1536–41; Vatikanstadt, 13,75 m hohe Altarwand der Cappella Sistina Das von Papst Paul III. in Auftrag gegebene Fresko verbindet Motive der Matthäus-Apokalypse („Die Rede über die Endzeit“, Mt 24,1–25,48) mit der antiken Mythologie (in der Sockelzone der Fährmann Charon und der Höllenbeherrscher Minos). Beide Quellen prägen die antikisierende athletische Gottesgestalt des Menschensohns und Weltenrichters; ihn werden die Völker „mit großer Macht und Herrlichkeit auf den Wolken des Himmels kommen sehen“ (Mt 24,30); dies ist der *dies irae*, der „Tag des Zorns“. Den Plan von Paul IV., das anstößige Fresko zu entfernen, verhinderte 1564 unter Pius IV. der Kompromiss, die Blößen der Aktfiguren zu übermalen (ab 1565).

IONAS

Man kann aus diesen Sachverhalten eine doppelte hermeneutische Einsicht gewinnen. Zum einen werden Anschauungen oder Gedankenkonstrukte der kulturellen Denkform auf die jenseitigen Zustände übertragen, zum anderen haben die Erzählungen ein bestimmtes Interesse philosophischer oder theologischer Natur. Damit hängt ein weiterer Umstand zusammen. Wegen der konstitutiven Erfahrungslosigkeit lassen sich kaum abstrakte Aussagen vom Jenseits machen, die dann der Hörer oder Leser mit eigenen Erlebnissen anreichern könnte. Man muss davon, wenn man überhaupt etwas sagen will, *erzählen*. Das setzt voraus, dass man über entsprechende Bilder, Metaphern, Klischees verfügt, welche die extreme Not des Anschauungsmangels auffüllen. Der einzig gangbare Weg ins Jenseits ist daher die *Projektion:* Erfahrungen von Grausamkeit und Glück, von Qual und Wonne, über die wir hinieden verfügen, werden in entsprechender Vergrößerung von den Jenseitsorten oder Jenseitszuständen *Hölle* und *Himmel* ausgesagt. Der Phantasie sind dabei durchaus Grenzen gesetzt. Man wird ihrer leicht ansichtig, wenn man malerische Darstellungen des Weltgerichts betrachtet. Gewöhnlich, selbst bei Michelangelo, sind die Höllendarstellungen wesentlich plastischer, dramatischer, fesselnder als das himmlische Gegenstück. Das mag sicher auch daran liegen, dass die meisten Menschen vom fahlen Glanz des Bösen und Schrecklichen mehr angezogen werden als von der meist etwas langweilig wirkenden Repräsentation des Guten. Doch entscheidender dürfte sein, dass wir drastischere und eindrücklichere Erfahrungen von Marter und Folter – auch lange währender – besitzen als vom Beglückenden. Dieses erleben die Menschen nur selten und beinahe stets als rasch vorübereilendes Phänomen.[16] Die Kriminaljustiz des Mittelalters bot hinreichend Anschauungsmaterial für phantastische Ausmalungen von Pein. Zu allen Zeiten sind die Bilder für glückhafte Impressionen etwa *Hochzeit, Licht, Festmahl, Liebesbegegnung, materielle Schönheit* gewesen. Sie sind von Natur aus flüchtig: Auf die Hochzeit folgt der graue Alltag, auf Licht die Nacht, auf das Mahl der Hunger, auf Liebe Trennung; leibliche Schönheit schwindet. Es ist verzweifelt schwer, sich den Himmel vorzustellen. Deswegen wollen zwar alle hinein, doch jeder hofft, es möge nicht so bald sein ... Die postulierte uneingeschränkte Positivität der Seligkeit kann man besser negativ beschreiben, also letzthin nicht attraktiv. Wahre Sehnsucht nach dem Himmel ist selten zu finden.

Schließlich muss man, wie erwähnt, gewärtig sein, dass Bilder und Vergleiche kultur- und gesellschaftsabhängig sind. Das gilt besonders für die Vorstellungen vom Himmel. Der Zustand der absoluten beseligenden Erfüllung ist für einen gelehrten Mönch gewiss die Erfüllung der intellektiven Fähigkeiten mit der Erkenntnis Gottes. Die Gottesschau *(visio beatifica)* ist konsequenterweise der Höhepunkt der scholastischen Himmelsvisionen. Für einen Mönch, der zeitlebens in harter und mühsamer Askese seinen Leib in Schach zu halten Mühe hatte, bestehen die Himmelsfreuden eher in den bisher versagten Genüssen der Geschlechterbegegnung. So wechseln die Bilder; deswegen eben lässt sich eine „Geschichte des Himmels“ im beschriebenen Verständnis abfassen.

Vor allem eine Schwierigkeit steht den Bemühungen zur Versachlichung der Metaphorik entgegen. Dank ihres Körpers sind die Menschen in Raum und Zeit eingebunden. Wo die Körperlichkeit also entscheidend beeinträchtigt wird, ändert sich das Verhältnis des Menschen zu diesen Koordinaten seiner Existenz. Das kommt plastisch zum Ausdruck, wenn diese durch die Daten von Geburt und Tod umschrieben wird. Was aber ist, wenn es ein Weiterleben nach dem Hinscheiden gibt? Raumzeitlich kann es gewiss nicht mehr beschrieben werden. Wir verfügen aber nur unter Schwierigkeiten über die Möglichkeit *unzeitlichen* Denkens. So kommt es, dass durchweg und unbekümmert die

Abb. 8: Die Himmelsscheibe von Nebra, um 1600 v. Chr., Durchmesser 32 cm; Halle/Saale, Landesmuseum für Vorgeschichte
Die bislang älteste bekannte astronomische Darstellung wurde 1999 von Raubgräbern bei Nebra (Sachsen-Anhalt) innerhalb einer Wallanlage entdeckt, die als prähistorisches Observatorium gedient haben könnte. Dieser „Schlüsselfund der Archoastronomie" konnte 2002 sichergestellt werden. Die Bronzescheibe ist mit 32 Goldblättchen belegt; zu ihnen gehört das Siebengestirn der Plejaden (siehe Ijob 9,9). Die großen goldenen Formen

zeigen wohl den Vollmond, den zunehmenden Mond, am rechten Rand ein Symbol des Sonnenverlaufs (das linke Pendant ist verloren), unten die mit Wimpern umrandete Sonnenbarke.

Jenseitsphantasien weiter zeitliche Kategorien verwenden. Sie sind unabdingbar, wenn man einen *Zwischenzustand* in die Topographie des Jenseits einbringt. Sobald der Verdienstgedanke eingeführt wird, teilt sich das Jenseits in einen Strafteil, die Hölle, und einen Belohnungsteil, den Himmel. Dorthin kommen die Bösen, hierhin die Tugendhaften. Was aber geschieht mit denen, die nicht so böse sind, dass sie gequält werden müssen, und nicht so gut, dass sie in die Gefilde der Seligen eingehen können? Die Antwort ist ein dritter Topos in der nachtodlichen Welt, welcher der Läuterung der Halbguten/Halbbösen dient, bis sie der Seligkeit wert sind. Er kann unter diesen Voraussetzungen nicht anders als befristet gedacht werden. Die *Zeit* hat sich ins Jenseits eingeschmuggelt. Und mit ihr die *Raum*vorstellung. Gerade wenn man die Toten als wie auch immer verwandelte, aber wirkliche Menschen annimmt, hat man ihnen eine körperliche Komponente zuzusprechen (vgl. Abb. 16). Dann aber müssen sie auch irgendwo existieren. Folglich werden aus den *Zuständen* des Jenseits Jenseits*orte,* sozusagen große Behältnisse, *in denen* die Fortlebenden weilen. Je realistischer und präziser die Angaben werden, umso nachhaltiger müssen sich die Theologen der Metaphern bedienen. Eine ebenfalls nahezu unvermeidliche Vorgabe ist das Bild der Welt, das sich noch heute dem unbefangenen Auge bietet: Unser Lebensraum ist die Erde. Im Obergeschoss wölbt sich über sie das Firmament mit den Gestirnen, vor allem dem Lebensstern Sonne. Darunter befindet sich im Keller die Unterwelt, in die alles Mindere und Ungute verlagert wurde. Das Gute und Beseligende hingegen konnte nur oben sein, der *über dem Irdischen* gelegene Raum oder Bezirk. Von dort kam durch die Sonne das Leben. Finsternis war tödlich. Darstellungen des Firmaments haben daher schon ganz am Anfang der Kulturgeschichte eine religiös-eschatologische Bedeutung, wie die Analyse der erst 1999 in Mitteldeutschland aufgefundenen *Himmelsscheibe von Nebra* gezeigt hat, die auf die frühe Bronzezeit (um 1600 v. Chr.) datiert worden ist (Abb. 8). Bei den sieben eng beieinander liegenden Goldpunkten handelt es sich um das Sternbild der Plejaden, das für den Zeitpunkt von Aussaat und Ernte bedeutsam war. Neben Vollmond und Mondsichel erkennt man zwei Horizontbögen, die für den Horizontdurchlauf der Sonne stehen. Zwischen ihnen ist ein Schiff dargestellt. Man sieht in ihm das heilige Sonnenschiff, das für den Transport des Gestirns von Osten nach Westen und nachts durch die Unterwelt diente. Meist wird es von einem Pferd gezogen, wie eindrucksvoll der 1902 in Dänemark gefundene *Sonnenwagen von Trundholm* es zeigt (Abb. 9). In der Sonne verkörpert sich Fruchtbarkeit, Leben und Glück. Dass sie geschehen, dafür bürgt der Wagen.

Bilder sind unerlässlich, aber auch gefährlich. Kraft des innewohnenden Vergleichsmoments sind sie in der Lage, auf Fremdes und Unbekanntes verständnisfördernd zu verweisen. Aber solche Momente bilden immer nur *einen* Teil des Sachverhaltes, der im Bild zur Sprache kommt. Alle anderen Teile dürfen nicht zur Beschreibung herangezogen werden. Diese Einschränkung wird manchmal missachtet. Die Folge sind unangemessene Beschreibungen, die leicht ins Lächerliche abstürzen. Gerade die Eschatologie ist der Gefahr nicht selten erlegen. Man stellte sehr lange die Auferstehung der Toten als einen Vorgang dar, bei dem sich die Gebeine wieder mit Fleisch bekleiden, bis am Ende der historische Mensch hergestellt war (Abb. 10). Auch Michelangelo hat es so gehalten (Abb. 7). Damit sollte die Identität ausgedrückt werden: Das Individuum, das auf Erden gelebt hat, wird als *dieses Individuum* in seiner unverwechselbaren Ganzheit zum neuen Leben erstehen. In der Neuscholastik des 19. Jh. nahm man das Bild für die plane Wirklichkeit. Da kam es dann zu kopfzerbrechenden Problemen. Wenn zum Beispiel ein Kannibale im afrikanischen Dschungel einen Missionarsschenkel

Abb. 9: Der Sonnenwagen von Trundholm, 4. Jh. v. Chr.; Kopenhagen, Nationalmuseum
Das aus Bronze gegossene Modell eines Kultwagens wurde 1902 im Moor von Trundholm auf der dänischen Insel Seeland entdeckt. Die eine Seite der Scheibe ist mit Goldblech belegt und wird als glänzende Tagseite gedeutet, im Gegensatz zur dunklen Nachtseite. Erstere ist insofern auch ein Abbild der Sonnenscheibe, die über den Himmel fährt, wobei auch die Räder als Sonnensymbole zu verstehen sind.

verspeiste und das Fleisch in seinen Körper integrierte, was passierte dann bei der Auferstehung? Hatte der Kannibale ein Loch im Leib oder blieb der einstige Missionar in Ewigkeit ein amputierter Krüppel? Man machte sich auch Gedanken über das Alter und die Leibesgestalt der Seligen: Bleiben Kinder klein und Greise hinfällig oder – so viele Experten des Jenseits – leben alle im Alter Jesu (ca. 30 Jahre) und somit in der Stattlichkeit der Endjugendlichen? Und wenn es doch Kinder gibt, müssen sie nicht ausgebildet werden? Also braucht man ein himmlisches Erziehungswesen.

Der heutige Leser darf darüber sicher schmunzeln.[17] Er sollte sich aber davor hüten, in Bausch und Bogen alles der Lächerlichkeit oder Belanglosigkeit zu überantworten, was die Menschen der Vorzeit bedacht haben. Eine intelligente Hermeneutik spürt bald, dass in der narrativen Verkleidung der Himmelsreisen und der Höllenvisionen entscheidende und jeden Nachdenklichen existentiell berührende Problemkomplexe angesprochen werden. *Himmel* und *Hölle* sind Chiffren für die Sinnhaftigkeit und die Sinnlosigkeit, für Lebenserfüllung und finales Scheitern, für selige Erfüllung und grauenhaftes Versagen der eigenen Existenz. Sie stehen für die Möglichkeit des Gelingens und des Misslingens der je geschenkten Zeit.

Es geht dabei ums Ganze, und es geht um alles. Diese eine Botschaft wird in schier unendlichen Variationen in allen eschatologischen Reflexionen vermittelt. Sie geht jeden und sie geht einen jeden jeweils aufs Neue an.

Abb. 10: Luca Signorelli (1440/50–1523), „Die Auferstehung der Toten zum Jüngsten Gericht", um 1500; Dom von Orvieto, Cappella di San Brizio
Der Auferstehung der Toten ist die rechte Seitenwand gewidmet. Das Fresko kontrastiert am rechten Rand Skelette mit bereits wieder „lebendigen" Aktfiguren. Zu den biblischen Quellen gehört die Vision des Ezechiel auf dem Totenfeld: „Die Gebeine rückten zusammen, Bein an Bein. Und als ich hinsah, waren plötzlich Sehnen auf ihnen, und Fleisch umgab sie, und Haut überzog sie" (Ez 37,7 f).

„Thronende Engel mit Szeptern und Sphairen", 1345, Holztafel aus der Kapelle im Castello di Carraesi in Padua, von Guariento d'Arpo, um 1310–70; Padua, Museo Civico

VORCHRISTLICHE HIMMELSGESCHICHTEN. Als sich nach der Mitte des 1. Jh. die christliche Kirche aus der zunächst lockeren Gemeinschaft der „Jesus-Leute" herausbildete, sah sie sich mit einer ganzen Reihe von Jenseitsszenarien in der Umwelt konfrontiert. Sie bediente sich ihrer relativ unbefangen, um die eigenen Vorstellungen in schöpferischem Umgang darin einzutragen, teils durch Integration, teils durch Eliminierung, teils durch Transformation des angebotenen und vorgefundenen Materials. Das geschah allerdings auf Jahrhunderte meist eher beiläufig. Die großen theologischen Probleme des „Neuen Weges" (Apg 9,2) lagen nicht hier, sondern auf dem Gebiet der Christologie und der Gotteslehre, mit anderen Worten dort, wo sich die Anstößigkeit der jungen Religion erwies. *Wer ist Jesus von Nazaret* – ein edler Mensch, ein außerordentlicher Prophet oder Gott? Von der Antwort darauf hing die Frage nach der Realität der Erlösungsbotschaft der Kirche ab: Nur ein Gott kann von Sünden befreien. Wenn aber dem Mann aus Nazaret das Gott-Sein zuerkannt werden muss, dann geriet der strenge *Monotheismus* des Judentums, von dem die Christen sich abkünftig wussten, ins Wanken. Waren sie bloß reduzierte Polytheisten mit lediglich drei statt Dutzenden von Göttern? Das Todeslos der Menschen beschäftigte selbstredend auch unter solchen Horizonten die Christenmenschen. Die Folge: Zur Beantwortung der christologischen und trinitätstheologischen Fragen waren außerordentlich sublime und diffizile Argumentationen mit definitorischen Sprachregelungen vonnöten. Bilder konnten weitgehend vermieden werden. In der Eschatologie hingegen kam man mit den traditionellen Bildern zufriedenstellend aus. Bis ins 20. Jh. hinein gab man sich nur wenig Mühe, an ihre Stelle abstrakte Reflexionen zu setzen.

Welche traditionellen eschatologischen Systeme waren also dem Christentum im Raum seiner Entstehung vorgegeben? Im Einzelnen sind das zuerst die altorientalischen Religionen,[18] dann, nach dem Überstieg des Christentums vom Judentum in die Welt des Hellenismus, die Jenseitsvorstellungen der griechischen und römischen Religion und Philosophie. Sie sind vorchristlich weniger im zeitlichen als im genealogischen Sinn: Sie liegen vor ihm als Impulsgeber.

Abb. 11: „Mithras tötet den Urstier", als Relief gestaltetes Kultbild aus einem Mithräum, 1. Jh. n. Chr.; Rom Museo Nazionale Romano delle Terme

Als Sohn des altiranischen, durch Zarathustra in den Mittelpunkt des monotheistischen Zoroastrismus gerückten Ahura Mazda entwickelte sich Mithra(s) im Hellenismus zu einer mit Helios, schließlich mit dem Sol invictus identifizierten Lichtgestalt. Sein (Männern vorbehaltener) Kult in unterirdischen Mithräen verbreitete sich ab dem 2. Jh. n. Chr. im Römischen Reich. Als Mysterienkult der Erlösung (Tötung des Urstiers) sowie mit seinen Riten und dem Glauben an den Aufstieg der Seelen über die Planetensphären bis zum Sonnengott konkurriert der Mithras-Kult mit dem frühen Christentum; Tertullian bekämpfte ihn um die Wende vom 1. zum 2. Jh. als „teuflische Nachahmung der wahren Religion".

Abb. 12: Ahura Mazda, Relief aus Persepolis, um 500 v. Chr.; Chicago, The Oriental Institute of The University of Chicago
Das Symbol des iranischen Gottes gehörte zum bauplastischen Schmuck der kultischen Residenz der persischen Großkönige aus der Dynastie der Achämeniden. Die Errichtung auf einer künstlichen Terrasse hatte um 515 v. Chr. Darius I. angeordnet; 330 ließ Alexander d. Gr. die gewaltige Anlage zerstören. In der Lehre des Zarathustra (Zoroaster) ist Ahura Mazda aus dem altiranischen Pantheon der oberste Gott. Ihn befragte Zarathustra über das Schicksal der Seelen nach dem Tod. Die Antwort enthalten der als *Ménók i Charat* bezeichnete Pahlavi-Text und die jüngeren Texte der Vidévdat.

Zarathustra. Der strikte Monotheismus der semitischen Religionen kann sich eine Beziehung zu Gott nur in Verbindung mit dem Leben vorstellen. Nur die Lebenden können ihn loben und ehren; an den Lebenden vollzieht sich dann auch die (strafende oder lohnende) Vergeltung Gottes. Die Toten sind von ihm abgeschnitten; sie vegetieren in der Scheol oder dem Hades, einem glanz- und freudlosen Schattenreich, die Guten gleichermaßen wie die Bösen. Als sich Israel im 6. Jh. v. Chr. seiner staatlichen Existenz beraubt sieht und seine Bewohner ins Exil verschleppt werden, keimt die Sehnsucht nach ausgleichender Gerechtigkeit auf. Sie kann nur jenseits des Todes geschehen. Denkhilfe leistet in dieser Situation die Religion des iranischen Propheten Zoroaster oder Zarathustra (um 1400 v. Chr.). Er lehrt die Zusammensetzung des Menschen aus Leib und Seele. Im Tod trennt diese sich vom Leib und wird vor ein göttliches Gericht gestellt. Je nach Verdienst wird sie in den Himmel aufgenommen oder in die Hölle eingewiesen. Am Ende der Tage vereinigen sich die beiden Bestandteile wieder, und zwar hier auf der Erde. Alle Menschen erscheinen zum Weltgericht. Die Erde wird gereinigt und erneuert und zum Reich des obersten guten Gottes *Ahura Mazda* (Abb. 12 und 13) erkoren. Ewig werden die Menschen in dieser herrlichen Welt existieren.

Die Verwandtschaft mit jüdischen und christlichen Vorstellungen ist unverkennbar, so dass man nicht umhin kommt, einen Einfluss des Irans auf sie anzunehmen. Dabei formt das Judentum den Universalismus Zarathustras um in eine nationale Eschatologie: Das Endschicksal betrifft nicht so sehr den Einzelnen als das ganze Volk. Erst im Christentum folgt, nicht ohne Impulse aus dem israelitischen Prophetismus, wieder die Hinkehr zur Betrachtung des Schicksals wie jedes Individuums so des ganzen Kosmos.

Abb. 13: Zwei Sphingen unter dem Symbol des Ahura Mazda, Relief aus farbiger glasierter Baukeramik vom Palast des Achämeniden Darius I. in Susa, heute eine Ruinenstätte südwestlich von Desful (Iran), um 500; Paris, Musée du Louvre

Inschriften des Darius wie „Ein großer Gott ist Ahura Mazda“ bezeugen den Einfluss des Zoroastrismus bei den Persern, dann bei den Parthern und

Sassaniden. Nach der islamischen Eroberung Persiens (abgeschlossen 750) emigrierten die Zoroastrier überwiegend nach Indien. Hier spielen diese Parsen („Perser“) und ihre Religion, der Parsismus, auch heute noch eine vor allem gesellschaftlich bedeutende Rolle.

Abb. 14 und 15: Totenbuch des Schreibers Ani, um 1300 v. Chr.; London, British Museum, Papyrus Ani
Die Malerei auf Papyrus schildert als fortlaufende Bilderzählung die Phasen des Totengerichts. Sie beginnt links mit Ani und seiner Gemahlin. Der schakalköpfige Anubis wiegt das Herz des Ani; als Gegengewicht dient die Wahrheit in Gestalt einer Feder. Im Totenbuch-Text wendet sich der Verstorbene an sein Herz: „Übe nicht deine Feindseligkeit gegen mich aus vor dem Wiegemeister." Nun verzeichnet der ibisköpfige Thot das Ergebnis des

Ägypten. Der seit dem 7. Jahrtausend besiedelte Nilraum kennt im Lauf seiner langen, allein 30 pharaonische Dynastien zählenden Geschichte verschiedene Jenseits-Mythologien. Ein Moment, das für die christlichen Vorstellungen virulent blieb, war die Hierarchisierung des Himmels. Nicht alle Abgeschiedenen haben das gleiche Schicksal. Dem Pharao ist im Reich des Sonnengottes ein eigener Thron reserviert; die gewöhnlichen Menschen müssen erst einmal hinab ins Reich des Totengottes *Osiris,* wo ihnen ein wechselvolles Los zuteil wird. Dem ägyptischen *Totenbuch* (Abb. 14 bis 16) zufolge sieht es etwa so aus[19]: Das lebensbestimmende Moment des Menschen, *Ka* genannt – es entspricht der Seele – muss durch ein Land der Finsternis ziehen, bis ihm Osiris erscheint, mit dem er anbetend eins wird. Wie der Christ nach Paulus in Christus (vgl. Röm 6,8), so stirbt der Ägypter in Osiris hinein. Zusätzlich zu seinem eigenen irdischen Namen nimmt er auch den des Gottes an. Dann wird er von Anubis oder Horus vor ein Totengericht geführt. Dort rezitiert er das „negative Glaubensbekenntnis"[20]. Anubis wiegt sodann des Toten Herz. Wird er verurteilt, muss er die Region *Duat* in der Unterwelt bewohnen, die Hölle der Ägypter. Wird die Seele freigesprochen, wird sie zu einem geheiligten Geist, der in absoluter Freiheit den ganzen Kosmos, Himmel und Erde, durchschweifen kann. Er wird zum Erben der Götter und zu ihrem Nachfolger. Das erinnert an das paulinische Wort von den Christen als Christi Miterben (Röm 8,17). Die Götter empfangen ihn mit Freudenjauchzen.

Es ist leicht verständlich, dass man sich auf diese Welt im Leben vorbereiten und vorbereiten lassen muss. Ein gewaltiger Aufwand wurde für die Toten betrieben; hochkomplizierte Gedankengebäude mit einer ausgearbeiteten Theologie des Jenseits wurden entwickelt.

Wiegens; würde es gegen Ani sprechen, verschlänge der Totenfresser, ein Ungeheuer aus Flusspferd, Leopard, Löwe und Krokodil, sein Herz. Doch Ani kann vom falkenköpfigen Horus an eine festlich gedeckte Tafel geführt werden. Hier lässt sich Ani vor dem Thron des Osiris nieder. Zu dessen Gesellschaft gehören seine beiden Schwestern Isis (zugleich Gemahlin des Gottes der Unterwelt) und Nephthys.

Abb. 16: Totenbuch des Neferrenpet, 19. Dynastie, 1295–1186 v. Chr.; Brüssel, Musées Royaux du Cinquantenaire, Papyrus
Unsterbliche Seele (Ba) in Gestalt eines Vogels mit Menschenkopf. Die linke Gestalt (mit Kultbart) hält in ihrer Linken das Lebenszeichen Anch (T mit Schlaufe, „Henkelkreuz").

Die griechisch-römischen Himmelskonzeptionen. Beim Eintritt in die heidnisch antike Welt fanden die Christen zwei unterschiedliche eschatologische Anschauungskomplexe vor, den volkstümlichen und den philosophischen. Beide haben die Ausgestaltung der christlichen Himmelsanschauung mitgeformt. Nach der vulgärreligiösen Auffassung kommen die Toten in den *Hades* (Abb. 17), einen ähnlich glanzlosen Ort wie die hebräische *Scheol.* Er liegt unter der Erde. Unter dem Namen *Tartaros* nimmt er in der Folgezeit Züge der Hölle an. Um dorthin zu gelangen, muss der Fährmann *Charon* die Seele über den Fluss *Acheron* geleiten. Anfangs war *Charon* ein schmutzstarrender, grausiger Alter etruskischer Herkunft. Die Griechen domestizieren ihn. Sie haben viel mehr Angst vor dem Unterwelthund *Kerberos,* der aufpasst, dass sich kein Lebender in den Hades einschleicht, kein Toter ihm entwischt. Als viele Jahrhunderte später Michelangelo sein „Jüngstes Gericht" schuf (Abb. 7), bekam *Charon* seine Schrecken erregende Natur wieder zurück. Allerdings gibt es privilegierte Seelen, vor allem die Kriegshelden, für welche der endzeitliche Ort lichtvoll und beglückend ist. Sein Name ist *Elysium;* er wird auch bezeichnet als *Insel der Seligen*[21]. Anfangs wird er als Teil der Erde gedacht, irgendwo im Westen im Ozean gelegen. Im Laufe der Zeit wird das Elysium demokratisiert: Es ist Aufenthaltsort aller Guten ohne Unterschied der Herkunft. Mit lebhaften Farben wird es als glückseliges Land ausgemalt. In der Renaissance liefert es Material für die Beschreibung des christlichen Paradieses (Abb. 42).

Weit nachdrücklicher ist die Wirkungsgeschichte der griechisch-römischen Jenseitskonzeption, welche die Philosophen, allen voran *Platon,* entwickelt haben. Entscheidender Ausgangspunkt ist sein Leib-Seele-Dualismus. Danach ist der Mensch zusammengesetzt aus einem materiellen, vergänglichen, minderwertigen Teil, dem *Leib,* und einer geistigen, unsterblichen und hochwertigen *Seele.* Sie ist der „eigentliche" Mensch, der sich infolgedessen von der Gefangenschaft des Leibes trennen muss, der ihr Gefängnis, ihr Grab ist.[22] Gelingt dies im Tod, so steigt die Seele als geläutertes und gottgleiches Wesen nach oben: Damit verlagert sich das Elysium von den Enden der Erde ins himmlische Jenseits. Diesen Dualismus haben die Christen übernommen; er hat bis in die Neuzeit hinein fraglos ihr Denken geprägt. Sie haben ihn allerdings tiefgreifend modifiziert. Aus der Ostererfahrung heraus erkennen sie auch dem Leib eine unverzichtbare Rolle in der Anthropologie zu: Auch der Leib ist zur Auferstehung, zum ewigen Leben, zur Seligkeit (oder auch zur Verdammnis) bestimmt und fähig. Davon wird noch die Rede sein.

Viele christliche Autoren orientieren sich bei ihren Reflexionen über den Himmel an einem literarischen Kabinettstück des Römers Marcus Tullius *Cicero.* Im letzten Buch seiner zwar noch ganz im griechischen Denken verwurzelten, zugleich jedoch auch typisch römischen Staatsphilosophie *De re publica* („Vom Gemeinwesen", 54–51 v. Chr.) erzählt die Hauptfigur des Werkes, Publius Cornelius Aemilianus Scipio Africanus Minor Numantinus, eine Traumvision, die ihm 149 v. Chr. widerfahren war. Sein (Adoptiv-) Großvater Publius Cornelius Scipio Africanus Maior kündet ihm Schicksal und Ende und enthüllt ihm seine Lebensaufgabe. Für uns ist in diesem *Somnium Scipionis* die Beschreibung des Himmels von Interesse; sie ist oft im Mittelalter illustriert worden. Ein Beispiel ist die einleitende Bildseite einer Handschrift aus dem Jahr 1383 mit dem Kommentar des Macrobius (Abb. 18). Man sieht den Träumenden in seinem Bett und, erkennbar an der stets gleichen Kleidung, in drei Gesprächssituationen mit Großvater und Vater (Lucius Aemilius Paulus), die in antikisierenden Gewändern erscheinen. In der Mitte des Kosmos liegt die Erde, charakterisiert durch die Städte Rom und Karthago, die im Aussehen den italienischen Kommunen des 14. Jh. gleichen. Umgeben ist die Erde

Abb. 17: Die Totenwelt des Hades, dargestellt auf einem Krater aus Apulien, um 330 v. Chr.; München, Staatliche Antikensammlungen
Das Werk der griechischen Vasenmalerei zeigt in einem Tempel die Thronfigur Hades. Vor ihm steht seine Gemahlin Persephone. Links neben dem Tempel erscheint Orpheus (vergeblich führte er Eurydike aus dem Reich der Finsternis ans Licht). Unten entführt Herakles den dreiköpfigen Höllenhund *Kerberos*. Links von ihm schreitet Hermes. Als *Psychopompos* geleitet er die Verstorbenen ins Jenseits.

von den Planetensphären. Die Sonne ist eigens ausgezeichnet. Die Personen sind in ein weißes Oval eingeschrieben, das die Milchstraße darstellt. Alles wird umfasst von der Sphäre der Gestirne. Doch dieses alles dient in der literarischen Vorlage nur als Szene der Seelen- und Lebenslehre, die Cicero auf den Spuren Platons vortragen möchte (Text S. 67)[23].

Die Idee einer Ewigkeit mit Glück und Freude für die Seele hat sich tief in den Herzen der folgenden christlichen Generationen festgemacht.

Publius Cornelius
Scipio. Affricanus. Publii iunioris
Lucius Corneli Scipio iunior
Paulus Scipio pater publii
Primum mobile
ROMA
CARTAGO
Spera Lune
Spera mercurii
Spera Veneris
Spera Solis
Spera Martis
Spera Jovis
P. C. SCIPIO

Abb. 18: „Der Traum des Scipio", um 1383; Oxford, Bodleian Library. Ms. canon. class. lat. 257, fol. 1v
Die Personen auf dem Einleitungsbild einer Handschrift des Macrobius-Kommentars zu Ciceros *Somnium Scipionis* sind Scipio Africanus Minor als Schläfer/Träumer mit seinem (Adoptiv-) Großvater Cornelius Scipio Africanus Maior und dem Vater Lucius Aemilianus Paulus.

Marcus Tullius Cicero, „Scipios Traum" *(Somnium Scipionis)*, in: „Vom Gemeinwesen" *(De re publica)*, übersetzt und hrsg. v. Karl Büchner (= RUB 9909), Stuttgart 1979, Buch VI, 9–26 = S. 335-353 (Auszüge).

(10) „Als wir zum Schlafengehen aufgebrochen waren, umfing mich ein tieferer Schlaf als gewöhnlich, da ich von der Reise ermüdet und bis tief in die Nacht munter gewesen war. Da zeigte sich mir – ich glaube, infolge des Gespräches, das wir geführt; es geschieht nämlich wohl, dass unsere Gedanken und Gespräche etwas Ähnliches im Schlaf hervorbringen, wie es Ennius über Homer schreibt, über den er natürlich im Wachen häufig nachzudenken und zu sprechen pflegte – Africanus in der Gestalt, die mir von seinem Bild her mehr als von ihm selbst bekannt war."

(Sein Adoptivgroßvater enthüllt Scipio die Zukunft, sein Schicksal und enthüllt ihm die Geheimnisse des Jenseits, in dem er selber weilt. Während des Gespräches zeigt sich auch Scipios Vater Paulus. Voller Sehnsucht begehrt der Träumende, sich beiden zuzugesellen. Paulus verwehrt ihm die Erfüllung seines Wunsches.)

(15) „Die Menschen nämlich sind unter dem Gesetz gezeugt, dass sie jenen Ball, den du in diesem Tempel in der Mitte siehst, Erde genannt, schützen sollen. (...) Daher müsst ihr (...) den Geist in dem Kerker des Körpers zurückhalten und dürft nicht ohne Geheiß dessen, von dem er euch gegeben wurde, aus dem Leben der Menschen gehen, damit ihr nicht die menschliche Aufgabe, die euch von Gott bestimmt wurde, zu fliehen scheint."

(Scipio staunt über die Wunder des Firmaments, die er aus der Perspektive der Milchstraße sehen darf. Aber Africanus lässt ihn das ganze All einschließlich des Himmels schauen.)

(17) „In neun Kreisen oder besser Kugeln ist alles verbunden. Der eine von ihnen ist der himmlische, der äußerste, der alle übrigen umfasst, der höchste Gott selber, die übrigen einschließend und umfassend. An ihm sind angeheftet jene ewig kreisenden Bahnen der Sterne. Unter ihm liegen sieben, die sich rückwärts drehen in entgegengesetzter Bewegung zum Himmel."

(Die Erklärung geht noch weiter. Scipio ist voller Bewunderung, richtet aber nach wie vor den Blick nur auf die Erde. Da mahnt ihn der Großvater, indem er ihn auf die Vergänglichkeit menschlichen Ruhmes aufmerksam macht:)

(19) „Schaue immer auf die himmlischen Dinge, diese irdischen schätze gering. Denn welche Berühmtheit im Gespräch der Menschen und welch erstrebenswerten Ruhm kannst du erreichen?"

(Das Gespräch klingt aus mit der Geringschätzung des Körperlichen, d.h. des Vergänglichen. Ewig ist allein die Seele, die deswegen in die Ewigkeit einzuüben ist.)

(29) „Sie übe in den besten Dingen! Es sind aber die Mühen um das Heil des Vaterlandes die besten. Von ihnen getrieben und geübt, wird die Seele schneller zu diesem Sitz und in ihre Heimat hinfliegen; und das wird sie schneller tun, wenn sie schon, während sie noch vom Körper eingeschlossen ist, nach außen ragt und das, was außerhalb ist, betrachtend sich so sehr wie möglich vom Körper löst. Denn deren Seelen, die sich den Genüssen des Körpers ergeben, sich gleichsam als ihre Diener zur Verfügung gestellt und durch den Trieb der Gelüste, die den Genüssen gehorchen, die Rechte der Götter und Menschen verletzt haben, wälzen sich, wenn sie aus dem Körper geglitten sind, um die Erde selber und kehren zu diesem Ort hier erst zurück, nachdem sie in vielen Jahrhunderten umhergetrieben worden sind.

Jener ging davon; ich löste mich aus meinem Schlaf."

Ausserchristliche Himmelsanschauungen. Zunächst blicken wir auf drei außerchristliche Eschatologien. Sie können durchaus chronologisch älter als das Christentum sein, haben aber nicht oder kaum dessen Anschauungen beeinflusst; ganz im Gegenteil: Im Fall des Islam haben nicht selten die Christen die Initiative gehabt. Sie gehören wenigstens heute in eine „Geschichte des Himmels" hinein. Denn wie nie zuvor in der Geschichte des Westens werden wir jetzt nicht nur akademisch, sondern im Alltagsleben mit der Präsenz anderer Religionen, anderer Kulturen und damit auch anderer Eschatologien konfrontiert. Sie üben auf nicht wenige eine eigentümliche Faszination aus.

Abb. 19: „Muhammads Himmelsreise", persische Miniatur in einer Prachthandschrift aus dem 14. Jh., H. 2154, fol. 121 a; Istanbul, Topkapi-Museum
Der Prophet wird von *Burak* getragen, einem geflügelten Wunderross mit einem gekrönten Frauenkopf.

Islam. Abgesehen vom Christentum hat sich keine Religion so intensiv mit dem Jenseits beschäftigt wie der Islam. Eine wichtige Quelle für die Vorstellungen vom Jenseits ist die nächtliche Himmelsreise *(Miradj)* des Muhammad,[24] eine der schönsten unter den vielen Erzählungen aus dem Leben des Propheten. Der Erzengel Gabriel weckt ihn eines Nachts aus dem Schlaf und setzt ihn auf eine geflügelte Stute mit einem Frauenkopf (Abb. 19). Sie heißt *Burak* („Blitz"). Von Mekka aus fliegen beide über den Sinai, an Betlehem und Hebron vorbei nach Jerusalem. In den Ruinen des Tempels betet der Himmelfahrer zusammen mit Abraham, Mose und Jesus. Anschließend wird er in die sieben Himmel entrückt und trifft Adam und die Propheten. Am göttlichen Thron im höchsten Himmel angekommen, wirft er sich vor Allah nieder und empfängt die Weisungen über die fünf täglichen Pflichtgebete. Danach fliegt er über Jerusalem zurück nach Mekka. Zur Erinnerung errichtet Kalif Abd al-Malik im 638 von muslimischen Arabern eroberten Jerusalem 687–91 den Felsendom (Abb. 20). Unter Kalif Abd al-Walid (705–15) folgte südlich des Felsendoms der Vorgängerbau der heutigen Al-Aksa-Moschee.[25]

Die Jenseitsvorstellungen des Koran sind auf weite Strecken den christlichen parallel. Er kennt ein Zwischenreich vor dem Weltgericht. Mit ihm hebt die allgemeine Auferstehung an. Allah richtet in vollendeter Gerechtigkeit die Völker wie die Einzelnen. Eine Himmelswaage dient der Erhebung der menschlichen Taten. Wer schwere Waagschalen hat, hat ein angenehmes Leben; wer leichte hat, um den ist es geschehen. Er gelangt in eine schauerliche Hölle, die ewig sein Aufenthaltsort sein wird. Halten die Schalen das Gleichgewicht, so müssen die Menschen in einen neutralen Zwischenort *(a'raf)*, kommen aber am Ende ins Paradies. Dort werden ihnen unsagbare Wonnen zuteil. Das Paradies ist ein wunderbarer, wasserreicher Garten. In den Flüssen strömt Wasser, Milch, Honig oder Wein; die

Abb. 20: Blick durch ein Fenster des Kuppeltambours des Felsendoms auf dem Tempelberg in Jerusalem, erbaut 687–691 unter Kalif Abd al-Malik. Es handelt sich nicht um eine Moschee mit Gebetshalle, sondern um einen sakralen islamischen Memorialbau: Auf dem Heiligen Felsen soll Abraham die Opferung seines Sohnes Isaak vorbereitet haben, und Muhammad begann hier einer islamischen Überlieferung zufolge seine nächtliche Himmelsreise auf der geflügelten Stute *Burak*.

Bäume strotzen vor herrlichen Früchten. Atemberaubend schöne Jungfrauen, deren Jungfräulichkeit sich täglich erneut, schenken sich den Seligen hin, schlanke Knaben bedienen sie.[26] Des Paradieses sofort nach dem Tod teilhaft werden (auch das war die Überzeugung der frühen christlichen Kirche) die Märtyrer, d.h. jetzt, jene Anhänger des Propheten, die im Kampf gegen die Ungläubigen ihr Leben verloren haben.[27] Wie im Christentum haben viele Muslime diese Beschreibungen als plane Realität gelesen; die Christen überdies haben sie gern als Waffe gegen die angebliche Sinnlichkeit und übersteigerte Sexualität des Islam benutzt.[28] Der Koran gibt aber deutlich zu erkennen, dass es sich um metaphorische Darstellungen handelt. Die Köstlichkeiten des Erdenlebens dienen als Bilder, die sich an das Gefühl, nicht an den Verstand wenden. Der eigentliche Inhalt des paradiesischen Lebens ist, prinzipiell nicht anders als im Christentum auch, die Vereinigung mit Allah, die Anschauung Gottes.[29] Sie ist aber keine ständige Gegebenheit, sondern wird nur in den von ihm selbst bestimmten Augenblicken geboten. Das geschieht im Paradies am Freitag, dem heiligen Tag des Islam. In theatralischer Inszenierung erscheinen die großen Propheten mit ihren Offenbarungstexten: Abraham (mit seinen Aussprüchen), Mose (Tora), Jesus (Evangelien), David (Psalmen) und als letzter Muhammad mit dem Koran. Dann enthüllt sich den Paradiesbewohnern Gottes Geheimnis.

Buddhismus. Die im 5. Jh. v. Chr. in Indien als Mönchsorden entstandene und nach dem Ehrentitel *Buddha* („der Erwachte") des Siddharta Gautama benannte Weltreligion hat verschiedene Ausprägungen, deren Unterschiede auch die Jenseitsvorstellungen berühren. In seiner ältesten Form stellt den Buddhismus nach Ansicht vieler Forscher der Pali-Kanon dar, die Überlieferungstradition der Theravada-Schule des so genannten südlichen Buddhismus. Seine Grundeinstellung ist antispekulativ. So wenig wie ein Arzt einen von einem Pfeil schwer verwundeten Menschen erst behandelt, wenn alle Umstände des Verbrechens aufgeklärt sind, so wenig dürfen wir vor dem unendlichen Leid der Welt theoretische Überlegungen anstellen. Man muss vielmehr das Leid beheben, das Böse in der Welt, die Welt selber überwinden, um unser tiefes Glücksverlangen zu stillen. Buddha sagt: „Genauso wie selbst schon ein wenig Kot, Urin, Schleim, Eiter oder Blut übel riecht, so auch preise ich nicht einmal ein kurzes Dasein, auch nicht für einen Augenblick."[30] Es gibt zwar *irdisches Glück,* doch stellt es nur die unterste Stufe auf dem Weg zur vollkommenen Seligkeit dar. Die zweite Stufe ist das himmlische Glück *(dibbasukha),* welches die Wesen nach dem Tod in ständigen Reinkarnationen entsprechend ihrer moralischen Vollkommenheit erlangen können. Es hat also viele Verwirklichungsformen. Die absolute Glückseligkeit aber ist erst das *Nirvana,* dessen jemand im „Gefilde des Nirvana" teilhaftig wird (Abb. 21). Es ist absolut und transzendent. Ursprünglich waren die Buddhisten überzeugt, diese dritte Stufe des Glücks schon auf Erden erreichen zu können, doch später wurde sie ins Jenseits verlegt.

Abb. 21: Der Weg auf dem begehbaren Mandala Borobodur in Zentraljava (um 800 n. Chr.) mündet auf der obersten der acht übereinander getürmten Terrassen bei einem leeren Stupa (vgl. S. 134). Er symbolisiert das *Nirvana.*

Wörtlich bedeutet *nirvana* „Erlöschen". Ursprünglich bezogen auf das Feuer, wird es im übertragenen Sinn mit dem Aufhören alles Leids, also, positiv formuliert, mit dem überirdischen vollendeten Glück identifiziert. Dieses selber aber wird nicht ausgemalt und konkretisiert. Denn es kann so wenig bestimmt werden wie das verloschene Feuer: „Wie eine Flamme, von einem Windstoß getroffen, ausgeht und nicht mehr bestimmbar ist – keiner kann sagen, wo sie hingegangen ist –, so verlischt der Erlöste und ist nicht mehr bestimmbar."[31]

Der Buddhismus kennt auch niedere, schlechte Existenzformen wie den Schoß der Tiere, das Reich der Hungergeister und endlich die Hölle *(naraka),* wohin die moralisch negativen Handlungen der Lebewesen führen. Auch hier versagt sich die Religion in ihrer strengen Form Ausmalungen. Sie kommen erst in synkretistischen Formen vor (Abb. 22). Die Strafen in der Hölle sind aber zeitlich begrenzt.

Abb. 22: Der buddhistische Totengott Yama; London, Horniman Museum
Angepasst an konfuzianische Vorstellungen, zeigt diese chinesische Darstellung Yama, wie er in der siebenten Hölle über die Verdammten richtet. Sie werden von Dämonen und Hunden in den Jenseitsfluss gejagt.

Hinduismus. Dieser Begriff ist eine Sammelbezeichnung für eine Reihe von untereinander differierenden theologischen und spirituellen Konzeptionen. Man kann auch von mehreren Religionen unter dem Dach des Begriffs sprechen. Unterschiedlich sind da natürlich auch die Himmels- und Seligkeitsspekulationen. Einen starken Traditionsstrang bilden die Vorstellungen von der Weltentsagung und Askese als Weg zur Erlösung, aber auch die Ideen von der Wiedergeburt (Reinkarnation), ähnlich wie im Buddhismus. Zunächst sucht man das Glück auf Erden, indem man für die einzelnen Glückszustände (Ansehen, Gesundheit, Reichtum usw.) die jeweiligen dafür zuständigen Götter anruft. Für die konkrete Anweisung der Glücksgüter ist zufolge der älteren Veda *(Rig-Veda)* ein Gott namens *Bhaga* (= Zuteilung) verantwortlich – aber dieser Gott ist blind! Darin spiegelt sich die Erfahrung, dass die guten Gaben nicht gerecht verteilt sind. So wächst die Erkenntnis, dass die Seligkeit im Jenseits zu suchen sein muss: „Durch Wissen steigt man dorthin empor, wo die Wünsche verschwunden sind. Dorthin dringen keine Opfergaben, keine Asketen, denen das Wissen fehlt.“[32]

Die Himmelswelt der Ahnen war anfangs der automatische Zielort des Menschen nach Vollendung seines irdischen Daseins.[33] Doch wenn alles vergänglich ist, dann ist es auch dieser „Familienhimmel“. So muss man sich aus allen Wiedergeburten lösen. Erst dann hat einer die Seligkeit ohne Ende erreicht. In den *Upanishaden* und der Philosophenschule der *Vedanta* besteht sie in der Verschmelzung der Einzelseele *(atman)* mit der Allseele *(brahman)*. Diese aber ist Erkenntnis und Wonne, vergleichbar dem traumlosen Tiefschlaf, also auch nicht beschreibbar. Nur in einem Vergleich kann man sie erahnen (Abb. 23). Die männliche Form der Seele *(indra)* wohnt im rechten Auge des Menschen, die weibliche *(indrani)* im linken. Sie können tagsüber nicht zueinander, weil die Nase dazwischen steht. Nachts aber treffen sie sich heimlich im Herzen, wo sie sich vereinigen. In der Trance des Liebesaktes verliert der „Seelenmann“ und mit ihm der Mensch das Bewusstsein und erreicht so (mit seinem Menschen) die höchste Glückseligkeit. Die Sexualität wird zum Vergleichspunkt des Himmels.[34]

Abb. 23: Götter und Himmelsnymphen *Apasaras* als bauplastischer Schmuck an der Außenseite eines Tempels im heiligen Bezirk von Khajurâho (Indien, Bundesstaat Madhya Pradesh), 9.–12. Jh.
Der Hinduismus kennt die Auffassung von Sexualität als Vergleichspunkt des Himmels. Speziell im hinduistischen Tantrismus ist die orgiastisch ausgelebte Sinnlichkeit ein Weg zu ihrer Sublimierung.

DER CHRISTEN-HIMMEL. Über das Schicksal der Toten existierten im Judentum zur Zeit Jesu drei Anschauungen. Die eher konservativen *Sadduzäer* hielten sich an die frühen Schichten der Bibel, unseres Ersten oder Alten Testamentes, und leugneten eine Auferstehung. Die *Pharisäer* – damals die Meinungsbildner der Mehrheit – glaubten mit den jüngeren Büchern der Schrift daran, dass die Seelen der guten Menschen einen neuen Leib erhalten. Vermutlich stand ihre Überzeugung im Zusammenhang mit einem Wiederaufleben der völkischen Existenz Israels. Schließlich gab es noch die Sekte der *Essener*, die grundsätzlich der pharisäischen Eschatologie anhingen, aber die Vorherrschaft der Seele über den Leib lehrten und damit eine individualistische und spiritualistische Jenseitslehre propagierten. Jesus selber stand den Pharisäern nahe. Er verkündet die Auferstehung der Toten, lehrt ein Gericht am Weltende und für die Guten die Zulassung zur immerwährenden Gemeinschaft Gottes, für die Schlechten das ewige Feuer. Die Sterbenden gelangen gleich nach dem Hinschied ins Jenseits.

Für die Autoren des Neuen Testamentes ist das eigentliche Argument für ein Fortleben der Menschen nach dem Tod das Ostergeschehen, die Erweckung Jesu von Nazaret aus dem Totenreich. Am deutlichsten hat sich Paulus damit befasst. Für ihn ist Christus der „Erste der Entschlafenen". So gilt: „Wie in Adam alle sterben, so werden in Christus alle lebendig gemacht werden" (1 Kor 15,20. 21). Das sind die Grundvorgaben für die christlichen Vorstellungen von der Existenz *post mortem*, also auch vom Himmel. In den Jahrhunderten der Christentumsgeschichte werden sie unter vielfacher Hinsicht ausgestaltet und mit konkreten Vorstellungen besetzt.

Die Vermessung des Jenseits. Grundsätzlich standen zwei biblische Modelle für den Himmel als Ort der Heiligen zur Verfügung. Das eine wird gleich am Beginn des Alten, das andere ganz am Ende des Neuen Testamentes konstruiert. Nach dem jüngeren Schöpfungsbericht (Gen 1,1–2,4a) folgt im älteren Schöpfungsbericht der Garten Eden, das *irdische Paradies* (Gen 2,4b–3,24), in dem das erste Menschenpaar lebte – allerdings nicht lange, vielleicht nur ein paar Stunden.[35] Dann ereignete sich der Sündenfall. Obschon man bis in die Aufklärung hinein die Paradieseserzählung als *Geschichte* las, d. h. als ein historisch reales Geschehen, sah man doch immer auch die eschatologische Bedeutung, die sie ursprünglich einmal gehabt hatte. Das Paradies und seine Bewohner waren als *Ur-Sprung* der Menschengeschichte zugleich auch *Maßstab* und *Vorausbild* des Himmels, der endgültigen Zielsetzung eben dieser Geschichte. Das kommt sehr gut in einem Deckengemälde um 1200 in der Klosterkirche St. Michael in Hildesheim zur Anschauung (Abb. 24): Adam und Eva stehen am Anfang einer Reihe von Herrschergestalten, die mit dem *Pantokrator*, dem Allherrscher Christus, endet. In erhabener Leibespracht sind sie dargestellt. Sie leben in einer gottgegebenen Welt, in der Goldenen Zeit – verdeutlicht an den zahlreichen Goldpunkten, die das Bild überziehen und die bei den anderen Darstellungen fehlen. Der Sündenfall wird übergangen. Entscheidend ist: Adam und Eva sind Repräsentanten jener Gottesordnung und Gottesschönheit, die mit dem Wirken Christi grundsätzlich wiederhergestellt ist und ihre Vollendung in der paradiesesgleichen oder das Paradies sogar übersteigenden Herrlichkeit am Ende der Zeiten finden wird.

An dieser Stelle muss noch einmal auf eine Eigenheit antik-mittelalterlicher Darstellung aufmerksam gemacht werden. Schon die bisher beigebrachten Skizzen der vor- und außerchristlichen Eschatologien haben die Frage hervorrufen können, woher die Leute die vielen Details „wussten", mit denen

Abb. 24: „Adam und Eva im irdischen Paradies“, Detail der Decke von St. Michael in Hildesheim, Malerei auf Holz, um 1200
Die Flachdecke des Mittelschiffs der etwa um 1000 unter Bischof Bernward begonnenen Klosterkirche gliedert sich in acht Hauptfelder.

Gemeinsames Thema ist der „Jessebaum“, beginnend im Westen mit Adam und Eva, die ein Kreis umschließt. Die rahmenden Randfelder zeigen Jesu Vorfahren, Propheten, die vier Evangelisten und Personifikationen der vier Flüsse, in die sich der im Garten Eden entspringende Strom teilt (Pischon, Gihon, Tigris, Eufrat; Gen 2,10–14).

Abb. 25: „Das neue Jerusalem“ in einer der 35 überlieferten Handschriften der Beatus-Apokalypse (Offenbarung des Johannes mit dem Kommentar des Mönchs Beatus von Liébana aus dem 7. Jh.), um 950; New York, Pierpont Morgan Library, M. 644, fol. 222 v

Um den quadratischen Grundriss und die Symmetrie der zwölf Tore der Stadt zu verdeutlichen, hat der spanische Buchmaler ihre Mauern nach Art eines Bastelbogens nach außen geklappt. In der Stadt befinden sich das Christussymbol Lamm, der Engel mit dem goldenen Stab, „mit dem die Stadt, ihre Tore und Mauern gemessen wurden“ (Offb 21,15) sowie der Seher Johannes.

sie ihre Anschauungen zum Ausdruck gebracht haben. Sie wird sich auch stellen, wenn über die christlichen Himmelsvorstellungen Bericht gegeben wird. Die schlüssige Antwort folgt aus der damaligen Denkform. Für die Menschen waren die Glaubensdinge *höchst wirklich*. *Wirklich* aber ist, was auch dinghaft real auf den Begriff bzw. ins Bild zu bringen ist. So mussten jenseitige Daten nach Raum und Zeit bestimmbar und damit prinzipiell auch mit irdischen Kategorien *darstellbar* sein. Das mündete in einer Art von „Bescheidwissen“, die den Kindern der Neuzeit – wir haben darauf hingewiesen – recht merkwürdig erschien. Sie distanzierten sich folglich schnell davon – und zugleich von den dahinter stehenden theologischen Aussagen, für die in allerletzter Genauigkeit alle diese Einzelheiten nur von metaphorischer Bedeutung waren, aber die Bedeutung hatte theologische Gründe und Folgen.

Die zweite leitende Modellvorstellung für das heraufziehende Christentum waren die geheimnisvollen Visionen des Sehers von Patmos in den beiden letzten Kapiteln der Apokalypse (Offb 21,9–22,5). War das Paradies der Genesis wie ein Garten geschildert, so der endzeitliche Ort dieses Buches als *Stadt* (Abb. 25). Der Himmel ist das neue Jerusalem. Mit allen stilistischen Mitteln schildert Johannes die Pracht dieser gewaltigen Siedlung. Die Mauer ist aus Jaspis, die Stadt aus Gold und Glas. Die Grundsteine sind mit Edelsteinen aller Art geziert. Es gibt in ihr kein fremdes Licht: „Denn die Herrlichkeit Gottes erleuchtet sie, und ihre Leuchte ist das Lamm“, also Christus (Offb 21,23).

Die Maler der Folgezeit wie auch die Schriftsteller und Dichter bedienten sich des einen oder des anderen Modells (vgl. für die Stadt auch Abb. 5). Manchmal fügen sie auch beide zusammen, wie z. B. der Künstler eines Freskos aus dem 1. Viertel des 15. Jh. (Abb. 26). Es kann auch zur Veranschaulichung der Lehre vom Weltgericht dienen. Im Zentrum des Bildes[36] thront der Richter in der Mandorla, dem mandelförmigen Heiligenschein. Engel bringen die *arma* Christi, die „Waffen“, das sind die Leidenswerkzeuge des Heilands. Andere Himmelsgeister, die zum Grundbestand des dortigen Personals gehörenden Engel, und Heilige umgeben den Thron. Unten findet die Auferweckung der Toten statt. Die vollkommen nackten Auferstandenen müssen zur Prüfung über eine schmale Brücke gehen oder sich wiegen lassen. So sie für geeignet befunden sind, gelangen sie ins Paradies, wo sie sich auf den Palmen vergnügen, oder in die Himmelsstadt. Vor ihrem Tor erkennen wir Petrus, den als Himmelspförtner bis heute geradezu sprichwörtlich gewordenen Wächter des göttlichen Bereichs.

Mit allen diesen Vorstellungen bewegte man sich ganz innerhalb der biblisch vorgegebenen Bildvorstellungen. Wie bereits angedeutet, hatte sich aber mit dem Überstieg des Christentums in die hellenistische Welt seit dem Jahr 70 (Zerstörung Jerusalems) eine nähere Präzisierung der jenseitigen Welt als unerlässlich erwiesen. Nach der biblischen Anthropologie beziehen sich alle entsprechenden Aussagen auf den Menschen als Ganzen. Man kann bei ihm verschiedene Aspekte oder Seiten unterscheiden – seine Hinfälligkeit, seine Geistigkeit, seine emotionale Seite –, aber sie sind lediglich Dimensionen einer umgreifenden Einheit. Das gängige griechische Modell war, wie schon angesprochen, ganz anders. Spätestens seit Platon war herrschende Meinung, der Mensch bestehe aus zwei ungleichgewichtigen und ungleichwertigen Komponenten, der geistigen und daher unsterblichen Seele und dem materiellen und folglich vergänglichen Leib. Jenseitsvorstellungen konnten sich mithin lediglich auf die Seele beziehen; und deren ewige Existenz basierte auf ihrer Natur, theologisch gesprochen: auf der Schöpfungstat Gottes. Das Christentum übernahm diese dualistische Anthropologie, korrigierte sie freilich dahin, dass zum einen auch der *Leib* zur Fortexistenz bestimmt und dass diese in sich (also auch bezüglich des geistigen Elements) eine *Gnadengabe* Gottes (d.h. nicht bereits durch die Schöpfung gegeben) sei. Die Glaubensbekenntnisse markierten diese Kursänderung durch die Formel, die Christen glaubten die „Auferstehung des Fleisches und das ewige Leben“[37], bzw. erwarteten „die Auferstehung der Toten und das Leben der zukünftigen Welt“[38]. Gemeint ist: Wir glauben an ein Weiterleben nicht bloß der Seele – das war der griechischen Welt höchst selbstverständlich –, sondern auch des Leibes, noch drastischer: des materiellen, ungeistigen, verachteten Fleisches, des toten Menschen, dessen sichtbares Überbleibsel der fleischliche Leichnam ist.

Damit aber schuf sich das Christentum das Problem, von dem bereits die Rede war: Auf der einen Seite musste man die Erfüllung dieser Auferstehungshoffnung notwendig auf das Weltende verschieben. Für diesen Zeitpunkt wurde das Jüngste oder Weltgericht anberaumt, die Leiber würden sich jetzt wieder aus den Gräbern erheben, mit Fleisch bekleiden und die Menschen insgesamt und in ihrer leib-seelischen Einheit dem verdienten ewigen Schicksal übergeben – der Himmel ist für die Heiligen, die Hölle für die Verdammten vorgesehen (Abb. 1). Auf der anderen Seite war man überzeugt, dass diese anthropologische Einheit im Tod vorerst aufgelöst wurde. Das bedeutete: Der Leichnam blieb

Abb. 26: „Das Jüngste Gericht“ auf der Innenseite der Eingangswand von Santa Maria in Piano, Loreto Aprutino bei Pescara, um 1415
Zu beiden Seiten der Mandorla in den Farben des Regenbogens, die Christus umfängt, knien auf Wolken Maria und Johannes der Täufer als Fürbitter (Motiv der Deesis). Der untere Bereich zeigt die Auferweckung der Toten und ihren Gang über eine Brücke, ein Motiv, das in der Visionsliteratur verbreitet ist. Nur wem dieser Gang gelingt, findet durch den turmartigen Torbau Eingang in den paradiesischen Palmenhain.

Abb. 27: „Anastasis“, Fresko im Parekklesion des Choraklosters in Istanbul, um 1320
Das Fresko der Halbkuppel zeigt das Osterbild der orthodoxen Ostkirchen: Christi Auferstehung (griech. *anastasis*) folgt seine Hades- oder Höllenfahrt, um die Gerechten des Alten Bundes zu befreien. Zu den eindrucksvollsten Anastasis-Darstellungen gehört dieses Werk im Parekklesion (griech. Nebenkirche, hier eine Grabkapelle) der Erlöserkirche des Choraklosters: Die Lichtgestalt des Auferstandenen in einer gestirnten Mandorla reißt Adam und Eva aus ihren Sarkophagen zu sich. Die wichtigste Textquelle der Hadesfahrt ist das apokryphe Nikodemus-Evangelium aus dem späten 5. Jh. Die Lehre von der Hadesfahrt fand Eingang in das Glaubensbekenntnis: Jesus ist „gekreuzigt, gestorben und begraben, niedergestiegen zur Hölle, am dritten Tag auferstanden von den Toten“.

Abb. 28: Meister von St. Laurenz, „Christi Hadesfahrt", 1425–30, Öl auf Holz, 90 x 65 cm; Köln, Wallraf-Richartz-Museum
Das goldgrundige Tafelgemälde ist Teil eines Passionsaltars und entspricht dem ostkirchlichen „Anastasis"-Bild. Die Hadesfahrt ersetzt aber im Westen nicht das Bild der Auferstehung (Christus über seinem Grab), sondern ergänzt es vielfach. Hier ergreift Christus Adams Hand. Mit diesem treten Eva und Jesu Vorläufer Johannes der Täufer aus dem Höllenschlund, dahinter zwei Patriarchen und König David. Der namentlich nicht überlieferte Maler ist nach der Pfarrkirche St. Laurenz in Köln benannt.

erkennbar zurück und unterlag schnell der Verwesung. Die unsterbliche Seele hingegen wurde *sofort* nach der Trennung vom Körper nach einem Besonderen Gericht durch Gott/Christus ihrem Endschicksal zugeführt. So las man die Aussagen des Neuen Testamentes; 1336 wurde diese Überzeugung in einem der wenigen verbindlichen Lehramtsdokumente der katholischen Kirche zu eschatologischen Fragen dogmatisch festgelegt.[39]

Drei Fälle waren in diesem Schema nicht unterzubringen. Das waren zum ersten die *vorchristlichen Gerechten* wie Adam, Abel oder Abraham. Die Theologen etablierten für sie den *Limbus patrum.* Dieses „Anhängsel" *(limbus)* für die Väter, manchmal auch als *Vorhölle* bezeichnet, wurde aber am Karsamstag geschlossen, nachdem Christus im „Höllenabstieg" die Insassen befreit und sie an Ostern bzw. an seiner Himmelfahrt mit in die Seligkeit genommen hatte. Sie waren also die Erstbewohner des christlichen Himmels. In der Ostkirche ist der Hadesabstieg des Auferstandenen als *Anastasis* (Abb. 27) bis heute die eigentliche Osterdarstellung; im Westen wird eher das Moment der Eröffnung der himmlischen Herrlichkeit thematisiert, wie die spätmittelalterliche Szene aus dem Passionsaltar des „Meisters von Sankt Laurenz" in Köln zeigt (Abb. 28). Das Höllentor ist aufgerissen. Unter einem der Türflügel liegt Satan eingequetscht; ein anderer Teufel sucht erschrocken das Weite. Christus mit der Osterfahne und entblößtem Oberkörper (um die Seitenwunde sichtbar zu machen) hilft mit der Hand dem Erzvater Adam aus der Tiefe. Neben ihm erkennen wir Eva, hinter dieser den gekrönten König David mit der Leier (als Psalmendichter) und weitere Väter.

Fall Nummer zwei waren die *ungetauft gestorbenen Kinder.* Sie waren mit dem Makel der Erbschuld behaftet, weshalb sie nicht das Angesicht Gottes schauen durften. Ursprünglich musste man sie konsequenterweise in der Hölle einquartieren, doch schien das im Mittelalter als zu harte Strafe. So schuf man für sie den *Limbus puerorum,* die „Kinder-Vorhölle". Dort entbehrten sie zwar der vollen Glückseligkeit, genossen aber immerhin natürliche Wonnen, was immer darunter zu verstehen sein mochte. Man kann die bis ins vorige Jahrhundert reichende panische Angst frommer Eltern unschwer nachvollziehen, ihre Kinder könnten ohne Taufe sterben – bei der hohen Säuglingssterblichkeit vergangener Zeiten keine grundlose Furcht. Sie schloss ein, dass solche unglücklichen Eltern im Himmel ein Problem haben mussten, wenn sie dort kinderlos leben sollten.

Immerhin handelte es sich bei den beiden Sondergruppen um zahlenmäßig geringe Teile der Christenheit. Das trifft mitnichten für Casus drei zu. Was

Abb. 29: Zwei Kaiser dedizieren ihre verdienstvollen Gründungen bzw. Stiftungen der Muttergottes; Mosaik im südlichen Vestibül der Hagia Sophia, Istanbul, Ende 10. Jh.

Rechts überreicht Konstantin d. Gr. das Modell von Konstantinopel (eingeweiht 330), links Justinian d. Gr. das Modell der Hagia Sophia (Weihe 537).

geschah mit den Seelen der Leute, die beim Sterben nicht himmelreif oder höllenverfallen sind, sondern *halb gut und halb böse* waren und so keinen rechten Platz in den Jenseitsorten hatten? Sie bildeten zweifellos die Mehrzahl der Verstorbenen, um nicht gleich zu sagen: den Normalfall. Für sie wird, wir wissen es schon, ein *Zwischenzustand* eingerichtet. Er dient der Läuterung der Halbguten, die auf schmerzliche Weise von ihrer Bosheit gereinigt werden. Daher nannte man ihn *Reinigungsort* (lat. *purgatorium)* oder *Feg(e)feuer.* Bezeichnenderweise wird dieser Zwischenbereich in dem Augenblick von den Theologen installiert, da im Zeichen der konstantinischen Wende zu Beginn des 4. Jh. aus der Elitekirche der Martyrerzeit die Kirche der Durchschnittschristen wird, die noch immer existiert. Zunächst erscheint das Purgatorium noch nicht als überirdisches Konzentrationslager, sondern als pädagogischer Ort, an dem die Menschen allmählich von der Liebe Gottes durchglüht werden. Das Feuer ist, so der große Kirchenschriftsteller Origenes, der *Logos*, d. h. Christus selber.[40] Erst als der Alexandriner gegen Ende des gleichen Jahrhunderts wegen seiner Allversöhnungslehre[41] dem kirchlichen Bann verfiel, geriet auch diese Idee in Ungnade, und die Entwicklung zum Strafort setzte ein, die im 12. Jh. voll ausgebaut wurde.[42] Das Purgatorium wird so zum „Jenseits der Volkskirche“[43]. Wenn die nun so genannten *Armen Seelen* den Läuterungsprozess abgeschlossen hatten, kamen sie in den Himmel. Dieser hat wie die Hölle nur einen *Eingang* und keinen Ausgang. Das Fegefeuer hingegen hat *zwei* Tore: eines zum Hineingehen, eines zum Verlassen. Damit der zeitliche Abstand zwischen dem Durchschreiten dieser Tore für die gepeinigten Seelen nicht zu groß wurde, konnte man auf Erden Vorsorge treffen, entweder schon zu eigenen Lebzeiten durch die Stiftung von Seelgerät (z. B. Kloster- und Kirchengründungen, Sakralgegenstände, Messstipendien, vgl. Abb. 29) für die eigene Person oder für die verstorbenen Anverwandten durch Ablässe, Gebete und vor allem durch die Zahlung von Stipendien für Messen zu ihren Gunsten.[44] Die neuerliche Etablierung der Zeit im Jenseits war, so gesehen, ein Akt der Barmherzigkeit.

Mit der Etablierung des Purgatoriums war das Jenseits abschließend vermessen worden. Ein volkstümlicher Merkspruch brachte die Maße auf den Punkt: *Bis duo sunt quae cordetenus sub pectore misi: / Mors mea, iudicium, barathri nox, lux paradisi.* Zu Deutsch etwa: „Zweimal zwei Dinge habe ich mir ganz tief unter die Haut ins Herz geschrieben: / Meinen Tod, das Gericht, der Hölle Dunkel, das Licht des Paradieses.“[45] Im Augenblick des Todeszeitpunktes trennen sich Leib und Seele. Ersterer löst sich zunächst auf. Letztere unterliegt dem Individualgericht Gottes und wird anschließend eingewiesen in Himmel, Hölle oder Purgatorium. Im dritten Fall gelangt sie nach der Reinigung in den Himmel (Abb. 30 und 31). Am Ende

Abb. 30 und 31: Seelen im Fegfeuer (links) und Errettung von Seelen aus dem Fegfeuer. Miniaturen im Stundenbuch der Katharina von Kleve, um 1440; New York, The Pierpont Morgan Library, M 917, fol. 10 v und 107 v

der Weltzeit vereinigt Gott anlässlich eines universalen Weltengerichtes wieder Leib und Seele des Individuums. Der wieder eine Ganzheit gewordene Mensch kehrt nun dorthin, wo die Seele seit der Trennung letztendlich war – in den Himmel oder in die Hölle. Beide sind ewig, also ohne Ende. Diese Vorstellung beherrschte das christliche Denken im Wesentlichen bis in die Mitte des 20. Jh. fast ungebrochen. Man kann sie in den dogmatischen Handbüchern genau wie in den populären Katechismen nachlesen. Noch der „Katechismus der katholischen Kirche" in der revidierten Ausgabe von 2003 (deutsche Übersetzung) vertritt sie unbefangen gegenüber den wesentlich differenzierteren heutigen theologischen Überlegungen.[46]

Diese Jenseits-Bühne hat natürlich ebenfalls ihre Geschichte, wie die religionsgeschichtlichen Skizzen bereits zeigten und wie das Werden der Fegfeuervorstellungen eben noch veranschaulichte. Diese Geschichte ist jedoch im Grund ziemlich kurz. Spätestens um 500 ist sie abgeschlossen. Wenn wir hier von der „Geschichte des Himmels" sprechen, meinen wir im Allgemeinen die unterschiedlichen Szenarios, die zu ihrer Zeit auf der Bühne entworfen wurden. Sie ist mehr oder weniger unveränderlich da und wird (nachdem ihre Angemessenheit schon des längeren von außen bezweifelt worden war) binnentheologisch erst seit rund fünfzig Jahren neu reflektiert und in Frage gestellt. Es geht um das, was im Himmel alles so passiert – wer die Bewohner sind, wie sie aussehen, was sie tun, worin ihre Seligkeit besteht und dergleichen. Dem ist nun in einem historisch ausgerichteten Überlegungsgang nachzuforschen. Er wird freilich erst voll verständlich, wenn wir zur Kenntnis nehmen, dass das Jenseits ungeachtet aller Betonung seiner Andersartigkeit doch eine theologisch sehr wirkliche Verbindung zum Irdischen hatte. Sie erst kann in letzter Verantwortung die Beschreibungen von Himmel und Hölle begründen. Wer das tut, redet nicht unbedingt wie der Blinde von der Farbe, meinten die Christinnen und Christen.

Der geerdete Himmel. In der theologischen Verbindung des Jenseits mit dem Irdischen spiegelt sich eine Überzeugung, die zum Grundbestand christlicher Himmelstheologie gehört. Sicher war die ewige Seligkeit etwas streng Übernatürliches, ein verborgenes Geheimnis. Sie war nichts anderes als die ewig währende *Gemeinschaft in und mit Gott* selbst, dem unergründlichen und absoluten Geheimnis, und eben darum selber unergründlich geheimnisvoll. Aber eben dieser Gott hatte sich in Jesus Christus auf die denkbar höchste Weise dergestalt kundgetan, dass Gott *Mensch* wurde und nun jeder Mensch in diesem Gott-Menschen bereits einen sehr realen Zugang zu Gott besaß. In einer gewissen Weise musste man jetzt sagen: Seit Christus gibt es bereits den *Himmel auf Erden*. Er war vom Einzelnen innerlich wie äußerlich erfahrbar. *Innerlich:* Denn ihm wurde die *heiligmachende Gnade* zuteil, die ihm schon jene Identitätsfindung ermöglichte, die im Himmel endgültig zum Austrag kommen würde. Ein zwischen den beiden Weltkriegen des vergangenen Jahrhunderts viel verwendetes „Lehrbuch der Dogmatik" gibt die geltende Meinung trefflich wieder: „Wohl die höchste und zugleich tiefste Idee vom Wesen der Rechtfertigungsgnade gipfelt in der Erkenntnis, dass die gerechtfertigte Seele durch die Gnade auf wirkliche (...) Weise der göttlichen Natur selber teilhaftig und so in eine übernatürliche Wesensgemeinschaft mit Gott versetzt wird".[47] Das christliche Leben, so es einigermaßen glückt, ist also bereits eine sakramentale Verwirklichung des Endzustandes, der Himmel auf Erden.[48] Von außen her zeigte sich das dem Christen in der Kirche – diese verstanden als Gemeinschaft der „Himmelsberechtigten" wie auch als architektonisches Kunstwerk.

In der Lehre über die Kirche wird diese Verbindung von Diesseits und Jenseits in der Formel von der *Communio Sanctorum* („Gemeinschaft der Heiligen") gefasst. Sie findet sich erstmals Anfang des 5. Jh. bei Niketas von Remesiana in einem Glaubensbekenntnis. Zunächst verstand man darunter die Teilhabe an den Sakramenten (Nominativ: *sancta* = „die heiligen Dinge"). Daraus entwickelte sich der Gedanke von der Gemeinschaft derer, die sich (jetzt) dieser Teilhabe erfreuten (Nominativ: *sancti* = „die heiligen Menschen") und die als solche die verfasste Kirche bilden. In einem dritten Schritt wird in Folge des Glaubens an die Auferstehung der Toten darunter die Gesamtheit aller Glaubenden überhaupt verstanden, unbeschadet ihres eschatologischen Status, d.h. die Gesamtheit nicht nur der Lebenden („pilgernde oder streitende Kirche"), sondern auch die der Toten, sei es, dass diese noch im Zustand der Läuterung sind („leidende Kirche"), oder bereits die Vollendung erreicht haben („triumphierende Kirche"). Die Zusammengehörigkeit realisiert und äußert sich unter anderem darin, dass die einzelnen Bereiche fürbittend füreinander eintreten können. Nicht nur können die Lebenden also für die „Armen Seelen" beten, sondern diese und die Heiligen können sich auch für die Lebenden vor Gott einsetzen. Sie sind ja als Christinnen und Christen immer und je, also auch im Jenseits, zur Nächstenliebe verpflichtet. Die sich in der orthodoxen und römisch-katholischen Kirche ausbildende Heiligenverehrung und Heiligenanrufung[49] hat also eine wesentliche Kom-

Abb. 32: Kalender-Ikone mit den Festen der Heiligen im Februar, 12. Jh.; Katharinenkloster am Berg Sinai
Die Heiligen sind in der kalendarischen Reihenfolge ihrer Feste angeordnet. Insofern entspricht das Tafelgemälde einem Kalendar, lateinischen Martyrologium oder griechischen Menologion. Es fehlen die für eine Identifizierung hilfreichen Attribute. Unterschieden wird durch die Kleidung und bestimmte Insignien, beispielsweise das mit schwarzen Kreuzen bestickte weiße Pallium der Erzbischöfe. Die Reihung der Gestalten wird durch zwei szenische Darstellungen unterbrochen: gleich zu Beginn durch die Darbringung Jesu im Tempel bzw. „Das Zeugnis des Simeon und der Hanna über Jesus"(Lk 2,21–40; Fest Reinigung Mariens, auch Lichtmess am 2. Februar) sowie die Auffindung des Johannes-Hauptes (Fest am 25. Februar).

Abb. 33: Marienkrönung, Elfenbein, um 1300; Paris, Musée du Louvre
Aus Sicht der Typologie sind die Szenen der Inthronisierung von Batseba durch Salomo und von Ester durch Artaxerxes Präfigurationen (Typen) der Marienkrönung als Antitypus.

Abb. 34: Urs Graf (um 1485–1527/28), „Trinitas", Holzschnitt mit der Dreifaltigkeit und Maria, 1514; Basel, Kunstmuseum, Kupferstichkabinett. Auf der Erde kniet ein Beter, der den Blick auf Maria, Fürsprecherin der Menschen, richtet.

ponente in der Himmelssehnsucht der Menschen. Ein Beispiel für die orthodoxe Deutung ist die Kalender-Ikone aus dem Katharinenkloster am Berg Sinai aus dem 12. Jh. (Abb. 32). Für jeden Tag des Monats Februar sind die zuständigen Tagesheiligen hieratisch streng abgebildet. Sie sind dem Betrachter zugewandt, um seine Bitten zu hören. Ausnahmen bilden die beiden Feste, die nicht einem Heiligen in sich gelten, sondern einem Vorgang im Leben von Heiligen: Die Darbringung Jesu im Tempel am 2. Februar (oberste Reihe, links) und die Auffindung des Hauptes vom Täufer Johannes am 25. des Monats (5. Reihe).

In besonderer Weise gilt das Vertrauen und die Verehrung Maria, der Mutter Jesu. Beide sind schier unbegrenzt in Vielfalt und Stärke, vor allem im Katholizismus des Spätmittelalters, aber auch im „Marianischen Jahrhundert" (etwa zwischen 1850 und 1960) zu registrieren. Wegen ihrer biologischen und vornehmlich spirituellen Nähe zu Christus gilt Maria als Königin des Himmels *(regina coeli)*[50]. Häufig wird ihre Krönung durch ihren Sohn (Abb. 33) oder durch die Trinität im Himmel ins Bild gesetzt (Abb. 38); fast immer erscheint sie auf den Bildern vom Weltgericht. Sie ist eine in jeder Hinsicht ausgezeichnete Himmelsbürgerin. Deswegen richtet sich das Flehen der Christinnen und Christen der streitenden Kirche besonders an sie. Man war überzeugt, sie würde bei Gott alle Anliegen durchsetzen. Sehr eindringlich macht das ein Holzschnitt von Urs Graf, entstanden 1514, also unmittelbar vor dem Beginn der Reformation (Abb. 34). Er ist in zwei Zonen geteilt. Auf der Erde kniet ein Ritter, der seine Hände im Gebet himmelwärts erhebt. Über

Abb. 35: Der Dom von Paderborn (St. Mariae, St. Kiliani und St. Liborii) als Neubau mit erhaltenen älteren Baugliedern um 1220–80; Ansicht von Süden. Die traditionelle Hauptfront ist die Südseite mit der vom 1144/45 geweihten Vorgängerbau stammenden romanischen Vorhalle

„Paradies". Noch älter ist der machtvolle Westturm vom 1168 geweihten Bau des Bischofs Imad (Spitzhelm aus dem 19. Jh., erneuert nach der Zerstörung von 1945).

den Wolken, im Himmel also, sehen wir auf hohem Thron Gottvater; von oben schwebt die Taube des Heiligen Geistes hernieder. Vor dem Vater kniet fast unbekleidet Jesus, der auf seine Wunden zeigt. Links von ihm erblickt man seine Mutter im wallenden Gewand. Sie hat ihre Brüste entblößt, ein Zeichen des intensiven Einsatzes für den Erdenpilger.[51] Dieser erwartet Hilfe weder vom Sohn noch vom Vater oder dem Geist: Er hat seinen Blick, ja seinen ganzen Leib auf Maria gerichtet.

Die repräsentative Bedeutung des Gotteshauses als Versammlungsort der pilgernden Kirche wird auf mannigfache Weise verdeutlicht. Im Hymnus des Kirchweihfestes wurde es als *caelestis urbs Ierusalem,* als „Himmelsstadt Jerusalem" gedeutet – und die Architekten und Baumeister versuchten, je nach dem geltenden Stil, ihr Werk als Abglanz des Himmels zu gestalten:[52] Als Gottesburg in der Romanik, als entmaterialisierte Verwirklichung des Geistes Gottes in der Gotik, als Ballsaal der Engel im Barock.[53] Abbildung 35 gibt einen Eindruck dieses Strebens anhand einer Ansicht des Domes zu Paderborn. Mit machtvoller Eindringlichkeit weist der Westturm himmelwärts. Der Südeingang, wie oft um diese Zeit „Paradies" genannt, führt ins Innere des himmelsgleichen Gotteshauses, in welchem der Altar auf Christus als Mitte des Glaubens verweist. Nicht selten verstärkt das ikonographische Programm im Innern den jenseitigen Bezug durch eine Darstellung des Weltgerichts oder der Passion Christi (als Voraussetzung für den Zugang zum Himmel). Auch die Liturgie tendierte darauf, alle Sinne einzubinden in das Gotteslob, das hienieden immer nur in zeitweiliger Voraus- und Vorwegnahme der kirchlichen Feier, dann aber auf ewig in endlosem Jubel erklingen würde. Die Grenze von Hier nach Drüben war also durchlässig. Nicht zuletzt auch daraus nahmen die Christen das Recht, irdische Vorstellungen als Metaphern und Symbole des Himmels zu verwenden, also die Voraussetzungen für dessen „Geschichte" zu schaffen.

Gott im Himmel. Jede Überlegung sieht sich, was den Zustand der Vollendung betrifft, vor eine Polarität gestellt. Himmel ist zum einen ein Synonym für Gott. Das Nachdenken über den Himmel führt also von selbst zur Betrachtung Gottes, und zwar näherhin als des Prinzips, des Inhalts und des Gebers der Seligkeit. Himmel ist aber ebenso ein Gleichwort für die restlose Erfüllung der Menschlichkeit des Menschen. Er ist sein Glück, das Ziel seines Lebens, die Erfüllung allen humanen Strebens. So ist jede Betrachtung des jenseitigen Himmels wie *Gottes*meditation ebenso Nachdenken über das innerste Wesen des *Menschen.* Gerade beim Thema Himmel verzahnen sich Theologie und Anthropologie wie sonst selten. Allerdings werden die beiden Pole dieser Dualität kaum je mit gleicher Intensität in der Reflexion beachtet. Einmal steht mehr *Gott,* dann mehr der *Mensch* im Zentrum. Es ist wohl ein wenig überzeichnet, wenn man von einem „theozentrischen" und einem „anthropozentrischen" Himmel spricht,[54] sofern beide Konzeptionen nie „rein", ohne Bezug auf die jeweils andere, vorgestellt werden. Aber die Tendenz wird trotzdem gut deutlich gemacht. Welche vorherrschend wird, ist stark durch den historischen Kontext bestimmt. Grob gesprochen, neigen die Autoren und Künstler bis etwa 1500 zur erstgenannten Sicht. Das entspricht der Gottesleidenschaft, durch die sich die Antike und das Mittelalter auszeichnen. Seit der Renaissance mit ihrer Wende zum Subjekt fragt man eher danach, worin eigentlich die Vollendung des Menschen bestehe. Wird die Frage radikalisiert, droht die theologische Komponente wegzubrechen. Die Theologie des Himmels erscheint als Vertröstung und Ablenkung vom Elend der Erde, welches dringlich zu beheben, die eigentliche Pflicht der Menschen sei. In diesem Abschnitt wenden wir uns dem Himmel Gottes zu.

Er ist in historischer Betrachtung nicht der Primärentwurf der Christenheit. In den ersten Jahrhunderten wurde sie geschüttelt von inneren Krisen und äußerer Bedrängnis, die so starke Lebensbeschränkungen auf allen Gebieten erforderte, dass man sich die ausgleichende Gerechtigkeit als Kompensation der entgangenen Lebensfreuden vorzustellen geneigt war. Irenäus von Lyon, einer der bedeutendsten unter den frühen Theologen, lehrt um die Wende zum 3. Jh., die *Märtyrer* – dass diese sofort in den Himmel kämen, war eine von allen geteilte Überzeugung – und die sonstigen Gerechten würden bei der Errichtung des messianischen Reiches vom Tod erstehen und gesunden Leibes für tausend Jahre auf der Erde leben.[55] Anschließend würde das ewige Reich des Vaters beginnen, das rein spirituell sei.[56] Schon im 4. Jh., nach dem Ende der Verfolgungszeit und mit Beginn des platonischen Einflusses, riefen die als exemplarische Christen an die Stelle der Blutzeugen getretenen *Asketen* einen vergeistigten Himmel aus. Zu den maßgebenden Vertretern zählt der junge Augustinus. In reiferen Jahren hat er auch die anthropologische Komponente besser gewürdigt. Aber zunächst ist für ihn, ganz im Sinne des griechischen Denkers, Seligkeit identisch mit dem Abstreifen des Materiellen, besonders unangenehm erfahrbar im Leib, speziell in der Sexualität. So gibt es auch keine menschliche Kommunikation im Himmel. Die Seele, mit einem feinstofflichen Leib begabt, ist ganz und gar und

Abb. 36: Die Apsis von Sant'Apollinare in Classe bei Ravenna, um 549
In der Fensterzone präsentieren sich einzelne Heilige, darüber verbindet die Mittelachse den Kirchenpatron Apollinaris mit dem edelsteingeschmückten Kreuz. Das hier im Kreuzungspunkt von Längs- und Querbalken erscheinende Antlitz Christi wiederholt sich groß im Rundbild ganz oben zwischen den vier Evangelistensymbolen. Zu den weiteren Motiven des Mosaiks in der Halbkuppel gehören zwölf Schafe als Symbole der zwölf Apostel, die Gewächse im himmlischen Paradies sowie zu beiden Seiten der *crux gemmata* Elija und Mose aus dem Bericht über die Verklärung Jesu vor den Augen von Petrus, Jakobus und Johannes; diese drei Jünger werden durch die oberen drei Schafe symbolisiert.

SALUS MUNDI
SANCTUS APOLENARIS

unablenkbar auf Gott ausgerichtet – und das ist mehr als genug der Befriedigung. Im Jahr 387 unterhält er sich im römischen Hafen Ostia mit seiner Mutter Monnika über den Himmel, in den diese bald darauf eingehen wird. In den *Confessiones,* seiner geistlichen Autobiographie, hat er dieses denkwürdige Gespräch geschildert. Ungezählte Generationen haben sich durch diese Schilderung hinsichtlich ihrer Himmelsvorstellungen inspiriert:[57] Schritt für Schritt gelangen die beiden über die materielle Welt hinaus und berühren auf dem Höhepunkt wenigstens einen Augenblick lang die Gottheit. Augustinus berichtet: „Kein Entzücken unserer leiblichen Sinne – es mag noch so groß sein und in noch so hellem Erdenlicht erstrahlen – hält den Vergleich mit den Wonnen jenes Lebens aus."

Die Himmelsvorstellung dieser frühen Zeit bezeugt künstlerisch das Apsismosaik der Kirche Sant'Apollinare in Classe, vor den Toren Ravennas (Abb. 36). Es ist um 549 gestaltet worden. Vom Hochaltar steigt der Blick zuerst zur unteren Zone der Halbkuppel auf, wo Märtyrer, die Urtypen der Seligen, stehen. In der eigentlichen Apsiswölbung blickt uns in hieratischer Strenge, gereinigt von jeder Körperlichkeit und Zeitverhaftung, der Kirchenpatron Apollinaris an.[58] Er befindet sich im Garten des Paradieses. Je sechs Lämmer, die für die 12 Apostel stehen, schreiten auf ihn zu. Im Zentrum der Apsis leuchtet die *Crux gemmata,* das edelsteingeschmückte Kreuz in einem Kreis von 99 Sternen. In der schmalen Zone zwischen ihm und Apollinaris versinnbilden drei Schafe die engsten Freunde Jesu: Petrus, Jakobus und Johannes. In der oberen Zone schweben zu Seiten der Crux die alttestamentlichen Figuren von Elija und Mose, die Zeugen der Verklärung Jesu auf dem Berge Tabor. Sie mahnen an die enge Verbindung von Himmelsherrlichkeit und Kreuzesleid. Erst durch das Leid sind wir zur Herrlichkeit erlöst worden. Auf der Fläche oberhalb der Rundung erscheint leibhaft Christus, umgeben von den vier Evangelistensymbolen. Nochmals schreiten je sechs Lämmer auf ihn zu. Sie sammeln sich aus den Städten Jerusalem und Betlehem. In diesem Fall stehen die beiden Städte für die Juden (Jerusalem) und die Heiden (Betlehem), also für die gesamte Menschheit, die zu Gott in Christus berufen ist. In beeindruckender Symbolsprache, die in konkreten Bildern theologische Sachverhalte vollendet ausdrückt, wurde der Gemeinde bei jedem Gottesdienst vorgestellt, wozu sie berufen, weshalb sie versammelt, woraufhin ihr gesamtes Leben ausgerichtet ist. Das Jenseits wird zum Appell für das Diesseits.

Im hohen Mittelalter erfährt diese theozentrische Anschauung ihre unüberbietbare und lange prägende Ausfaltung. Soweit er bäuerlich geprägt ist, stellen sich die Menschen den Himmel als *Paradiesesgarten* vor (Abb. 37). Später wird dann die *Stadt* Symbol des Friedens und der Geborgenheit – und Himmel erscheint als Stadt Jerusalem. Leitgedanke der Zeit ist *ordo,* die von Gott verfügte Welt- und Lebensordnung, in der alle Dinge ihren Ort und ihren Rang haben. Der Ordo ist streng hierarchisch: Der Platz eines jeden ist unveränderbar – wer oben ist, muss oben bleiben; wer unten ist, hat für immer seine Lebens-Stellung. Das gilt jedoch vorerst nur

Abb. 37: Stefan Lochner (um 1410–1451), „Muttergottes in der Rosenlaube", um 1450, 50,5 x 40 cm; Köln, Wallraf-Richartz-Museum
Zwei Engel entfalten einen Mantel aus Goldbrokat, über dessen Halsausschnitt das Brustbild Gottvaters und die Taube des Heiligen Geistes erscheinen. Vor diesem himmlischen Goldgrund und einem Spalier mit roten und weißen Rosen sitzt die gekrönte Himmelskönigin – nicht auf einem Thron, sondern als *Madonna dell'Umilità* („Madonna der Niedrigkeit", vgl. Lk 1,48) vor einer Rasenbank am Boden. Den Hofstaat bilden musizierende Engel. Das Jesuskind hält einen Apfel aus der von Engeln gereichten Schale: Als „neuer Adam" überwindet Christus die Sünde, die durch den „alten Adam" in die Welt gekommen ist. Zu den Motiven dieses Andachtsbildes gehört der paradiesische Garten, zugleich ein aus dem Hohenlied *(hortus conclusus,* der „verschlossene Garten"; Hld 4,12) übernommenes Symbol der Jungfräulichkeit Mariens.

im Diesseits. Da für die andere Welt die Spiritualität, die verwirklichte Christusnachfolge zählt, wird die politisch-kirchliche Hierarchie im Tod demokratisch aufgebrochen: Der gottlose Kaiser oder Papst – jetzt an der absoluten Spitze der Weltordnung – wird dann gegebenenfalls gnadenlos zum Höllenkandidaten. Umgekehrt kann ein schlichtes Bäuerlein – im mystischen Leib Christi hinieden durch die *Beine* versinnbildet – dank seines Glaubens in den Himmel kommen. Allerdings auch dort nicht ganz nach oben. Grundsätzlich wird in etwa die Rangordnung aufrecht erhalten, wenn auch nicht mehr nach den gleichen Kriterien. Nicht mehr die Geburt, das *Verdienst* zählt. In der „Vision des Pier Plowman“ (14. Jh.) bekommt beispielsweise der reuige Schächer zwar Platz *beim* himmlischen Esstisch, aber nicht *an* ihm. Er darf nicht gleichberechtigt dort sitzen, wo die Apostel, Jungfrauen und Märtyrer ihr Mahl einnehmen, sondern wie die Bettler am Boden. Schließlich war er erst im letzten Augenblick fromm geworden.[59] Eine Holztafel aus dem Jahr 1457, heute in Basel aufbewahrt, gibt ein anschauliches Bild von dieser Himmelshierarchie (Abb. 38). In den Zwickeln sehen wir die Symbole der vier Evangelisten: Das Evangelium ist der Wegweiser zum und der Maßstab im Himmel. Im Zentrum des Kreises thront der dreifaltige Gott. Wir erleben den Moment der Krönung der allerseligsten Jungfrau Maria zur Himmelskönigin. Sie ist, so lautet ihr griechischer Ehrentitel, die *Panhagia*, die „Allheilige“ oder „Ganzheilige“. So sehen wir sie der Gottheit zunächst. Rings um diese Szene wenden sich in konzentrischen Kreisen die Engelchöre Gott lobpreisend zu. Es folgen die Heiligen im äußeren Kreis. Sie befinden sich entsprechend ihrem Status in je gesonderten Räumen – die Könige oder die Bischöfe oder die Jungfrauen. Ganz unten erfolgt die „Erdung des Himmels“: Eine Anzahl noch lebender Menschen wendet sich im bittenden Gebet der Trinität mit Maria zu. Das Ganze mutet an wie eine feudale Residenz der Zeit mit einem Hofstaat, der den Fürsten umgibt. Ebenso zeigt sich Gott als der Herr des Himmels und der Erde.

Damit ist das Haupt- und Wesensmoment des mittelalterlichen Gotteshimmels angesprochen. Natürlich bedarf er auch der angemessenen topographischen Repräsentation. Er ist jenseits des Firmaments gelegen und hat zwei Ebenen, das *Empyreum* und das *coelum coeli* (den „Himmel des Himmels“). Ersteres ist der Ort der Engel und der Heiligen, das zweite ist ein Synonym für Gott. Es ist der theologischen Spekulation entzogen. Nur das *Empyreum* kann man beschreiben. Es besteht nicht aus den vier Wesenheiten oder Elementen oder *essentiae,* die wir jetzt kennen (Feuer, Wasser, Erde und Luft), sondern aus der *quinta essentia,* der „fünften Wesenheit“, die reines, überirdisches Licht, Lichtfülle ist, so wie sie einst das Paradies am Anfang erfüllt hatte. Dort lebt jetzt Christus mit seinem Auferstehungsleib; nach dem Weltende werden auch die Leiber der Heiligen dort weilen. Sie leuchten aus dem gleichen Licht heraus: „Hauptsächlich im Licht besteht die Schönheit der himmlischen Leiber“, lehrt *Thomas von Aquin,* der Fürst der Scholastik, der engelgleiche Lehrer,[60] allerdings nicht unterschiedslos, sondern wieder entsprechend ihren Verdiensten. In Artikel 96 der Ergänzung zum dritten Teil seiner *Summa theologiae* referiert er die These von der besonderen Auszeichnung der Märtyrer, Jungfrauen und (theogischen) Lehrer durch eine *aureola* (eigentlich „Krönchen“).[61]

Der Grund dafür ist der hohe Grad von Erkenntnis und Betrachtung Gottes. Denn Himmel ist identisch mit der Gottesschau, der *visio beat(ific)a.* Sie ist keine Tätigkeit im aktivischen Sinn, sondern rezeptive Betrachtung *(contemplatio),* d.h. innerliche Erfassung Gottes, den die Seligen „schauen, wie er ist“ (1 Joh 3,2). Daraus folgt eine grenzenlose Liebe zu ihm. So erfüllt Gott die Heiligen dermaßen, dass sie nach nichts und niemand anderem Verlangen haben, es sei denn ganz am Rande *(akzidentell)* nach den anderen heiligen Menschen.[62]

Abb. 38: Oberrheinischer Meister, „Marienkrönung", 1457, 126 x 110 cm; Basel, Kunstmuseum
Das konzentrisch komponierte Tafelgemälde zeigt die Trinität bei der gemeinsamen Krönung der Himmelskönigin Maria. Dieses Zentrum des Himmels umgeben achtgliedrige Kreise mit Engeln, Heiligen und Kongregationen lebender Menschen. In den Zwickeln befinden sich die vier Evangelistensymbole Engel bzw. Mensch, Adler, Löwe und Stier mit Spruchbändern.

Wenn man dieses Himmelsmodell kennen lernen möchte, ist man nicht unbedingt auf die ziemlich trockenen Beschreibungen der mittelalterlichen Gelehrten angewiesen. Eines der bedeutendsten Werke der Weltliteratur hat es in glutvoller Dichtung in Worte umgesetzt. Im Jahr 1321, kurz vor seinem Tod, vollendet der toskanische Dichter *Dante Alighieri* seine „Göttliche Komödie". In 100 Gesängen und vielen tausend Terzinen schildert er eine Jenseitsreise, die er 1300, dem ersten „Heiligen Jahr" der Christenheit und dem *mezzo del cammin di nostra vita* (also im 35. Lebensjahr, der Lebensmitte nach dem Psalmisten)[63] unternommen hatte. Nachdem er die Tiefen der Hölle und die aufwärts ragenden Gipfel des Purgatoriums durchschritten hatte, an dessen Ende er den Garten Eden, das irdische Paradies von Adam und Eva, fand – freilich menschenleer –, gelangt er über die neun Gestirnssphären (man erinnert sich des *Somnium Scipionis)* ins *Empyreum.* Bislang hatte ihn der römische Dichter Vergil geleitet; aber weil er kein Christ war, darf er das himmlische Paradies nicht betreten. Dem Dichter wird stattdessen seine Jugendliebe Beatrice beigesellt, eine adelige Florentinerin, die in jungen Jahren gestorben war (1290). In der äußersten dieser Sphären, dem Kristallhimmel, sieht er die neun Engelchöre. Als die beiden Wanderer im *Empyreum* angekommen sind, verlässt ihn Beatrice und nimmt ihren Platz in einem riesigen rosenförmigen Rund ein. In dessen Mitte gleißt ein Lichtsee, Widerschein eines von Gott ausgehenden Strahls. Über der Rose thront die Mutter Christi. Sie ist umgeben von den Heiligen des Alten und des Neuen Testamentes sowie den Heiligen aus der Zeit der Kirche. Einige Plätze sind noch leer: Sie sind den künftigen heiligen Christinnen und Christen vorbehalten. Im letzten Gesang des *Paradiso,* des dritten Teils, darf Dante einen kurzen Blick auf die göttliche Trinität werfen. Er sieht sie als eine Einheit dreier verschiedenfarbiger Kreise. Als er an seinem Ziel, der Erfahrung Gottes als lichte Liebe, angekommen ist, endet

Dante Alighieri, „Die göttliche Komödie". Deutsch von Karl Vossler. Paradies (Dantes Gottessschau), XXXIII, 76–87, 115–132 = S. 523–525.

„Der heilige Lichtstrahl, dem ich standhielt, hätte
mit seiner Schärfe, glaub ich, mich zerstört,
hätt' ich die Augen von ihm abgewandt.
Und ich erinnre mich, wie um so kühner
ich dann das Licht ertrug, bis endlich sich
mein Schauen dem Unendlichen verband.
Du überreiche Gnade gabst mir Mut,
ins ewige Licht den Blick so tief zu senken,
dass mir das Schaun gelang – bis zur Erschöpfung.
In seiner Tiefe sah ich innerlich
in einem Liebesbunde, was sich draußen
im Universum auseinanderfaltet.
....
Doch weil in mir die Sehkraft sich verstärkte
durch Schaun, verwandelte für mich die eine
Erscheinung sich, da ich mich selbst veränderte.
Und so erschienen in der tiefen, klaren
Substanz des Himmelslichtes mir drei Kreise:
an Farbe dreifach, doch von einem Umfang.
Der ein und andre wie zwei Regenbogen
bespiegelten einander, und der dritte
war eine Glut, von beiden gleich geschürt.
Wie klein, wie schwächlich ist das Wort, gemessen
an meinem Denken, ach! Und dieses erst
an dem, was ich erschaute. Kaum ein Hauch!
Du ewig Licht ruhst in dir selbst allein,
verstehst, erkennst dich, bist erkannt, verstanden
in dir und lächelst dir in Liebe zu.
Der Lichtkreis, der, in dir so eingeschlossen,
wie eine Spiegelung von dir erschien,
von meinen Augen um und um betrachtet,
erwies sich mir mit unsrem Ebenbild
in seinem Innern in derselben Farbe
bemalt, dass ich mich ganz darein versenkte."

das gewaltige Werk – und das ist folgerichtig: „Ist der Ursprung oder das Erste, d.h. Gott, gefunden, dann gibt es kein Suchen mehr."[64]

Das ist wieder genau die Überzeugung der Scholastiker. Am besten vernehmen wir aber statt langer Erläuterungen Dantes Bericht vom Moment der Gottesschau (siehe gegenüber).

Der Glanz dieser Verse darf nicht vergessen lassen, dass das unnahbare Geheimnis Gottes zwar dargestellt, aber mitnichten zerredet wird. Diese Keuschheit, der wir in der Dichtung begegnen, erfüllt auch malerische Verkörperungen des trinitarischen Gottes in der Himmelsherrlichkeit. Charakteristisch ist eine Miniatur aus dem Wiesbadener Riesenkodex (um 1170) mit dem *Liber Scivias* („Buch Wisse die Wege"[65]) der hl. Hildegard von Bingen, von der leider nur mehr Reproduktionen vorhanden sind. Das Original wurde im Zweiten Weltkrieg vernichtet. Die Trinität wird als leuchtendes Licht wiedergegeben. Im Rahmen glänzt ein silberner Kreis, das Symbol des Vaters. In ihn eingeschrieben ist ein Goldkreis, der den Heiligen Geist versinnbildlicht. In diesem innersten Kreis sehen wir eine saphirblaue Männergestalt – Jesus Christus, den menschgewordenen Gott (Abb. 39).

Die scholastische Konzeption blieb die offizielle Sicht der kirchlichen Theologie bis in unsere Zeiten. Die bereits einmal konsultierte neuscholastische Dogmatik (S. 82) doziert als These, die als „definierter Glaubenssatz" *(de fide definita)* zu halten sei: „Die Gerechten, die von aller Schuld- und Strafbelastung befreit sind, kommen in den Himmel, d.h. sie gelangen

Abb. 39: „Dreifaltigkeit", Miniatur in der (nur als Reproduktionen erhaltenen) Prachthandschrift eines der drei visionären Werke der hl. Hildegard von Bingen (1098–1170): des *Liber Scivias* („Buch Wisse die Wege"), um 1170; ehemals Wiesbaden, Hessische Landesbibliothek, Cod. 1, fol. 47 r
Auf blauem Grund symbolisiert ein silberner Kreis den Vater, ein Goldkreis den Hl. Geist, eine blaue Männergestalt den Sohn. Hypothetisch bleiben die Annahmen zur Entstehung der Scivias-Miniaturen: Wurden sie von Hildegard selbst entworfen und ausgeführt, sind es Werke von Mitschwestern im Kloster Rupertsberg bei Bingen, entstanden sie in einem anderen Kloster, und zwar zu Lebzeiten der Äbtissin, Seherin und Schriftstellerin und unter ihrer Aufsicht?

zu dem übernatürlichen Endzustand unmittelbarer Gottanschauung, die mit vollkommener Gottesliebe und restloser Glückseligkeit verbunden ist."[66] Aber ist das tatsächlich so, dass sich alle Leute restlos glücklich in einem Himmel fühlen, der wohl eher mit den Lustgefühlen von Mönchen verknüpft ist, die außerdem noch eine professorale Berufung in sich spüren? Jedenfalls verband sich mit diesem Himmel bald ein Gefühl der Langeweile, das wenig Anreiz weckte, nun wirklich dorthin selber zu gelangen. Wir kennen dessen Karikatur: Die Seligen sitzen in langen weißen Hemden auf einer Wolke, klimpern mit der Harfe und singen unablässig Halleluja ... Zwar hatten auch die Scholastiker schon festgehalten, dass aus der Gottesschau die Gottesliebe hervorgehe: „Im Erkennen" vermutet unser Handbuch, dürfte „Grund und Fundament, im Lieben aber Form und Ziel der Seligkeit zu suchen sein".[67] Aber das war schon ein Kompromiss, mit dem die Autoren den mittelalterlichen Streit zwischen Dominikaner- und Franziskanerschule, zwischen Thomas und Duns Scotus, zu überbrücken suchten. Als Ansporn, so zu leben, dass man bald dorthin gelange, konnte er schwerlich begeistern.

Aber das Mittelalter war nicht allein von den Scholastikern beherrscht. Die Stimme der Mystiker, die die *Gottesliebe* als eigentlichen Grund und Inhalt der Seligkeit sahen, darf nicht vergessen werden. Indem sie sich inbrünstig in die Geheimnisse des Lebens und Sterbens Christi versenkten, wurden sie der verzehrenden Herrlichkeit Gottes inne, die sie so mit Liebessehnsucht erfüllte, dass sie meinten, ihr Leben müsste darob vergehen. Auch für sie ist der Himmel Präsenz Gottes, den sie in und mit Gott wenigstens zeitweilig schauen – so Hildegard von Bingen, Elisabeth von Schönau, Angela von Foligno oder Heinrich Seuse. Für sie alle mag die Nonne *Mechthild von Magdeburg* (1207 bis 1282) stehen. In ihren Visionen in der Zelle von Helfta, heute ein Stadtteil der Lutherstadt Eisleben in Sachsen-Anhalt, schaut sie „das fließende Licht der Gottheit". So nennt sie ihr wichtigstes Buch. Ihre Seele trifft eines Tages auf Henoch und Elija. Sie geleiten sie ins irdische Paradies. Darüber erhebt sich dessen himmlisches Gegenstück, der *erste* Himmel, welcher der Aufenthaltsort derer ist, die weder fegfeuerschuldig noch der Gottesherrlichkeit würdig sind. Noch einmal darüber befindet sich der *zweite* Himmel, bestimmt für die Engel und die kommenden Seligen, die nach dem Jüngsten Gericht dort eingewiesen werden. Er besteht aus zehn „Chören" in ebenso viel Ebenen. Die obersten besetzen die Märtyrer (Ebene 8), die Apostel (Ebene 9) und in der allerletzten und höchsten Ebene 10 – das hatten wir nicht erwartet – die Frauen, unter denen selbstredend Maria herausragt. Alle Heiligen singen und tanzen in Liebesverzückung vor der Dreieinigkeit. Diese befindet sich im *dritten* Himmel. Über dem dort aufgestellten Thron „ist nichts weiter als Gott, Gott, der unermesslich große Gott". In anderen Schauungen erlebt Mechthild ihn, wie er seine Hand auf ihre Brust legt und sie küsst. Sie pflegt der himmlischen Minne mit Christus – ganz im höfischen Stil ihrer Epoche. Diese Liebeseinigung ist nicht allen möglich. Nur die Jungfrauen können sie genießen; den anderen bleibt die bloße Gottesschau, die nun als geminderte Seligkeit erscheint. Der höchste Genuss geht weit über die Möglichkeiten der Minne auf Erden hinaus. Die Ritter dort durften sich ihrer Dame nur platonisch erfreuen. In der mystischen Liebe gewährt der Herr der Seele, was ihnen versagt bleiben musste. Auch hier mag es gestattet sein, einige Zeilen aus Mechthilds Visionen im Originalton vorzulegen (siehe gegenüber).

In der kaum verhüllten Erotik dieser mystischen Himmelsschau kündigt sich bereits das andere Verständnis der endgültigen Herrlichkeit an, das seit den Anfängen ebenfalls gepflegt worden war. Nach dem Mittelalter wird es die herrschende Rolle übernehmen.

Mechthild von Magdeburg, „Das fließende Licht der Gottheit". Zweite, neubearb. Übersetzung mit Einführung und Kommentar von Margot Schmidt (Mystik in Geschichte und Gegenwart, I,11), Stuttgart-Bad Cannstatt 1995. Drittes Buch: 1. Vom Himmelreich und den neun Chören und wer den leeren Raum füllen wird. Vom Thron der Apostel und Sankt Marien und Christi. Vom Lohn der Prediger, Märtyrer und Jungfrauen, und von den ungetauften Kindern = 77–84 (in Auszügen).

Mechthilds Seele hat Verlangen nach Gott. Zwei Engel führen sie in den Himmel; sie schaut Gott.

„Er nahm sie in seine göttlichen Arme und legte seine väterliche Hand auf ihre Brust und schaute in ihr Antlitz. In dem Kusse wurde sie dann entrückt in die höchste Höhe über alle Chöre der Engel. Die kleinste Wahrheit, die ich dort gesehen, gehört und erkannt habe, gleicht nicht der höchsten Weisheit, die auf Erden je ward genannt. ...

Da sah ich die Schöpfung und die Ordnung des Gotteshauses, die er selber mit seinem Munde erschaffen hat. Dahinein setzt er das Liebste, das er mit seinen Händen erschuf. Die Schöpfung des Hauses heißt Himmel. Die Chöre dort innen heißen das Reich, darum nennt man es insgesamt Himmelreich. ... Der Himmel umfasst die Chöre, und zwischen dem Himmel und den seligen Chören sind die weltlichen Sünder geordnet, immer in ähnlicher Höhe den Chören, dass sie sich bessern und bekehren. Die Chöre sind so fein und heilig und wunderbar, dass ohne Keuschheit und Verzicht auf alle Dinge niemand dort hineingelangt. Denn es waren alle heilig, die dort herausfielen, und entsprechend dem müssen alle heilig sein, die wieder hineinkommen.

Alle getauften Kinder bis sechs Jahren füllen den Zwischenraum nicht höher als bis zum sechsten Chor. Darnach, bis zu den Seraphinen werden die Jungfrauen den Raum füllen, die sich in kindischer Absicht befleckten und die Tat in Wirklichkeit nicht verübten und sich in der Beichte reinigten. Sie können sich davon noch nicht (ganz) erholen, denn sie haben die Lauterkeit verloren. Die aber reine geistliche Jungfrauen sind, werden nach dem Jüngsten Tag den Raum über den Seraphim füllen, wo Luzifer und seine Nächsten verstoßen wurden. ...

Darüber wölbt sich der Thron Gottes in (aller) Gotteskraft in blühender, leuchtender, feuriger Klarheit bis hernieder zum Himmel der Cherubim, so dass der Gottesthron und der Himmel ein herrliches Haus bilden, das die neun Chöre und den abgeschiedenen Raum (des Luzifer) einschließt.

Über diesem Gottesthron ist nichts weiter als Gott, Gott, Gott, der unermesslich große Gott. Oben am Thron sieht man den Spiegel der Gottheit, das Bild der Menschheit, das Licht des Heiligen Geistes und erkennt, wie die drei ein Gott sind und wie sie sich in eins fügen. Mehr kann ich hiervon nicht sagen."

Neben Gottes Thron stehen Johannes der Täufer und Maria, dann kommen die Apostel. Es schließen sich an die Prediger, Märtyrer und geistlich Liebenden, wenngleich sie keine Jungfrauen sind. Diese drei Gruppen tragen einzigartige Gewänder und wundervolle Kränze. *„Nach dem Jüngsten Tag, da Gott sein Abendmahl einnehmen will, wird man den Bräuten (d.h. den Jungfrauen im eigentlichen Sinn) Sitze bei ihrem Bräutigam bereiten; und dann wird Lieb zu Lieb kommen, der Leib zur Seele, sie besitzen dann volle Herrschaft in der ewigen Herrlichkeit."* Es schließen sich die Witwen an. Die Eheleute folgen *„in dem Maße, als es ihrem Adel nach sein kann. Denn je mehr man sich hier mit irdischen Dingen sättigt, um so weniger wird uns dort himmlische Wonne geschenkt."* Ein Problem sind die ungetauften Kinder unter fünf Jahren. Sie haben nicht wie alle anderen Seligen *„die Gestalt Erwachsener von dreißig Jahren, / weil sie keine Christen mit Christus waren. / Sie haben keine Kronen, / denn Gott kann ihnen nichts lohnen. / Er hat ihnen jedoch seine Güte gegeben, / dass sie in großem Frieden leben. / Das Höchste, was sie haben, / ist die Fülle der Gnaden."*

Des Volkes wahrer Himmel. In der weltlichen Osterpredigt von Goethes Dr. Faustus ist der Frühlingsaufbruch, der Ausflug der Leute aus der städtischen Enge in die Freiheit des Landes die eigentliche Verwirklichung aller Sehnsuchtsträume nach dem Glück:

„Ich höre schon des Dorfs Getümmel,
Hier ist des Volkes wahrer Himmel,
Zufrieden jauchzet groß und klein
Hier bin ich Mensch, hier darf ich's sein."[68]

Die Verse werfen ein bezeichnendes Schlaglicht auf die neuzeitlichen Vorstellungen vom Himmel: „Irgendwie" ist der religiöse Bezug (Ostern) noch da, aber im Vordergrund steht Leben und Lebenlassen höchst irdischer Provenienz. Je weiter freilich die Neuzeit fortschreitet und sich zur Postmoderne wendet, fällt die Erinnerung an die christlichen Wurzeln weg. Der Himmel wird höchst irdisch.

Natürlich ist kirchen- und theologiegeschichtlich gesehen die *Reformation* das einschneidend-entscheidende Ereignis am Beginn der vorerst letzten Periode des Abendlandes. Sie hat ihre Auswirkungen auch weit ins Jenseits hinein gehabt. Der alte Begriff von der *streitenden Kirche* bekam eine ungeahnte Bedeutung: Sie war nicht mehr in den Kampf mit den Mächten des Satans und der bösen Welt, sondern in einen Bürgerkrieg verwickelt. Oder genauer gesagt: Satan wurde ausgemacht in den Reihen der jeweiligen Konfessionsgegner. Wenn Luther den Papst als den *Endechrist* (Antichristen)[69] titulierte und die Päpstlichen im Doktor Martinus nur den entsprungenen zölibatsbrüchigen Mönch und *Erzketzer* sahen, konnte niemand zweifeln, wo beide landen würde (natürlich in unterschiedlichen Abteilungen). Die Hölle bekam gewaltigen Zulauf. Für die allfälligen Erweiterungen gab es bei den Neugläubigen genügend Raum, hatten sie doch das Purgatorium (und den Limbus der ungetauften Kinder gleich dazu) kurzerhand geschlossen.[70] Die himmlischen Verhältnisse hingegen blieben von den Umwälzungen vergleichsweise unberührt. Auch die Reformatoren vertraten, nicht anders als die Scholastiker, einen streng auf Gott bezogenen Himmel, nur dass man dorthin nicht mehr auf dem katholischen Weg der eigenen Verdienste, sondern wegen der rechtfertigenden Gottesgnade *(sola gratia)* gelangte. So blieb es auch in den folgenden Jahrhunderten überall dort, wo Sündenangst und Bußstimmung vorherrschten wie im Puritanismus oder Pietismus oder, katholisch, im Jansenismus. Unterschiede machten sich trotzdem bemerkbar. Man sieht sie bei der genaueren Betrachtung zweier fast zeitgleich entstandener Himmelsvisionen. Die um 1520 am Niederrhein geschaffene Tafel (Abb. 40) vertritt die klassische katholische Konzeption. In der senkrechten Achse sehen wir die Dreifaltigkeit. Der Sohn sitzt als unbekleidetes Kind auf einem Altartisch, die Weltkugel in der Linken. Mit der Rechten zeigt er auf das riesige goldene Monogramm seines Namens (IHS sind die ersten Buchstaben des griechisch geschriebenen JESUS). Auf der Scheibe zeichnen sich Engelsköpfe ab, die die Himmelssphäre andeuten. Umfasst wird sie von einem schwarzen Schriftband. Der Text lautet auf Deutsch: „In Jesu Namen soll sich beugen jedes Knie im Himmel, auf Erden und in der Hölle." Wirklich öffnet sich diese letztere unterhalb des Altares: Man sieht mit Schaudern nackte, demütig

Abb. 40: „Die Verehrung des Namens Jesu", Niederrhein, um 1520; Sammlung Heinz Kisters
Zum traditionell katholischen Bildprogramm dieses Tafelbildes gehören die Dreifaltigkeit mit Christus als Kind auf einem Altartisch, darunter Verdammte in der Hölle. Zu beiden Seiten staffeln sich Gerechte, Engel, Heilige, z.B. König David mit Harfe auf der rechten Seite, die im unteren Bereich ein Kaiser dominiert. Sein Gegenüber ist ein Papst – wie Gottvater mit einer Tiara bekrönt. Das zentrale, nach 1400 eng mit Bernhardin von Siena verbundene griechische Jesus-Monogramm IHS erlebte mehrere Dechiffrierungen. Sie reichen von *Iesus Hominis Salvator* über deutsch „Jesus Heiland Seligmacher" bis zur Verwendung als Emblem der Jesuiten: *Iesu Humilis Societas* („Jesu demütige Gesellschaft").

IN NOMINE IHESV OMNE GENV FLECTATVR CELESTIVM TERRESTRIVM ET INFERNORVM

Abb. 41: Daniel Hopfner (um 1470–1536), Kupferstich „Das Weltgericht", nach 1520; Zürich, Graphische Sammlung der ETH
Der Weltenrichter thront in traditioneller Ikonographie zwischen Maria und Johannes dem Täufer als Fürbittern, darunter reihen sich die Apostel als Beisitzer, z.B. Andreas mit dem Andreaskreuz. Reformatorisch ist die Zusammensetzung der Figuren auf den beiden Außenseiten: Zur Rechten des Richters drängen sich Menschen aus dem Volk und Kinder, für die nicht mehr der Limbus vorgesehen ist. Im höllischen Flammenmeer zu seiner Linken befinden sich Vertreter des Klerus und des Adels.

verkrümmte Gestalten, die aber ihren Blick verzweifelt von Jesus abwenden: Sie sind verdammt, also der Gottesschau, der *visio beata,* unfähig. Sie wird nur den Heiligen zuteil, die in streng hierarchischer Ordnung den Altar umstehen. Zu unserer Rechten erblicken wir die weltlichen Stände (Kaiser, König, Fürst, Ritter, edle Frauen), auf der Gegenseite die Repräsentanten der kirchlichen Ordnung (Papst, Kardinal, Bischöfe). Zur oberen Zone vermitteln wieder reichgewandete Engel. Ganz oben, neben Gottvater, machen wir links Maria und Maria Magdalena aus. Die Mutter Christi richtet ihre fürbittenden Hände dem Kind zu – auch hier wird ihre Sonderstellung angedeutet. Rechts kann man David mit der Harfe und den Täufer neben anderen Heiligen identifizieren. Alle sind je auf eigene Weise dem Dreifaltigen zugewandt in Lobgebet. Das ist ein durch und durch katholischer Himmel. – Der Kupferstich Daniel Hopfners vom Weltgericht scheint auf den ersten Blick ebenfalls das traditionelle Himmelspersonal aufzubieten: Christus mit Maria und Johannes, die Apostelschar, Engel und Heilige (Abb. 41). Sieht man näher zu, zeigen sich entscheidende Unterschiede. In der untersten Zone werden die Gerichteten gezeigt. Auf der Paradiesesseite zur Rechten des Richters drängen sich zahlreiche Menschen, offenbar aus dem Volk, und erstaunlich viele Kinder und Säuglinge. Diese gelangen nach Abschaffung des Limbus in die protestantische Seligkeit. Und die vielen Leute sind nicht mehr nach Rang und Stand voneinander unterscheidbar. Das ist anders in der Höllenabteilung zur Linken Christi. Da haben sich die Kleriker und Adligen eingefunden, nun sehr wohl, aber nur zur Kenntlichmachung ihres Verdammtseins, durch die Kleidung ausgezeichnet. Die Anklagen der Reformation gegen die Altgläubigen sind identisch mit denen des Weltenrichters. Der Himmel kann auch reformatorisch sein.

Inzwischen hatte sich breites Unbehagen an den überkommenen Jenseitsabstraktionen artikuliert. Gewiss, Gott schenkt das Himmelsheil, und er ist es selber – aber wollte er nicht das Heil der Menschen, also eine menschliche Glückseligkeit? Gehört dann aber nicht auch alles das ins Glückssortiment des Paradieses, was auf Erden glücklich macht? Die Fragen kommen bereits in der Zeit der Minnesänger auf. Um 1180 verfasst *Andreas Capellanus*, ein Kleriker am Hofe einer Tochter des französischen Königs, das Handbuch der höfischen Liebeskunst *„De Amore* – Über die Liebe" (siehe nebenan). Er führt die Leser auch in die himmlischen Gefilde, doch begegnen sie nicht dem Christengott, sondern dem Gott und der Göttin der Liebe. Jeder Liebesritter wählt sich eine Dame aus, jede selige Dame besitzt ein eigenes Liebesbett, auf dem sie sich mit Leidenschaft vergnügen können.

Die eigentliche große Zeit der Anthropologisierung des Paradieses ist die *Renaissance*. Berühmt

Andreas Capellanus, „De Amore – Über die Liebe" (= excerpta classica 22), Mainz 2003, S. 91 ff.

Der Erzähler verirrt sich eines Tages und begegnet einem gewaltigen Zug, der vom Gott der Liebe angeführt wird, *„der hier mit seinem Heer erscheint und jeden für seine Taten entlohnt, je nachdem, ob er Gutes oder Schlechtes in seinem Leben getan hat" (91).*

Er folgt ihm bis zu einer wunderbaren dreigeteilten Wiese, in deren innerem Kreis *„der König der Liebe von der Königin der Liebe begrüßt wurde. Er setzte sich dann nach ihrer Aufforderung in den für ihn bereitstehenden Sessel neben ihr, einen kristallenen Stab in der Hand. Ihm nach schritt der ganze Trupp der an erster Stelle geschilderten Frauen und Krieger. Jede Frau erhielt einen herrlich geschmückten Sessel. Die Krieger suchten sich ihren Sitz, wo sie wollten. Man könnte nicht beschreiben, welche Seligkeit* (beatitudo) *und welches Glück* (gloria) *unter ihnen herrschte. Die ganze Annehmlichkeit diente nur ihrem Vergnügen. Gaukler aller Art spielten und sangen vor ihnen; von allen Seiten ertönte liebliche Musik" (99 f.).*

Schließlich erhält der Erzähler noch eine Audienz beim König der Liebe. Zum Abschied erklärt dieser: *„Wir haben Dir erlaubt, all unsere Wunderdinge kennen zu lernen, damit Du allen, die dies alles noch nicht kennen, von unserem Ruhm erzählen kannst, damit Du mit dem Gesehenen vielen Frauen zur Rettung dienst. Wir geben Dir hiermit den feierlichen Auftrag, jeder Frau, der Du begegnest, ganz gleich wie tugendhaft sie auch sei, wenn sie von unserem Pfad abweicht und nicht den Kampf der Liebe auf sich nehmen will, zu erzählen, was Du gesehen hast. Und bringe sie von ihrem falschen Wege ab, damit sie diesen harten Strafen vorbeugen kann und in diese Herrlichkeit hier mit eingehe" (103 f.).*

Abb. 42: Giovanni di Paolo (1403–1482), „Die Seligen im Paradies", um 1465; Siena, Pinacoteca Nazionale
Der Ausschnitt aus der Predella eines Triptychons „Das Jüngste Gericht" schildert im Geist der Renaissance die Freuden, die ein von inniger

geworden ist die Schrift „Von der Lust"[71] des bedeutenden Humanisten Lorenzo Valla (1407–1457). Sie endet mit einer Himmelsszene, die deutlich an Cicero orientiert ist. Nach dem Tod geleiten Engel die Seele durch die Sphären des Weltalls bis zum Himmel. Der Ankömmling hört herrliche Musik. Maria drückt sie an die jungfräuliche Brust, Engel und Heilige begrüßen sie freudig. Alle Sinne sind voller Wohlbehagen, so dass kein irdischer Liebesgenuss dem vergleichbar ist. Vor allem aber beglückt Valla die Verheißung, dass man im Jenseits seinen lieben Verstorbenen wieder begegnet – er selber ist nie über den Verlust mehrerer seiner Kinder hinweggekommen. In einer nur gut drei Jahrzehnte später entstandenen Altarpredella hat Giovanni di Paolo in Siena diese Seite der Himmelssehnsucht anschaulich werden lassen (Abb. 42). Das Paradies ist erfüllt von froh gestimmten Gestalten, fast alle in herrliche Gewänder gehüllt. Ihre Augen haben sie nicht mehr auf Gott gerichtet, sondern sie wenden sich einander in lebhafter Konversation zu. In der Folge wird gerade dieser Zug noch eine wichtige Rolle spielen. Wesentlich unbefangener hinsichtlich der Verjenseitigung irdischen Liebesgenusses ist der Dominikanermönch Francesco Colonna (1433–1527). In der „Liebestraumschlacht des Polyphilus" findet der Held Einlass ins Paradies.[72] Das ist eine Welt voller Brunnen, schöner Wiesen und Bäche mit schattigen Wäldern. Dem Träumenden begegnen „zarte Nymphen" und „knabenhafte Liebhaber", denen die Mädchen bereitwillig ihre „nackten und vollen Brüste" reichen. Es dauert nicht lange, da macht Polyphilus in freudiger Erregung beim lockeren erotischen Vergnügen mit. Wir sind ebenso weit von Dante entfernt wie von Mechthild. Gelungenes Jenseits ist unendliche Erotik.

Die Himmelsideologie der Renaissance fasst vielleicht am prägnantesten ein Triptychon Jean Bellegambes zusammen (Abb. 43). Der linke Flügel zeigt das Paradies. Auf einer prächtigen Wiese, in der ein typischer Renaissancebrunnen Erquickung verspricht, tummeln sich in heiterem Spiel und unbefangener Nacktheit die Seligen. Zwar sind die herkömmlichen Requisiten noch da – die Himmels-

Zuneigung erfülltes Miteinander spendet. Konventionen und Standesgrenzen sind, sofern sie als Zwang wirksam waren, allem Anschein nach aufgehoben.

stadt, die Engel, die Bekleidungsszene ganz im Vordergrund –, aber niemand scheint mehr von ihnen Notiz zu nehmen. Von dieser „Verweltlichung" sollte sich der Himmel nicht mehr erholen.

Die verhimmelte Erde. Vorerst allerdings hatte der Himmel wenigstens in der Kunst noch einmal Hochkonjunktur. Nach Religionswirren und Dreißigjährigem Krieg brandete eine Lebensfreude in

Abb. 43: Jean Bellegambe (um 1468/70–nach 1534), Triptychon „Das Jüngste Gericht“, Mitteltafel 222 x 178 cm, Flügel je 222 x 82 cm, um 1520/25; Berlin, Gemäldegalerie

Über einem Wolkensaum, der den halbrunden Abschluss der Mitteltafel zum Kreis ergänzt, thront Christus auf einem Regenbogen, mit der Weltkugel zu seinen Füßen. Als Symbol der Gerechtigkeit geht ein

Schwert vom Mund des Weltenrichters aus, als Symbol der Gnade eine Lilie. Beim Schall von Posaunen öffnen sich die Gräber. Heller Lichtglanz begleitet die Seligen auf dem Weg ins Paradies, in dem das himmlische Jerusalem aufragt, Finsternis den Weg der Verdammten, die von Michael in die Hölle getrieben werden. Bemerkenswert sind auf dem linken Flügel die in körperlicher Schönheit dargestellten Aktfiguren als Sinnbilder der Erlösung.

Europa auf, die ihresgleichen sucht. In der Sakralkunst des Barock hat sie meisterliche Gestalt gefunden. Im Deckengewölbe vieler Gotteshäuser dürfen die Besucher einen Blick in einen strahlenden, überwältigend prächtigen Himmel werfen, der von ekstatischen Heiligengestalten bevölkert ist, die auf Gott, Christus, die drei göttlichen Personen in sinnbetörter Verzückung schauen. Bisher waren solche Darstellungen gewöhnlich Teil eines Weltgerichts. Auf der Gegenseite erhob sich immer dräuend die Hölle, in der die ewig Verdammten in entsetzlichen Zuckungen leiden. Die Maler des 17. und 18. Jh. verzichten darauf in der Regel. Die Glorie ist das eigentliche Ende der Geschichte. Besonders schön kann man das am Deckenfresko des Langhauses der römischen Jesuitenkirche Sant'Ignazio sehen (Abb. 44). Der Ordensbruder Andrea Pozzo führt in vollendet illusionistischem Stil die Verherrlichung des Titelheiligen im Himmel vor. Auf einer lichten Wolke schwebt Ignatius, getragen von zahllosen Engeln, empor in eine Zone überirdischen Glanzes, aus der ihm der Namensgeber des Ordens mit dem Kreuz entgegenkommt – so wie er ihm einst in einer Vision bei La Storta, eine Poststation vor Rom, erschienen war. In allerhöchster Höhe erahnen wir mehr, als wir sie sehen, die beiden anderen göttlichen Personen. Gerahmt wird die Himmelszene von den vier (damals bekannten) Erdteilen, auf denen die Söhne des Ordensstifters ihre Mission an den Ungläubigen ausübten. Erde und Himmel sind so verbunden – was auf Erden wurde, erfährt seine Vollendung in der göttlichen Herrlichkeit. Diese hat schon jetzt ihren Widerschein hinieden.

Für reformatorisches Denken war eine solche Vorstellung viel zu weltlich. Das lutherische Kontrastprogramm zeigt die Innenkuppel der Frauenkirche in Dresden, ziemlich genau 40 Jahre nach der Decke von Sant'Ignazio ausgeschmückt (Abb. 45). Sie lenkt den Blick nach oben in die Weite des Firmaments. Wer bei Gott weilt, bleibt offen. Man sieht keine Heiligen mehr; sie könnten die Ausrichtung auf Gott allein hemmen. Gezeigt werden die vier Evangelisten als die historischen, die Allegorien der „theologischen Tugenden“ mit der Barmherzigkeit als die moralischen Führer zur Herrlichkeit.

Wirkungsgeschichtlich bedeutsam geworden ist freilich nicht dieser abstrakte Himmel, sondern der höchst anschauliche des katholischen Barocks. Gerade die Projektion irdischer Herrlichkeit auf den göttlichen Glanz lenkt die Aufmerksamkeit wieder mehr auf die Erde. Die Theozentrik schlägt um in eine intensivere Betrachtung des Menschen – wie er im Himmel leben wird, wenn er seine bisherige Existenz beendet hat. Das kann nicht so ganz anders sein als vorher, sonst würde der konkrete Mensch nicht wirklich und konkret vollendet. Im 18. und 19. Jh. gehört wesentlich zu seinem Glück die Freundschaft (vor allem im katholischen Denken) und die Familie (besonders bei den Protestanten). So wird der Himmel zu einer transzendenten Partnerbegegnung. Zu dieser Sicht tragen besonders zwei Protestanten bei, die im Grund tieffromme Männer waren und die Göttlichkeit des Himmels retten wollten. Sie erreichten das Gegenteil. Der ältere ist am Ausgang des 17. Jh. *John Milton* (1608 bis 1674), der bedeutendste englische Dichter nach

Abb. 44: Andrea Pozzo (1642–1709), „Apotheose des hl. Ignatius“, vollendet 1694; Deckengemälde im Langhaus der Jesuitenkirche Sant'Ignazio in Rom

Kennzeichnend für den perspektivischen Illusionismus dieser und ähnlicher Werke der barocken Deckenmalerei ist die Wahl des „richtigen Standpunkts“. In Sant'Ignazio wird er durch eine Platte am Boden markiert: Nur von dieser Stelle aus wird der Unterschied zwischen realer Architektur und gemalter Scheinarchitektur vollkommen aufgehoben und wölbt sich die bemalte Fläche zu einer grandiosen Himmelsvision: Der Blick wird durch die wirbelnde Bewegung der schwebenden Figuren zum Fluchtpunkt gelenkt – zur Erscheinung Christi. Im Hinblick auf die Personifikationen der vier Erdteile wird Pozzos Gemälde auch als „Allegorie der Weltmission der Jesuiten“ bezeichnet.

Shakespeare. Seine Hauptwerke sind *The Paradise Lost* („Das verlorene Paradies", 1667)[73] und das weniger bedeutende *The Paradise Regained* („Das wiedererlangte Paradies", 1671). Zu dessen Wonnen gehört auf jeden Fall die Liebe, auch in ihrer sinnlichen Komponente. Was aufgrund des puritanischen Erbes anders als bei Colonna fehlt, ist nur deren unreine Wollust. Die Erfahrung der Liebe verbindet Himmel und Erde – und so ist die Wiederherstellung der einstigen Vollkommenheit des ehelichen Beilagers ein wesentlicher Bestandteil der Seligkeit.[74] Nahezu ein Jahrhundert später schlägt der Schwede *Emanuel Swedenborg* (1688–1772) in die gleiche Kerbe – mit noch weiter reichenden Folgen. Er ist sozusagen der Vater des modernen Himmels. Von Haus aus war er Naturwissenschaftler. Wie viele seiner Zunft besaß er eine gewisse Affinität zur philosophisch-theologischen Betrachtung. 1743, im Alter von 55 Jahren, machte er eine seelische Krise durch, in der er Christus- und Himmelsvisionen erlebte.[75] Er wird wider Absicht zum Haupt einer eigenen Kirche, der „Neuen Kirche".[76] Obschon diese zahlenmäßig immer sehr klein blieb, übten die Ideen Swedenborgs nachhaltigen Einfluss auf zahlreiche Denker und Künstler des 19. Jh. aus, u.a. auf Goethe, Balzac, Schelling und (trotz anfänglichen Spotts)[77] auch auf Kant. Religiöse Spuren finden sich noch im 20. Jh. in der New-Age-Bewegung.

Swedenborgs Himmel ist ganz auf den Menschen zugeschnitten. Er unterscheidet sich nur schwach von der Erde. Man gelangt in ihn unmittelbar nach dem Tod und erlebt eine Vervollkommnung des irdischen Lebens, auch in materieller Hinsicht. Als Martin Luther in den Himmel kommt, erhält er ein Haus ganz ähnlich dem, welches er in Eisleben bewohnt hatte, nur prachtvoller.[78] Einen wichtigen Stellenwert haben wieder die sozialen Beziehungen. In ihnen zeigt sich auch die Liebe zu Gott, der selbstverständlich der eigentliche Herr des Himmels ist. Deren Grundform ist die eheliche Liebe.[79] Mann und Frau gehören dergestalt zusammen, dass sie erst in der Vereinigung miteinander zu ihrer Wesensbestimmung gelangen. Gäbe es also im Himmel die Ehe nicht, bliebe die Glückseligkeit des Menschen ein Torso. Damit ist nicht gesagt, dass dortselbst die irdische Ehe weitergeführt würde. War diese misslungen, wird sie gelöst, weil nur die wirklich wahre und als solche einmalig-einzigartige Liebe zählt, die nicht unbedingt durchs Eheband erzeugt sein muss. Umgekehrt ist jeder Himmelsbewohner gehalten, eine Himmelsehe zu führen, auch der Zölibatär. Bleibt ein solcher hartnäckig, darf er nur in einem Randbezirk des Himmels weilen.[80] Die Zusammenführung der Liebenden ist also das Hauptziel des Geschenks, das Gott mit dem Himmel macht. Unter den bildenden Künstlern hat unter dem Einfluss des schwedischen Visionärs diesem Aspekt vielfach *William Blake* Rechnung getragen. In seinen Bildern vom Jüngsten Gericht sieht man in mannigfachen Variationen Begegnungen von Männern und Frauen oder ganzen Familien in liebender Umarmung (Abb. 46). Als dichterischer Beleg kann ein Auszug aus Schillers Poem „Elysium" dienen (S. 109). Es beschreibt den postmortalen Zustand des Glückes – aber dieser heißt nicht mehr Himmel, sondern trägt den Namen des griechischen Orts der Seligen. Gott kommt nicht mehr vor. Himmel ist eine ewige Hochzeit.

Abb. 45: Innenkuppel der wieder aufgebauten Frauenkirche in Dresden mit den Gemälden (1734) von Giovanni Battista Grone (1682–1748), Rekonstruktion durch den Dresdner Künstler Christoph Wetzel (geb. 1947), Einweihung 2005
Die ursprünglich vom kursächsischen Hofmaler aus Venedig geschaffenen, in ihrer spätbarocken lichten Gestaltung neu entstandenen Kuppelgemälde im 1945 zerstörten evangelischen Gotteshaus unweit der katholischen Hofkirche zeigen die vier Evangelisten als Verkörperung der lutherischen Lehre vom Primat der Bibel *(sola scriptura,* „allein die Schrift") im Wechsel mit Glaube, Hoffnung und Liebe, den drei „theologischen Tugenden" nach 1 Kor 13,13, zusammen mit der Barmherzigkeit.

Es ist eigentlich nur mehr ein kleiner Schritt bis zur Frage, ob man nicht, statt dem Traum eines ungewissen transzendenten Ort des Glücks nachzuhängen, lieber gleich alle Anstrengungen darauf richten sollte, unsere Erde menschlicher, vollkommener, himmlischer zu machen. Er scheint sich nahe zu legen aus zwei Gründen. Die Naturwissenschaften hatten unwiderlegbar nachgewiesen, dass es keinen Raum im All für den Himmel gebe und dass das irdische Paradies als dessen Ur-Ort eine Utopie, also kein Ort sei. Der philosophische Materialismus des 19. Jh. hatte darüber hinaus den Finger auf die Wunde der sozialen Missstände in Europa und in Übersee gelegt. Die herrschenden Klassen hatten die Menschen ausgebeutet und ihnen als Palliativum ihrer Qualen einen künftigen Himmel vorgegaukelt, wo ihnen der Ausgleich zuteil werden würde für ihre hiesigen Leiden (vgl. Abb. 47). Heinrich Heine hat in seinem satirischen Epos „Deutschland. Ein Wintermärchen" (S. 109) die leeren Versprechungen scharf gegeißelt. Karl Marx hat um die gleiche Zeit sein Bild von der klassenlosen Endzeit im vollendeten Kommunismus entworfen.

Wir kennen den Ausgang der Geschichte: Solche Ideen der Verhimmelung des Irdischen fanden erst einmal überwältigende Aufnahme – angesichts der furchtbaren sozialen Zustände wenig verwunderlich – und verbreiteten sich – nicht immer auf freiwillige Weise – über die halbe Welt. Aber sie gerieten spätestens in Misskredit, als sie kulturell und politisch von verbrecherischen Naturen wie Hitler, Stalin, Pol Pot vertreten und durchgesetzt wurden. Sie alle suchten den „neuen Menschen" zu schaffen – aber der war keine paradiesische Natur. In den Stürmen der Weltkriege des 20. Jh., in den Schrecken der Gaskammern von Auschwitz, in den Brutalitäten des Archipel GULAG sind die Ideologien vom irdischen Himmel nahezu überall eines elenden Todes gestorben. Auch die Naturwissenschaften haben nicht jene Befreiung von bedrückenden Ideogrammen gebracht, die die Gegner der Religion er-

hofften (vgl. Abb. 48). „Den sichtbaren und den messbaren Himmel haben wir erforscht. Aber wo bleibt eigentlich der andere, der raum- und zeitlose, der metaphysische Himmel, von dem die Weisen aller Zeiten und Kulturen sprachen? Haben wir zuviel im falschen Himmel gesucht?" So fragt der Philosoph Frieder Lauxmann auf der Suche nach der Welterklärung heute[81], da der Katzenjammer der Postmoderne die Menschen in Depressionen und heftige Krisen stürzt. Das Jenseits-Denken, die Himmels-Spekulation, die Suche nach dem Transzendenten und damit nach menschlicher Erfüllung sind in eine Krise sondergleichen geraten.

Abb. 46: William Blake (1757–1827), „Zusammenführung einer Familie im Himmel", 1808; Stich von Louis Schiavanelli (1765–1810) nach einer Zeichnung von Blake, erschienen in „The Grave" von Robert Blair, London 1898; Melbourne, National Gallery of Victoria
Wie die Geschwister, so umarmen sich auch die Eltern zum Zeichen des glücklichen Wiedersehens, das nie mehr enden soll. Die erotische Anmutung der Begegnung von Vater und Mutter, Mann und Frau, erinnert an Figuren auf Blakes Darstellungen des Jüngsten Gerichts.

Friedrich Schiller, „Elysium", in: Werke in 12 Bänden, hg. v. G. Lachenmaier, Berlin-Leipzig, Band 1: Gedichte der ersten, zweiten und dritten Periode, o. J., S. 27 f.

„Vorüber die stöhnende Klage!
Elysiums Freudengelage
Ersäufen jegliches Ach –
Elysiums Leben
Ewige Wonne, ewiges Schweben,
Durch lachende Fluren ein flötender Bach.
Jugendlich milde
Beschwebt die Gefilde
Ewiger Mai;
Die Stunden entfliehen in goldenen Träumen,
Die Seele schwillt aus in unendlichen Räumen.
Wahrheit reißt hier den Schleier entzwei.

Unendliche Freude
Durchwallet das Herz.
Hier mangelt der Name dem trauernden Leide;
Sanftes Entzücken nur heißet hier Schmerz.

...

Hier umarmen sich getreue Gatten,
Küssen sich auf grünen, samtnen Matten,
Liebgekost vom Balsamwest;
Ihre Krone findet hier die Liebe,
Sicher vor des Todes strengem Hiebe
Feiert sie ein ewig Hochzeitsfest."

Heinrich Heine, „Deutschland. Ein Wintermärchen" (1844), Caput 1, Strophen 7–12, in: Werke, hg. P. Stapf, München, o. J., S. 610 f.

„Sie sang das alte Entsagungslied,
Das Eiapopeia vom Himmel.
Womit man einlullt, wenn es greint,
Das Volk, den großen Lümmel.

Ich kenne die Weise, ich kenne den Text,
Ich kenn auch die Herren Verfasser;
Ich weiß, sie tranken heimlich Wein
Und predigten öffentlich Wasser.

Ein neues Lied, ein besseres Lied,
O Freunde, will ich Euch dichten!
Wir wollen hier auf Erden schon
Das Himmelreich errichten.

Wir wollen auf Erden glücklich sein,
Und wollen nicht mehr darben;
Verschlemmen soll nicht der faule Bauch
Was fleißige Hände erwarben.

Es wächst hinieden Brot genug
Für alle Menschenkinder,
Auch Rosen und Myrten, Schönheit und Lust,
Und Zuckererbsen nicht minder.

Ja, Zuckererbsen für jedermann,
Sobald die Schoten platzen!
Den Himmel überlassen wir
Den Engeln und Spatzen."

Abb. 47: Anne-Louis Girodet-Trioson (1767–1824), „Apotheose der für das Vaterland gefallenen französischen Heroen", 1802, 192 x 182 cm; Paris, Musée National de Malmaison

Der Schüler des Klassizisten Jacques-Louis David präsentierte sein Werk im Pariser „Salon" von 1802. Es ist ein Beispiel für die ideologische Instrumentalisierung von zeitgenössisch inszenierten Verheißungen für das Jenseits. Sie dienen hier einer Verklärung des „Heldentods" in den napoleo-

nischen Eroberungskriegen: Der greise und erblindete Sänger-Held Ossian aus der gälisch-schottischen Sagenwelt empfängt die Gefallenen in einem von Nereiden bevölkerten Himmel in der Tradition des antiken Elysiums.

Abb. 48: Rudolf Hausner (1914–1995), „Laokoon in der Umlaufbahn", 1969, 210 x 185 cm; Aachen, Ludwig Forum für Internationale Kunst
Mit der Erforschung des Weltraums verband sich seit den 1950er Jahren das militärisch motivierte Ziel seiner „Eroberung". Sie war als eine von Transzendenz weitgehend losgelöste Form der Himmelsutopien geeignet, von den Problemen auf der Erde abzulenken. Laokoon, „unempfänglich für konformistische Suggestionen" (Hausner), wird als störender Mahner im Weltraum entsorgt.

Detail der Altarwand von Georg Meistermann, Abb. 49

DIE ABSTRAKTION DES HIMMELS. Denken und Erfahrung der Moderne warfen alle traditionellen Phantasien und Ideen vom Jenseits dem Augenschein nach über den Haufen. Die Theologie war nun endlich gezwungen, wollte sie das Glaubensgut schützen, aus ihrer überlangen eschatologischen Erstarrung aufzuwachen und die Herausforderungen der gewandelten Welt anzunehmen. Das hatte für die Himmels-Thematik die unmittelbare Folge einer Absage an praktisch alle Realisierungen, mit denen das Christentum groß geworden war und die nur zu oft materialistisch (miss)verstanden worden waren. Dem wurde nun entschieden Absage erteilt. Für die 2. Auflage des renommierten katholischen „Lexikons für Theologie und Kirche" schrieb 1960 der damals 33-jährige Dogmatiker *Joseph Ratzinger* die theologisch relevanten Abschnitte des Artikels „Himmel". Der Eingang zum „systematischen Teil" lautet: „H(immel) ist das theologische Bildwort für den endgültigen Heilszustand der durch Christus mit Gott für immer vereinten, geretteten Menschen."[82] Allzu konkrete Vorstellungen himmlischer Zustände verbieten sich damit für ernstes Denken. Auch der rund ein Jahrzehnt ältere evangelische Systematiker Wilfried Joest verwahrt sich in der 1986 publizierten „Dogmatik" gegen eine Ausmalung des ewigen Lebens. „Man kann hier so wenig mit anschaulichen Beschreibungen antworten wie auf die Frage: Wie geschieht das, Auferweckung der Toten." Man kann lediglich sagen: „Wir erwarten das Leben, in dem wir befreit sein werden von allem in uns, was uns jetzt noch und immer wieder von Gott trennt – Leben in der vollendeten, durch nichts mehr in Frage gestellten Gemeinschaft mit dem Vater."[83] Solche Äußerungen geben in der letzten Hälfte des vergangenen Jahrhunderts auch die offizielle Meinung der Kirchen wieder. Im Jahr 1979 erklärt jene Glaubenskongregation in Rom, die wenig später Ratzinger leiten sollte: „Wenn es sich aber um die Lage des Menschen nach dem Tod handelt, muss man sich in

Abb. 49: Georg Meistermann (1911–1990), Altarwand der Oberkirche der zweigeschossigen katholischen Pfarrkirche Maria Regina Martyrum, der Gedächtniskirche der deutschen Katholiken für die Opfer des Nationalsozialismus, geweiht 1963
Die dominierende abstrakte Gestaltung durch kontrastierende düstere und lichte Farbflächen ist mit einem Stilbruch behaftet: Traditionelle „gegenständliche" Symbole: das Auge Gottes, eine Sichel (Offb 14,15) und das gekrönte Christuslamm Agnus Dei.

besonderer Weise vor Vorstellungen hüten, die sich einzig auf die Erdichtung und Willkür der Einbildungskraft *(mentis fictione et arbitrio)* stützen: solche Maßlosigkeit ist nämlich ein nicht unwesentlicher Grund für Schwierigkeiten, auf die der christliche Glaube oft stößt. (...) Weder die Heilige Schrift noch die Theologen bieten genügend Licht, um das künftige Leben nach dem Tod richtig zu beschreiben." Man könne, fährt das Dokument *Recentiores episcoporum synodi* fort, nur sagen, dass ein Zusammenhang mit dem derzeitigen Leben besteht und dass sich beide Formen sehr unterscheiden. Der „Ordnung des Glaubens folgt die Ordnung des vollen Lichtes nach". Wem das zu wenig anschaulich ist oder noch immer zu viel Metaphorik, der bekommt den Rat: „Wenn aber unsere Vorstellungskraft nicht bis dahin vorzudringen vermag, so gelangt unser Herz aus eigenem Antrieb und zuinnerst dorthin."[84] Der von der Vereinigten Evangelisch-Lutherischen Kirche Deutschlands (VELKD) herausgegebene „Evangelische Erwachsenen Katechismus" stellt nur mehr fest, ohne sie eigens noch anzuführen, dass heute die Jenseitsvorstellungen ihre Plausibilität verloren haben. „Aber man wird den Preis dafür auch nennen müssen: Seit dieser Säkularisierung des Jenseits hat sich eine Sprach- und Bildlosigkeit verbreitet, die heute oft schweigsam macht angesichts des Ewigen."[85]

Der Himmel hat also Gestalt und Farbe auch bei den Christinnen und Christen eingebüßt. Ein konturloses, graues Gebilde solcher Art kann einem Menschen der Gegenwart so wenig Zielbegehren sein wie der scholastische Himmel den Leuten in der Renaissance. Es versteht sich, dass es nunmehr auch keine nennenswerten künstlerischen Darstellungen des Jenseits, speziell des Himmels gibt. Wo sie noch versucht werden, sind sie reine Abstraktion. 1962 wird in Berlin-Charlottenburg als Gedächtnisstätte für die Opfer des Nationalsozialismus die Pfarrkirche Maria Regina Martyrum eingeweiht. Georg Meistermann gestaltete die Altarwand (Abb. 49). Aus düsteren Farbflächen bricht das Licht der Ewigkeit in den Raum ein. Ein Auge und ein gekröntes Christuslamm deuten auf die Gottheit. Die Sichel mahnt daran, dass der Weg zur Herrlichkeit die Pforte des Todes ist. Himmel ist reines Licht. Damit wird die ursprüngliche Tradition der Himmelstheozentrik und der mystischen Schau einer Hildegard von Bingen oder einer Mechthild von Magdeburg wieder aufgenommen. Die ihr geweihte Kirche in Magdeburg-Nord besitzt ein Betonglasfenster, das 1983 Christoph Grüger entworfen hat. Die Himmelsschau der Seherin von Helfta wird in leuchtenden Farben aufgefangen und übt ihre Impulse auf die Meditation der Beschauer lebhaft aus (Abb. 50). Man darf fragen, ob sie so wirkmächtig werden wie einst die Versinnbildungen der ewigen Glorie Gottes und der Menschen. Sinistre Schlüsse legen sich nahe.

Abb. 50: Fenster von St. Mechthild in Magdeburg-Nord, entworfen von Christoph Grüger, ausgeführt von der Glaswerkstatt Lehmann in Berlin-Weißensee, 1983
Die abstrakte Gestaltung mit den assoziativen Formen des (Himmels-) Bogens und der Welle bezieht sich auf die Himmelsvision in dem mystischen Werk „Das fließende Licht der Gottheit" der kanonisierten Seherin und Äbtissin des Zisterzienserinnenklosters Helfta, heute ein Stadtteil von Eisleben, Mechthild(is) von Magdeburg (1207–1282). Vgl. S. 95.

Die Geschichte des Himmels am Ende.

Diese Überschrift kann wenigstens in dreifacher Richtung gelesen werden. Literarisch meldet sie, dass diese Ausführungen zum Schluss gekommen sind, das Thema im Rahmen des Möglichen abgeschlossen ist. Auf einem Gang durch 3.600 Jahre von der *Himmelsscheibe von Nebra* (Abb. 8) bis zum modernen Chorfenster von St. Mechthild (Abb. 50) sind wir an den Punkt gelangt, wo Geschichte nicht mehr ist, sondern sich bildet, in der Gegenwart. Sachlich kann die Überschrift signalisieren: An diesem Punkt hat die Geschichte der Himmelsvorstellungen ihr thematisches Ende gefunden. Diese bestimmen nicht mehr wie die Jahrtausende zuvor das Denken und die Vorstellungen, die Phantasie und die Imagination der Menschen. Ob Christen oder Heiden, Atheisten oder Theisten – das Häuflein derer, die sich für das Jenseits interessieren, schrumpft ins Unerhebliche. Die Öffentlichkeit hat andere Sorgen, auch die kirchliche. Man darf aber die Überschrift auch prospektiv lesen, d.h. von dem Punkt aus, an dem Geschichte noch nicht ist, sondern erst wird, also auf Zukunft hin. Wohin führt die Kategorie des Himmels, die die Menschheit begleitet, am Ende, wenn man alles in allem abwägt und bedenkt?

Die Behauptung darf getrost aufgestellt werden: Sie hört nicht auf, sie ist nicht am Ende! In Ödon von Horváths Dichtung „Jugend ohne Gott“, einer im Schulbereich spielenden Kriminalgeschichte, erinnert sich der erzählende Lehrer an den fußballbegeisterten toten Schüler W., den Kleinsten und Freundlichsten von allen. Er macht sich Gedanken über dessen postmortales Schicksal. „Wo bist du jetzt? Hat dich ein Engel geholt, wie im Märchen? Flog er mit dir dorthin, wo all die seligen Fußballer spielen? Wo auch der Tormann ein Engel ist und vor allem der Schiedsrichter, der abpfeift, wenn einer dem Ball nachfliegt? Denn das ist im Himmel das Abseits. Sitzt(!) du gut? Natürlich: Dort oben sitzt jeder auf der Tribüne, erste Reihe, Mitte, wäh-

rend die bösen Ordner, die dich immer hinter dem Tor vertrieben, jetzt hinter lauter Riesen stehen und nicht aufs Spielfeld schauen können."[86] In der anrührenden Überlegung leuchtet eine Wirklichkeitsebene auf, die scheinbar in Augenhöhe zu den vielen phantastischen Produkten der Himmels-Geschichte steht, in Wirklichkeit jedoch alle übersteigt und nahe dem tatsächlichen Pol des Topos Himmel Raum hat. Seinem innersten Mark und Kern nach besagt er: Im Herzen jedes Menschen lebt eine unzerstörbare Sehnsucht nach dem Vollkommenen, nach der Vollendung, nach Erfüllung von Leben in allen denkbaren Dimensionen. Die Rationalität des Menschen lässt ihn gewiss werden: Sie ist in unserem Leben in dieser Zeitlichkeit und in dieser Räumlichkeit nicht oder bestenfalls fragmentarisch zu verwirklichen. Dennoch bleibt sie. Die Begierde verlangt nach Genuss, und im Genuss wird das Begehren wach, wie einst bei Faust. Es ist durch *niemanden* und durch *nichts* zu stillen. Wird diese Behauptung transponiert in die Befindlichkeit der Dauer – *niemals* stillbar auf dieser Erde – gestaltet sie das Leben wahrhaft zur Hölle. Daran aber vermag niemand gleichzeitig zu glauben und dann noch weiter zu leben. Die Sinnhaftigkeit des Menschseins selbst wäre nicht mehr zu halten.

So dürfen wir in beherzter Tapferkeit gewiss sein: Der *Sehnsucht* nach dem Unendlichen entspricht unendliche *Erfüllung*. Da wir aber eben das nicht zu imaginieren vermögen, die Unendlichkeit, bleiben alle Himmelsvorstellungen notwendig und unvermeidlich vage, vieldeutig bis hin zur Absurdität. Aus diesem gleichen Grund freilich lassen sie sich in der Menschheitsgeschichte nicht unterdrücken. Sie leben wieder und wieder auf, innerhalb der etablierten Religionen wie in Sekten, visionären Zirkeln, esoterischen Konventikeln. Offenbar gehören sie zum Geist-Leib-Wesen Mensch. Sie lassen sich auch nicht gänzlich reduzieren zu fahler Unbildlichkeit, wollen sie nicht seine Menschlichkeit verhöhnen.

Im Klartext: Was soll man jemandem sagen, der fragt, ob man im Himmel *Eis essen, Fußball spielen, trinken und essen* und der *sinnenhaften Liebe* pflegen kann? Der bedeutende Religionspädagoge Klemens Tillmann – er wirkte vor rund 50 Jahren – pflegte zu antworten: *Was schön und fröhlich ist an alledem, das gibt es auch im Himmel, nur noch viel, viel schöner und fröhlicher.* Man darf sich also freuen – und die Geschichte des Himmels ist so wirklich eine wirklich endlose Geschichte. Es gibt wohl kaum jemanden, der so viel von Seligkeit und Herrlichkeit des Himmels gewusst hat, wie jener Bildhauer, der gegen 1230 am Bamberger Dom die Seligen in Abrahams Schoß schuf (Abb. 51). Vier nackte Gestalten freuen sich in der Geborgenheit des biblischen Urvaters, einer Hauptfigur in der eschatologischen Jesus-Geschichte vom Reichen und vom Armen (Lk 16, 19–31). Zwei sind in der Unbill der Zeiten kopflos geworden. Dafür hat ein altes Ehepaar ihr standgehalten. Man sollte sich die Zeit nehmen, sie anzuschauen und eine stille Zwiesprache mit ihnen aufzunehmen. Sie werden uns nicht sagen, was sie sehen. Wir ahnen es auch so. Dass sie etwas unendlich Beglückendes im Himmel schauen, das vermitteln sie und wecken Verlangen und im Verlangen unbezwingbare Hoffnung.

Mit unserer eigenen geht auch die Geschichte des Himmels weiter.

Abb. 51: „Abrahams Schoß", frühgotische Bauplastik des „Fürstentors" am nördlichen Seitenschiff des Bamberger Doms, um 1230
Das eschatologische Bildprogramm des seitlichen Eingangs zum Langhaus, eines von vier Portalen des Doms, umfasst das Jüngste Gericht am Tympanon, die Allegorien Ecclesia (Christentum) und Synagoge (Judentum), einen Posaunenengel sowie auf dem linken Gewändekämpfer das neutestamentliche Sinnbild des Paradieses (vgl. Abb. 4) mit als Selige nackt dargestellten Figuren (vgl. Abb. 5).

Ikonographie des Himmels

Einführung. Der Blick in einen allegorischen Götterhimmel im Stil des Rokoko eröffnet dieses Kapitel. Als bestimmter Typus eines Himmelsbildes soll das Deckengemälde der einleitenden Verständigung über das Erkenntnisinteresse der Ikonographie dienen: Als „Bildbeschreibung“ beschäftigt sich die ikongraphische Betrachtungsweise in zweierlei Hinsicht mit der Kunst- und Kulturgeschichte: Sie verfolgt einerseits die Tradition bestimmter Darstellungen mit wechselnden Inhalten und andererseits die Tradition bestimmter Inhalte, die auf unterschiedliche Weise dargestellt werden. Unter diesen beiden Gesichtspunkten widmen sich die sechs Teile, in die sich das Kapitel gliedert, dem Thema „Himmel“.[1]

Die Nymphenburger Dekoration eines Festsaals bietet in Gestalt des Regenbogens im Zentrum des Deckengemäldes (Abb. 1) ein Motiv mit unterschiedlichen Bedeutungen. Hier basiert es auf der antiken Mythologie, in welcher der Regenbogen als Verkörperung der menschenfreundlichen Götterbotin Iris gilt oder als Bahn betrachtet wird, auf der Iris zur Erde gleitet. Dieselbe siebenfarbige Lichterscheinung dient im Buch Genesis als Zeichen des Bundes, den Gott nach der Sintflut mit Noach und allen Lebewesen auf der Erde schließt. Diese Bedeutung vergegenwärtigt Joseph Anton Kochs „Landschaft mit dem Dankopfer Noahs“ (Abb. 80).[2]

Die unterschiedliche Verbildlichung eines Themas, zum Beispiel der Bahn der Sonne entlang des Firmaments, lässt sich ebenfalls anhand des Nymphenburger Deckengemäldes und weiterer Vergleichsbilder veranschaulichen. Über jenem Regenbogen lenkt Phoebus Apollo seinen Sonnenwagen, ähnlich wie im Würzburger Kaisersaal (Abb. 38). Von diesen Allegorien der Sonne unterscheidet sich diametral die konzentrische Darstellung der Planetenbahnen, einschließlich der Sonne (Abb. 27).

Mit dem neuzeitlichen Illusionismus in der Darstellung eines figuren- und ereignisreichen, zuletzt leeren Himmels[3] kontrastieren schlagartig die Bildbeispiele des nun folgenden Teils „Schöpfungsmythen“. Sein Ausgangspunkt ist die mittelalterliche Projektion des Himmelsraumes auf die Fläche als Kreis oder Halbkreis. Daraus ergibt sich die Formsymbolik von Kugel, Kuppel oder Halbkuppel, deren Bedeutung vom Firmament als „Himmelsschale“ bis zum alle Sphären umfassenden kosmischen Bildzeichen reicht.

Das einführende Gemälde verbindet auf allegorische Weise Himmel und Erde. Auch dieses Leitmotiv des gesamten Kapitels greift der Teil „Schöpfungsmythen“ auf, beginnend mit dem Untertitel: „Im Anfang schuf Gott Himmel und Erde“ – die Erde bedarf des Himmels und umgekehrt; gemeinsam ergeben sie die Welt. Dies bezeugt auch der zweite Teil. Er betrachtet „Sphaira und Zodiakus“, gefolgt von der Beziehung zwischen „Himmelsregionen und Sakralbau“ sowie Bildern zum Thema „Das Jenseits“.

Diesem überwiegend formalen und formsymbolischen Zugang zur Ikonographie des Himmels folgen Beispiele einer illustrativen Verbildlichung von „Himmelsgeschichten“. Als Abschluss dient der Teil „Zeichen am Himmel“. Er reicht vom Mittelalter bis zum Beginn der Moderne.

Abb. 1: 1756 erhielt der Maler und Stukkateur Johann Baptist Zimmermann (1680–1758) den Auftrag, den Festsaal in Schloss Nymphenburg neu auszustatten. Die Seiten des Deckengemäldes beziehen sich auf die Topographie des Schlosses und damit des Saales: Auf der Gartenseite (unten) erscheint Flora, auf der gegenüberliegenden Stadtseite Apollo mit Athene und den Musen. Darüber wölbt sich illusionistisch der Himmel mit Phoebus Apollo über dem Regenbogen; er erhebt einen Pfeil als Symbol der Sonnenstrahlen. Auf Wolkenbänken thronen Götter. Der Regenbogen symbolisiert hier das Zusammenwirken von Sonne und Regen. Diesen himmlischen Naturelementen verdanken die Pflanzen des Schlossgartens, aber ebenso des gesamten Landes ihr Gedeihen. Dies wiederum kennzeichnet allegorisch die Wohltaten des Landesherrn.

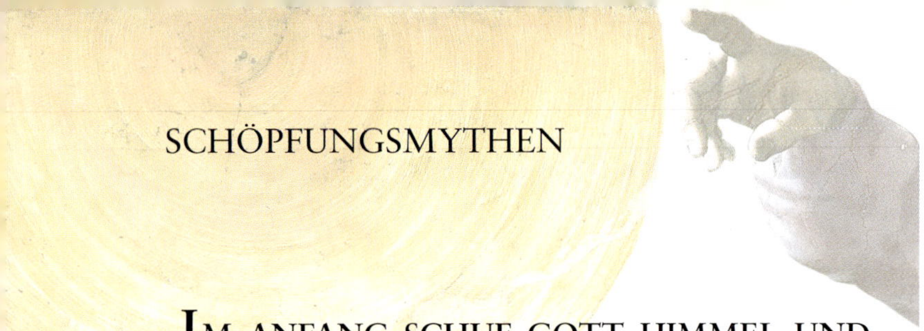

Erschaffung der Sonne, Ausschnitt aus dem Deckenfresko von Michelangelo in der Sixtinischen Kapelle im Vatikan (Abb. 7)

„IM ANFANG SCHUF GOTT HIMMEL UND ERDE.“ Die Bibel bzw. die Tora beginnt mit zwei Schöpfungsberichten: mit einem jüngeren, priesterlichen (Gen 1,1–2,4a) und dem älteren (Gen 2,4b bis 25). Beide schicken jeweils eine umfassende Botschaft voraus: „Im Anfang schuf Gott Himmel und Erde“ (Gen 1,1) bzw. „Zur Zeit, als Gott, der Herr, Erde und Himmel machte“ (Gen 2,4b).

Doch weder der in sieben Tage gegliederte erste Schöpfungsbericht noch der zweite, der vom Garten Eden bzw. dem irdischen Paradies handelt, berichtet von der Erschaffung eines transzendenten Himmels, sondern von der Erde und ihren Lebensbedingungen unter dem am zweiten Tag errichteten Gewölbe des Firmaments.

Die Werke einer bildkünstlerischen Veranschaulichung des göttlichen Sechstagewerks, mit der Segnung der vollendeten Schöpfung am siebten Tag, enthalten eine Auseinandersetzung mit der deutschen Doppelbedeutung des Begriffs Himmel (lat. *caelum),* bezeichnet er doch das physikalische, als Erscheinung sinnlich wahrnehmbare Firmament und eine metaphysische, transzendente Sphäre. Im Englischen verdeutlicht das Begriffspaar *heaven* und *sky* diese Doppelbedeutung von „Himmel“.

Ein Beispiel für die spätmittelalterliche Verbildlichung des ersten Schöpfungsberichts in der Buchmalerei sind fünf Miniaturen (Abb. 2), die sich auf die ersten fünf Tage beziehen. Gemeinsam ist zum einen die Kreisform als Abbild der gleichsam auf die Fläche projizierten Weltkugel und somit der physikalischen Einheit von Himmel und Erde. Zugleich besitzt der Kreis die formsymbolische Bedeutung der Vollkommenheit analog zum Vers „Und Gott sah, dass es gut war“, der den ersten Schöpfungsbericht durchzieht und schließlich am Ende des 6. Tages zusammenfasst: „Gott sah alles an, was er gemacht hatte: Es war sehr gut“ (Gen 1,31).

Zum anderen ist diesen fünf Miniaturen die transzendente, seine Schöpfung ‚von außen‘ ins Werk setzende Gestalt des Schöpfers gemeinsam. Ihr ‚Januskopf‘ mit einem bärtigen und einem bartlosen Gesicht symbolisiert die Einheit von Gottvater und Gottsohn im trinitarischen Gottesbegriff.

Die Präexistenz von Gottsohn vor aller Schöpfung und der Redegestus mit ausgestreckter Hand entsprechen dem Johannesprolog, der den Beginn des Buches Genesis mit den neuen Worten der Logos-Lehre aufgreift und zur Inkarnation Gottes in Jesus Christus hinführt: „Im Anfang war das Wort (griech. *logos)*, und das Wort war bei Gott, und das Wort war Gott. Im Anfang war es bei Gott. Alles ist durch das Wort geworden, und ohne das Wort wurde nichts, was geworden ist. (...) Und das Wort ist Fleisch geworden und hat unter uns gewohnt, und wir haben seine Herrlichkeit gesehen, die Herrlichkeit des einzigen Sohnes vom Vater, voll Gnade und Wahrheit“ (Joh 1,1–3.14).

Auch ein Detail der ersten Miniatur steht in Verbindung mit dem Neuen Testament: die Gestalt eines Lammes im Zentrum des Kreises. Es ist als Agnus Dei (Lamm Gottes) ein Christussymbol, insbesondere in der Offenbarung des Johannes (z. B. Offb 5).

Diese erste Miniatur löst sich darüber hinaus am stärksten von seiner Textvorlage, indem die Trennung von Licht und Finsternis, von Tag und Nacht als grundlegende (physikalische) Voraussetzung des Lebens auf der Erde mit dem Thema des Engelstur-

Abb. 2: Miniaturen zum Beginn des Buches Genesis in der um 1360 in Neapel entstandenen Planisio-Bibel, benannt nach dem Auftraggeber Abt Matteo Planisio; Vatikanstadt, Biblioteca Apostolica Vaticana, Vat. lat. 3550, fol. 5v
Die fünf Teile eines vertikalen Bildstreifens widmen sich den ersten fünf Tagen des Sechstagewerks, beginnend mit der Trennung von Licht und Finsternis. Diese Trennung scheidet Gut und Böse, symbolisiert durch den Sturz der von Gott abgefallenen und in Dämonen verwandelten Engel aus dem Himmel. Es folgen: die Errichtung des Himmelsgewölbes im Chaoswasser, das dieses in Wasser über dem Gewölbe und Wasser darunter trennt (2. Tag), die Trennung von Wasser und fruchtbarem, von Pflanzen bewachsenem Erdreich (3. Tag), die Erschaffung der Gestirne (4. Tag) sowie der Lebewesen in der Luft und im Wasser (5. Tag).

Abb. 3 und 4: Meister Bertram (um 1340–1414/15), 1. und 2. Tag der Schöpfung, zwei Bilder des Petrialtars, vollendet 1383, Höhe jeweils ca. 90 cm; Hamburg, Kunsthalle

Den beiden ersten Teilen des 24-teiligen Bilderzyklus ist die jeweils zweifache Darstellung des Göttlichen gemeinsam: als Gestalt des Schöpfers und als Antlitz in der Tradition des Christusbildes. Wie die „januskköpfige“ Schöpfergestalt der Planisio-Bibel (Abb. 2), so bringt auch diese Doppelung zum Ausdruck, dass Gottes Schöpfung von Anbeginn die Voraussetzungen der Heilsgeschichte enthält: Christus existiert vor aller Schöpfung.

Abb. 5: Meister Bertram, 4. Tag der Schöpfung

Der Bilderzyklus des Petrialtars vertauscht den 4. mit dem 3. Tag der Schöpfung. Somit beziehen sich die ersten drei Bilder ausschließlich auf den Himmel. Erst mit dem vierten Bild folgt die Erschaffung der Erde und der Pflanzen am 3. Tag.

zes verbindet: Ein Teil der Licht-Engel zu beiden Seiten des Schöpfers verwandelt sich in schwarze Dämonen und stürzt ins Bodenlose. Der Schauplatz dieser Trennung von Gut und Böse liegt außerhalb der (physikalischen) Einheit von Himmel und Erde, vielmehr im Himmel in seiner metaphysischen Bedeutung. Vergleichbar ist der apokalyptische Sturz des Satans und seines Gefolges: „Der Drache und seine Engel verloren ihren Platz im Himmel“ (Offb 12,8).

Darstellungen des Engelsturzes auf Bildern zum 1. Tag der Schöpfung besitzen eine biblische Textgrundlage sowohl in der Offenbarung als auch im Buch Jesaja: „Ach, du bist vom Himmel gefallen, du strahlender Sohn der Morgenröte“ (Jes 14,12a). Dieser Vers gehört zum „Spottlied auf den König von Babel“ im 14. Kapitel; es verwendet den babylonischen Mythos von Helel, dem Sohn der Morgenröte. Er wurde in die Unterwelt gestürzt, als er in den Himmel aufsteigen wollte. In der jüdisch-christlichen Tradition verwandelte sich Helel in den „Lichtträger“ Luzifer; dessen Sturz mitsamt seiner Gefolgschaft geht die Anmaßung voraus: „Ich steige weit über die Wolken hinauf, um dem Höchsten gleich zu sein“ (Jes 14,14). An der Verbreitung der ikonographischen Verbindung von Engelsturz und

Abb. 6: Der 4. Tag der Schöpfung im Dom von Monreale, um 1180
Die Ausstattung mit Mosaiken umfasst mehr als 100 Einzelszenen. Der abgebildete Teil aus dem Schöpfungszyklus im Mittelschiff schildert die Erschaffung der Gestirne durch den auf einer kosmischen Kugel thronenden Schöpfer in der Gestalt Christi.

der Trennung von Licht und Finsternis war ab dem 14. Jh. die Bebilderung von zwei populären Lehr- und Andachtsbüchern beteiligt: der *Biblia pauperum* („Armenbibel") und des *Speculum humanae salvationis* („Heilsspiegel").

Während das kleinformatige Bild in der Planisio-Bibel den Engelsturz lediglich andeutet (Abb. 2), schildert ihn das Tafelgemälde des Meisters Bertram zum 1. Tag der Schöpfung (Abb. 3) als Drama zwischen Himmel und Erde: Oben erscheint ein von Wolkenbändern umrahmtes Antlitz als ein Zeichen der Präexistenz von Gottsohn und im Sinne des Jesuswortes „Ich bin das Licht der Welt. Wer mir nachfolgt, wird nicht in der Finsternis umhergehen, sondern wird das Licht des Lebens haben" (Joh 8,12). Wir werden dem Motiv der Wolken noch des Öfteren begegnen, denn: „Dass die Wolken dem Heil, der Seligkeit, der göttlichen Vollkommenheit verbunden sind, ist uns als christliche Bildvorstellung geläufig."[4]

Im unteren Teil seines Gemäldes zum 1. Tag der Schöpfung zeigt Meister Bertram eine Kugel, deren Rundung durch das von oben fallende Licht geklärt wird. Den Engelsturz verkörpern sieben affenartige Figuren, deren mittlere eine Krone trägt. Dieser Luzifer hält ein Spruchband mit der lateinischen Version des bereits zitierten Jesaja-Textes: *Ascendo super altitudinem nubium similis ero altissimo* (Jes 14, 14).

Der Engelsturz als Symbol der Trennung von Licht und Finsternis eröffnet Meister Bertrams 24-teiligen Bilderzyklus des 1383 vollendeten ehemaligen Hochaltars der Hamburger Petrikirche (Petrialtar in der Hamburger Kunsthalle). Dieser Wandelaltar zeigt bei geöffneten Außen- und geschlossenen Innenflügeln in der oberen Reihe sechs Gemälde zum Sechstagewerk des ersten Schöpfungsberichts und sechs Gemälde zu den Kapiteln Genesis 2 und 3 (Erschaffung Evas bis zur Arbeit von Adam und Eva ‚jenseits von Eden'), in der unteren Reihe sechs Gemälde von Kain und Abel (Gen 4) bis zur Segnung Jakobs durch Isaak (Gen 27), schließlich sechs Gemälde zum Beginn der Neuschöpfung mit der Verkündigung der Geburt Jesu (Lk 1) bis zur Flucht nach Ägypten (Mt 2). Die hier beginnende Vollendung der Heilsgeschichte wird bereits in den Bildern zum 1. und 2. Tag der Schöpfung durch das Himmelsantlitz symbolisiert (Abb. 3 und 4).

Meister Bertrams Malerei repräsentiert zahlreiche stilgeschichtliche Neuerungen im Übergang vom Spätmittelalter zur Neuzeit. Ebenso bedeutend ist der Übergang von der Darstellung des Schöpfers in Beziehung zu seinen Werken. Zwar befindet sich Meister Bertrams Schöpfer – wie jener auf den Mosaiken im Dom von Monreale (Abb. 6) und auf den Miniaturen der Planisio-Bibel (Abb. 2) – zunächst seinen Werken gegenüber (Tafeln 1 bis 3). Ab dem 4. Bild des Petrialtars, das sich dem 3. Tag der Schöpfung widmet, wird der Schöpfer inmitten seiner Schöpfung tätig. Diese bildliche Immanenz kennzeichnet die bedeutendste Malerei zur Schöpfungsgeschichte am Beginn der Neuzeit: Mehr als ein Jahrhundert nach Meister Bertrams Petrialtar schuf Michelangelo in der Cappella Sistina auf den drei Bildfeldern zum Sechstagewerk eine Schöpfergestalt als Verkörperung von Schöpfungsenergie. Ein Beispiel ist die Erschaffung der Pflanzen am 3. Tag und der Gestirne am 4. Tag der Schöpfung (Abb. 7). Auch diese Zusammenfassung führt eine bei Meister Bertram begonnene Entwicklung weiter. Die beim Petrialtar lediglich vertauschten Tage 3 und 4 sind in der Cappella Sistina Themen eines gemeinsamen Bildfeldes, sodass die Fruchtbarkeit der Erde und ihre Abhängigkeit von der Sonne eine in der Natur evidente Einheit bilden.

Der folgende Abschnitt widmet sich der Ikonographie der Gestirne im Zusammenhang altorientalischer Schöpfungsmythen am Beispiel Ägypten.

Abb. 7: Michelangelo Buonarroti (1475–1564), „Der 4. Tag der Schöpfung: Gott erschafft die Gestirne"; Vatikanstadt, Decke der Cappella Sistina (1508–12)
Teilansicht des – von der Altarwand aus gesehen – dritten Bildfeldes, zu dessen Themen auch die Erschaffung der Pflanzen am 3. Tag gehört. Hier verkörpert der immanente Schöpfer die gewaltige Schöpfungsenergie.

Abb. 8: Nut und Geb, Malerei auf Papyrus; London, British Museum
Der Körper der ägyptischen Himmelsgöttin Nut bildet den Himmelsbogen. Er wölbt sich über dem am Boden ausgestreckten Erdgott Geb. Dessen aufgerichtetes Geschlechtsglied symbolisiert einerseits die Berge, die in den Luftraum emporragen. Andererseits bezieht es sich auf den Mythos vom Liebesakt von Geb und Nut, durch den Himmel und Erde entstanden sind.

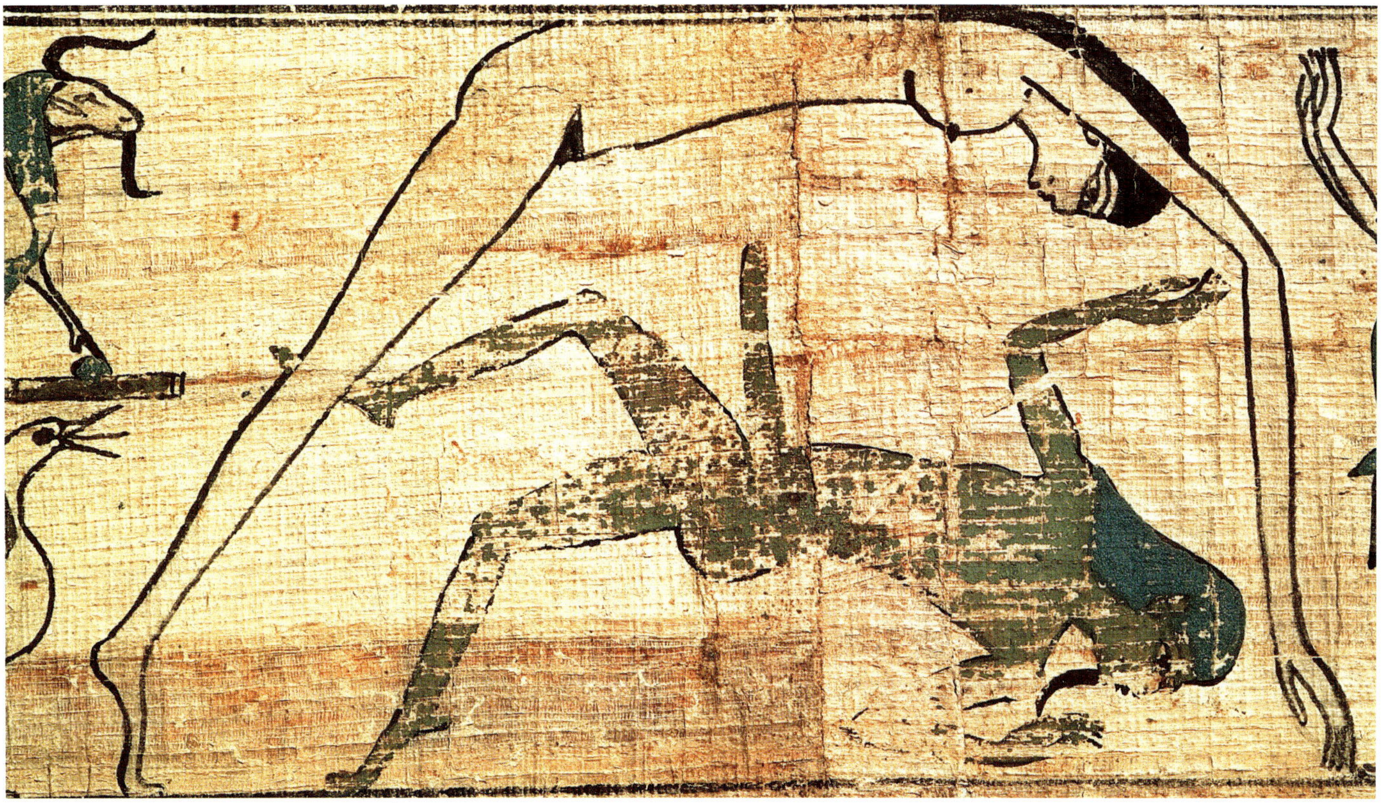

HIMMELS- UND SONNENGÖTTER. In einer der ersten Hochkulturen des Altertums, dem Reich der ägyptischen Könige, der Pharaonen, und einer mächtigen Priesterschaft entstanden im Verlauf von drei Jahrtausenden Mythen von der Entstehung der Welt und des Lebens. Ihre Entwicklungsphasen vermochte erst die neuere Forschung detailliert zu erschließen. Ein Merkmal ist die Personifizierung der elementaren Bedingungen des Lebens in Gestalt von Gottheiten und deren Genealogie.

Ein Beispiel liefert die Kosmologie von Heliopolis: Der Urgott Atum schuf das Götterpaar Schu („Luft") und Tefnut („Feuchtigkeit"). Schu und Tefnut brachten den Erdgott Geb und die Himmelsgöttin Nut hervor (Abb. 8), die aus genealogischer Sicht den „älteren Horus" Haroëris sowie die Paare Isis und Osiris, Seth und Nephthys zeugten. In einem Liebes- und Schöpfungsakt erschufen Geb und Nut die Erde und den gestirnten Himmelsbogen, über den der Urgott Chephre bei Tag die Sonnenkugel rollt, bis Nut sie am Abend verschlingt, um sie am Morgen von sich zu geben (Abb. 11).

Neben dem griechisch als Heliopolis („Sonnenstadt") bezeichneten Ort mit Sonnenheiligtum in der Nähe des heutigen Kairo (in der Bibel mit dem Namen On: Gen 41,45.50; 46,20; Ez 30,17) bestanden in Ägypten weitere religiöse Zentren mit eigenen kosmologischen Mythen. In Theben entstand aus einer Lokalgottheit der Hochgott Amun („Der Verborgene"). Er wurde im Mittleren Reich (ab 20. Jh. v. Chr., Residenz Theben) zum Reichsgott erhoben und im Neuen Reich (ab Mitte 15. Jh. v. Chr, Residenz ebenfalls Theben) als Sonnengott Amun-Re verehrt (Abb. 9). Das Mirakel der Sonnenfinsternis bedeutete Tod und Wiedergeburt des lebenserhaltenden Sonnengotts.

Abb. 9: Die Nachtfahrt des Sonnengottes Amun-Re, 14. Jh. v. Chr.; Theben (Luksor), Tal der Könige
Das Wandgemälde schildert einen Mythos vom Verschwinden der Sonne und ihrer Wiederkehr. Der Sonnengott, dargestellt mit Widderkopf und der roten Sonnenscheibe zwischen den Hörnern, fährt jede Nacht mit einer Barke vom Land seines „Untergangs“ im Westen auf einem unterirdischen Strom nach Osten, um am Morgen wieder in die Oberwelt zu gelangen. Im Totenbuch (S. 62/63) spendet dieser Mythos die Hoffnung auf eine Wiedergeburt aus der Totenwelt. Vergleichbar ist das „abstrakte“ Bildzeichen einer Sonnenbarke auf der astronomischen Himmelsscheibe von Nebra aus der Bronzezeit (S. 55).

Abb. 10: Der bestirnte Leib der Himmelsgöttin Nut, 2. Jh. n. Chr.; London, British Museum
Mit den Zehenspitzen und den Fingerspitzen berührt Nut als personifizierter Himmelsbogen die Erde. Sie ist zugleich die Beschützerin der Verstorbenen, und diese Darstellung befindet sich auf der Innenseite des Deckels eines hölzernen Sarkophags. Seitlich flankieren Tierkreiszeichen die Himmelsgöttin, und zwischen ihren Füßen symbolisiert der Käfer Skarabäus (vgl. Abb. 13) den Urgott Chephre (= „der aus der Erde Entstandene“). Wie der „heilige Pillendreher“ Skarabäus eine Kugel aus Dung vor sich herschiebt, so rollt Chephre die Sonne über den Himmelsbogen. In diesem Zusammenhang steht der Mythos, dass Nut am Abend die Sonne verschluckt und am Morgen wieder von sich gibt (Abb. 11).

Abb. 12: Echnaton und seine Gattin Nofretete verehren Aton, um 1350 v. Chr.; Kairo, Ägyptisches Museum
Der König und die Königin bieten Opfergaben dar. Die als konvexe Scheibe dargestellte Sonne und alleinige Gottheit der monotheistischen Aton-Religion Echnatons sendet Strahlen aus, die in Hände münden. Zwei davon halten vor der Stirn der Verehrenden das Lebenszeichen Anch. Reliefplatten wie diese entstanden wohl für Hausaltäre der Aton-Religion und sind charakteristische Werke der Amarna-Kunst. Echnatons Nachfolger Tutanchamun hieß zuerst Tutanchaton und änderte seinen Namen als Zeichen der Rückkehr von der monotheistischen Aton- zur polytheistischen Amun-Religion.

Abb. 11: Nut verschluckt am Abend die Sonne.
Detail eines Wandgemäldes im Grab Ramses' IV., um 135 v. Chr.; Theben (Luksor), Tal der Könige

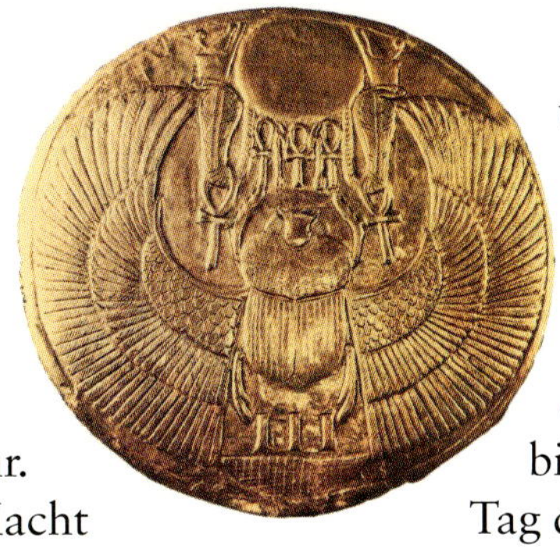

Abb. 13: Skarabäus auf einer goldenen Sonnenscheibe, um 1345 v. Chr.; Kairo, Ägyptisches Museum
Der „heilige Pillendreher" hat die Flügel des Licht- und Himmelsgottes Horus. Den Kopf umgibt in mehrfacher Gestalt das Lebenszeichen Anch. Das Werk der Goldschmiedekunst stammt aus dem 1922 wiederentdeckten Grab von Echnatons Nachfolger Tutanchamun.

Diese Scheibe trug den Namen Aton. Sie wandelte sich vom bloßen Attribut des Amun-Re zur höchsten und alleinigen, nie in menschlicher Gestalt dargestellten Gottheit. Mit dieser ersten monotheistischen Religion unternahm König Amenophis IV. um 1350 v. Chr. den religionspolitischen Versuch, die Macht der Amun-Priesterschaft im Interesse des Königtums zu brechen. Amenophis IV. verließ Theben (Luksor) und gründete 300 km flussabwärts am Ostufer des Nils die neue Residenz Achet-Aton (heute die Ruinenstätte Tell Al Amarna, Ausgrabung ab 1891). Er nannte sich nun Echnaton („Er gefällt Aton"). Zwar blieb die Aton-Religion dem traditionellen ägyptischen Polytheismus unterlegen und bildet religionsgeschichtlich eine Episode, allerdings verwandt mit dem Sonnenkult in den meisten antiken Religionen und mit Analogien etwa im Buch des Propheten Maleachi (Gott ist die „Sonne der Gerechtigkeit"; 3,20), bis hin zum christlichen Ruhetag bzw. Tag des Herrn statt am jüdischen Sabbat, am römischen *dies solis* („Tag der Sonne", daher Sonntag; Gesetz Konstantins d. Gr. 321 mit dem Arbeitsverbot für die Stadtbevölkerung).

Kunstgeschichtliche Bedeutung besitzt die mit der Aton-Religion verbundene Amarna-Kunst beispielsweise ikonographisch durch das symbolische Gottesbild als konvexe Scheibe mit Strahlen, die in Hände münden (Abb. 12). Auch entfallen alle priesterlichen Instanzen als Vermittler zwischen Gott und seinen Geschöpfen. Ein literarischer Spiegel der Aton-Religion sind die Sonnengesänge des Echnaton, mit Versen wie diesem Bekenntnis der Gotteskindschaft: „Du gehst auf für deinen Sohn, der aus deinem Körper entstiegen ist: Echnaton."

Nachzutragen bleibt das mosaische Verbot einer Anbetung des am 4. Tag erschaffenen Himmelslichts Sonne im Buch Deuteronomium (4,19 und 17,3) – ein Indiz für die Existenz von Sonnenanbetung. Ein Sonnenkult wurde in Juda unter König Manasse eingeführt (2 Kön 21,3.5) und 621 v. Chr. von Josia wieder abgeschafft (2 Kön 23,5.11).[5]

Abb. 14: Thronfigur des Licht- und Himmelsgottes Horus, polychrom bemalte Stele, um 1050 v. Chr.; Paris, Musée du Louvre
Attribute sind der Falkenkopf und die Sonnenscheibe mit Uräusschlange, dem Attribut der Pharaonen als Inkarnationen des Horus. Oben befindet sich zu beiden Seiten des Zeichens für Ewigkeit ein Heiliges Auge als Schutzzeichen. Aus genealogischer Sicht ist Horus, der auch vollständig als Falke oder als Kind dargestellt wurde, der postum gezeugte Sohn der Göttin Isis und ihres durch Seth ermordeten Bruders Osiris.

Abb. 16: In Bronze gegossenes hinduistisches Kultbild aus dem 17. Jh. Es stammt aus Südindien, dem neben Kaschmir und Bengalen wichtigen Verbreitungsgebiet des Shivaismus; Zürich, Museum Rietberg

Dargestellt ist der vierarmige Shiva als Weltentänzer in einem Feuerkreis als Symbol des in Flammen stehenden Kosmos.

Abb. 15: Shiva und Parvati im Himalaja auf dem Berg Kailash, dem Paradies des Götterpaares; London, Victoria and Albert Museum Parvati, in einen Sari gekleidet, gibt den Söhnen Ganesha und Karttikeya die Brust. Zur Ikonographie dieses Familienbildes gehören Symboltiere wie der Buckelochse Nandin, das hier neben Parvati ruhende Reittier Shivas. Parvatis Symboltier ist der Löwe, eine Ratte gehört zu Ganesha, dem meist mit einem Elefantenkopf dargestellten Gott der Weisheit, ein Pfau zu Karttikeya, der als Kriegsgott die Heerscharen Shivas anführt. Zu den Themen dieser Malerei aus dem 18. Jh. gehören am unteren Rand die Sterblichen, denen die im Jenseits lebende Shiva-Familie verborgen bleibt, doch deren Energien sollen auf die Gläubigen ausstrahlen.

Schöpfungszyklen. Im Hinduismus, der seine klassische Form ab dem 2. Jt. v. Chr. entwickelt hat, entspricht dem ewigen Kreislauf des Werdens und Vergehens die Lehre von einer zyklischen Vernichtung und Erneuerung des Kosmos. Diese Lehre steht in Zusammenhang mit der Trias der höchsten Gottheiten aus dem universalen Schöpfergeist Brahma, dem „Erhalter“ Vishnu und dem euphemistisch als „der Gnädige“ benannten Zerstörer Shiva. Aus dieser auch als Gestalt mit drei Köpfen dargestellten Trias, die drei Aspekte des Göttlichen repräsentiert, löste sich die besondere Verehrung je eines höchsten Gottes: des Vishnu (Abb. 17) und seiner verschiedenen Inkarnationen (Avataras), beispielsweise als Krishna im Vishnuismus und des Shiva (Abb. 15 und 16) im Shivaismus, den bestimmte Praktiken des Yoga kennzeichnen.

Abb. 17: Vishnu auf der Schlange Ananta in einer Darstellung aus dem 18. Jh. Ananta („der Unendliche“) ist die sich beständig rollende kosmische Schlange; sie hat auch den Namen Shesha („Rest“). Ananta bildet in der Periode zwischen der Zerstörung des Kosmos und dessen Neuschöpfung Vishnus Ruhelager und Baldachin. Aus Vishnus Nabel entspringt ein Lotos; er gehört zu den vier Attributen des Gottes. In dieser Zeit der Großen Auflösung nehmen die göttlichen Kräfte Gestalt an und richten sich als Mahadevi in einem apokalyptischen Kampf gegen die zerstörerischen Kräfte Madhu und Kaitabha.

DAS MANDALA. Weltweit symbolisieren in der Geschichte der religiösen Kunst zwei geometrische Figuren die beiden aufeinander bezogenen Bereiche aller Schöpfung; ein Kreis den Himmel und ein Quadrat die Erde. Zu sakraler und spiritueller Bedeutung entwickelte sich diese Konstellation im hinduistischen und buddhistischen Mandala (im Sanskrit die Bezeichnung für den Kreis), und zwar unter dem Einfluss des auf magischen und rituellen Praktiken beruhenden Tantrismus. Diese gegen orthodoxe Erstarrung gerichtete Bewegung berief sich auf Offenbarungen (Tantras) unterschiedlicher Götter, meist als Belehrung ihrer Partnerin, und beeinflusste ab dem 5. Jh. sowohl den Hinduismus als auch den Buddhismus, insbesondere dessen tibetische Ausprägung.

Die Mandalas beider Religionen sind Meditationsbilder, die nach Anweisungen in manchen Tantras angefertigt wurden und Traditionen begründeten, die bis in die Gegenwart reichen. Eine grundlegende formale Gemeinsamkeit ist die konzentrische Komposition des Kosmos, während die figürliche Darstellung der Götterwelt und ihrer Hierarchie der jeweiligen Lehre verpflichtet ist.

Material und Technik der Herstellung reichen vom Thanka, einem Rollbild auf Stoff, über das Tafelbild und die Textilkunst (Stickerei) bis zum Mandala aus gefärbtem, gesegnetem Sand, das am Ende als Zeichen der Vergänglichkeit fließendem Wasser ausgesetzt wird. Schließlich bildet das im 9. Jh. auf Java errichtete Heiligtum Borobodur ein monumentales architektonisches und mit plastischen Bildwerken ausgestattetes, begehbares Mandala (S. 70/71).

Dieser künstliche „heilige" Berg der „Anhäufung der Tugend" (heute ein Bestandteil des Weltkulturerbes) gliedert sich in drei quadratische und fünf runde Terrassen, die sich bis zu einer Höhe von 35 m aufeinander türmen. Sie werden umschritten, und Treppen führen zur nächst höheren Terrasse. Der Weg führt zunächst entlang von Reliefs mit Szenen aus dem Volksleben, gefolgt von Szenen aus der Buddhalegende. Auf den runden Terrassen reichen sich glockenförmige Stupas mit rhombischen Öffnungen in den Wänden, die den Blick auf Buddhastatuen (Sitzfiguren) im Innern freigeben. Zuoberst symbolisiert ein leerer Stupa den buddhistischen Himmel: das Nirvana (Sanskrit „Verlöschen, Verwehen"). Die acht Terrassen und ihr Umgang symbolisieren den Edlen achtfachen Pfad der Befreiung.

Im tantrischen Buddhismus repräsentiert das Mandala die Gesetzmäßigkeiten sowohl der kosmischen Ordnung als auch der eigenen Persönlichkeit. Es dient hier der spirituellen Entwicklung, die mit der Initiation in die Sphäre des einer Meditationsgottheit geweihten Mandalas beginnt. Die Essenz der jeweiligen, tibetisch als Yidam bezeichneten, Meditations- oder Wunschgottheit enthält eine magische Silbenkombination (Mantra).

Bereits das hinduistische Mandala ist mit Mantras verbunden. Sie verleihen ihm Leben: Das Bild ist nicht mehr eine Darstellung, sondern die Gottheit selbst. Buddhistische Mandalas in Form der tibetischen Thankas werden auf der Rückseite durch Mantras „versiegelt". Erst unter dieser Voraussetzung kann das kosmische Bild für geistliche Übungen verwendet werden. Vergleichbar ist die Sakralisierung von Ikonen durch „heilige Namen" *(nomina sacra),* beispielsweise das Christogramm aus den griechischen Buchstaben X (= CH) und P (= R).

Abb. 18: Tibetisches Thanka („Etwas, das man zusammenrollen kann") mit Mandala; London, Philip Goldman Collection
Solche textilen und als Rollen mühelos transportierbaren Schaubilder der irdischen Welt und ihrer Überwindung wurden von buddhistischen Pilgern mitgeführt und unterstützten die Verkündung der neuen Lehre, aus der sich in Tibet und anderen Himalaja-Ländern der tantrische Buddhismus entwickelte. Wie die Betrachtung, so ist bereits die Herstellung von Mandalas eine Form der Meditation, wobei astronomische Berechnungen den günstigsten Zeitpunkt für den Beginn der künstlerischen Tätigkeit ermitteln. Dies betrifft bereits die Herstellung des Malgrunds.

Abb. 19: Horyuji-Pagode in einem Tempelbezirk von Nara auf der Insel Honshû, 708–784 Sitz der Regierung Japans. Aus dieser Zeit stammen auch die bedeutendsten Sakalbauten. Bis heute ist Nara ein Wallfahrtsort geblieben. Zum Herbstfest versammeln sich hier buddhistische Mönche und Nonnen aus aller Welt.

Abb. 20: Stupa von Swayambunath im Tal von Kathmandu (Nepal) Hier entstand der älteste buddhistische Tempelbezirk in Nepal, der Heimat des historischen Buddha (Sanskrit „der zur wahren Realität Erwachte"): Um 560 v. Chr. wurde in Lumbini in Südnepal Prinz Siddharta Gautama geboren. Der Stupa von Swayambunath besitzt mehrere Aufbauten. Zu ihnen gehört ein Quader mit den in die vier Himmelsrichtungen gerichteten und alles sehenden Augen Buddhas. Darüber erhebt sich ein kegelförmiges Dach aus 13 sich verjüngenden Ringen; sie symbolisieren die 13 Stufen der Vollendung. Zuoberst befindet sich die Kugel der Vollkommenheit. Girlanden mit Gebetsfahnen führen von der Erde zu einem „Mastkorb".

Stupa und Pagode. Im Vorgriff auf die Aspekte der Architekturikonographie beschäftigen uns hier zwei dem Anschein nach gegensätzliche Typen des buddhistischen Sakralbaus, und zwar unter dem Gesichtspunkt kosmischer Symbolik. Es handelt sich allerdings nicht um Formen des buddhistischen Tempels als Ort ritueller Handlungen und Zeremonien, sondern um monumentale Reliquienbehälter als Bestandteile von Tempel- und Klosteranlagen (Abb. 20).

Den Ausgangspunkt bildete der Stupa (tibetisch Chörten) als massive, vom Grabhügel hergeleitete Halbkugel mit Reliquienkammern. Auf einem quadratischen Unterbau errichtet, entsprach der Stupa formsymbolisch dem Mandala (vgl. Abb. 18). Auf der Halbkugel wurden Masten mit übereinander gestaffelten „Ehrenschirmen" errichtet. Diese klassische Form repräsentieren die Stupas des heiligen Bezirks von Sanchi im zentralindischen Bundesstaat Madhya Pradesh, der auf Kaiser Aschoka zurückgeht, im 3. Jh. v. Chr. ein Förderer des Buddhismus in seinem indischen Großreich.

Aus dem Stupa entwickelte sich in Hinterindien die Pagode mit einer jähen Verschlankung der Halbkugel zu einem spitz zulaufenden Turm. Er erreicht bei der vergoldeten Shwe-Dagon-Pagode in Ragun, der Hauptstadt von Birma, eine Höhe von 112 m (Rekonstruktion des 1930 durch ein Erdbeben zerstörten Vorgängerbaus aus dem 16. Jh.). In Japan, Korea und China dagegen erhielt die Pagode die Form eines Stockwerkturms mit quadratischen oder achtseitigen Dächern nach dem Vorbild der Ehrenschirme der Stupas (Abb. 19). Glöckchen säumen diese Dächer, und indem Winde sie zum Klingen bringen, verbreiten sie den erlösenden *Dharma* (Sanskrit „das, was trägt, hält, heilt"). Die vertikalen Bauglieder, insbesondere der zentrale Pfosten, symbolisieren die Achse des Kosmos und münden – auch hierin dem Stupa verwandt – in einen Mast, der in die Stufen der Erleuchtung, der Befreiung gegliedert ist und die Kugel der Vollkommenheit trägt. Durch ihr Symbol der kosmischen Weltachse (lat. *axis mundi)* verweist die Pagode auf den als Bodhimanda bezeichneten Ort, an dem Siddharta Gautama unter dem Bodhi-Baum als Buddha zur Erleuchtung (Sanskrit *bodhi)* gelangt ist.

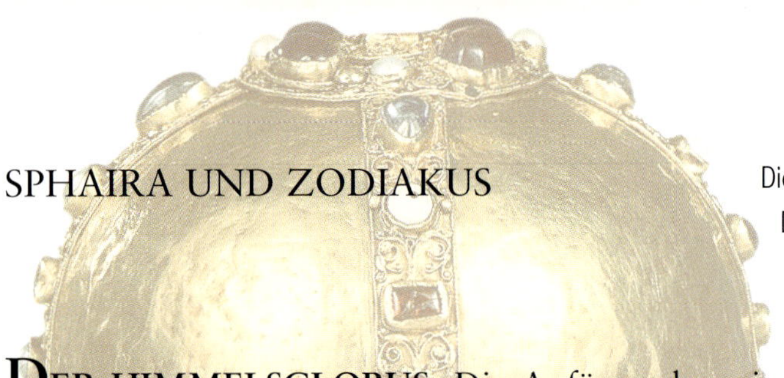

SPHAIRA UND ZODIAKUS

Die Weltkugel als Herrschaftsinsignie Reichsapfel, Detail aus Abb. 32

DER HIMMELSGLOBUS. Die Anfänge der wissenschaftlichen Himmelskunde, der Astronomie, liegen bei den Babyloniern, die um 2750 v. Chr. den wichtigsten Sternbildern einen Namen gegeben haben. In Mesopotamien entstand auch die Lehre vom zwölfteiligen Tierkreis (Zodiakus) der Sternbilder, aus dem die Ägypter schließlich die Tierkreis-Astrologie entwickelten.

Tatsächlich waren es die Gestirne, die den Weg in den Himmel der Planeten und zuletzt in die Unendlichkeit gewiesen haben. Ebenso prägten die Gestirne die Ikonographie des metaphysischen und des physikalischen Himmels, unabhängig vom geozentrischen oder heliozentrischen Weltbild nach der „kopernikanischen Wende". Diese datiert mit dem 1543 erschienenen und 1616 auf den päpstlichen Index der verbotenen Bücher gesetzten Schrift *De revolutionibus orbium coelestium libri VI* („Sechs Bücher über die Kreisbewegungen der Weltkörper") von Nikolaus Kopernikus (eigtl. Kopernigk) aus Thorn, akademisch (Medizin und Jura) ausgebildet in Krakau, Bologna, Rom, Padua und Ferrara.

Kopernikus hatte als „Amateur" erkannt, dass das bislang als allgemeingültig vorausgesetzte, durch Ptolemäus und im Christentum zusätzlich bzw. vor allem durch die Schöpfungsgeschichte legitimierte geozentrische Weltbild ungeeignet war, über längere Zeit die Positionen der Planten und somit die Gesetze der Himmelsmechanik vorherzusagen. Bereits 1507 griff Kopernikus auf eine Idee des Aristarchos von Samos (um 320–250 v. Chr.) zurück, statt der Erde die Sonne als ruhendes Zentrum des Planetensystems anzunehmen.

Das „Kosmische Weltrad" aus dem 9. Jh. (Abb. 21) scheint ebenfalls dem heliozentrischen Weltbild verpflichtet zu sein, bezieht sich aber wie astronomische Miniaturen aus dem 15. Jh. auf die geozentrische *sphaira* (griech. „Kugel") des Universums.

Abb. 21: „Kosmisches Weltrad". Es gehört zur Ausstattung einer karolingischen Prachthandschrift (zwischen 813 und 824) mit Texten des Claudius Ptolemäus (Ptolemaios); Vatikanstadt, Biblioteca Apostolica Vaticana, Vat. gr. 1291, fol. 9 r
Zu den Verdiensten des im 2. Jh. n. Chr. in Alexandria tätigen Mathematikers, Astronomen und Geographen gehört die endgültige Verbindung der ägyptischen Tierkreis-Astrologie mit der Planeten-Astrologie und die Überleitung zu einer auf eigenen Beobachtungen beruhenden Astronomie. Das kosmische Weltrad zeigt im Zentrum – dem Anschein nach ein heliozentrisches Weltbild voraussetzend, das jedoch bei Ptolemäus geozentrisch konzipiert ist – den Sonnengott Phoebus Apollo auf seiner Quadriga. Die drei konzentrischen Kreise sind jeweils in zwölf Abschnitte unterteilt und zeigen Personifikationen der zwölf Stunden des Tages, die zwölf Monate und diesen zugeordnet den zwölfteiligen Tierkreis Zodiakus.

Zu den ersten Astronomen, die für die „unglaubliche", der sinnlichen Wahrnehmung widersprechende Sicht des Kopernikus eintraten, gehörte der in Straßburg lehrende Mathematikprofessor Konrad Dasypodius aus Frauenfeld. Nach seinen Anweisungen entstand 1574 ein als Sphaira gestalteter Himmelsglobus, indem ein um 1546 nach Angaben des Kartographen Heinrich Zell hergestellter Erdglobus (die Kugelgestalt der Erde lehrten erstmals im 6. Jh. v. Chr. die Pythagoräer) eine neue Bemalung erhielt (Abb. 22). Die Bewegungen dieses Himmelsglobus gaben mit großer Genauigkeit den Kreislauf des Fixsternhimmels wieder und dienten dem Studium der Bewegungen von Sonne und Mond. Unmittelbare Nachfolger des Kopernikus in der Entwicklung der neuzeitlichen Himmelslehre waren dagegen Tycho Brahe, der 1588 seine Planetentheorie veröffentlichte, Galileo Galilei, der 1609 zum ersten Mal ein Fernrohr auf den Himmel richtete (sein 1632 erschienener „Dialog über die beiden hauptsächlichsten Weltsysteme, das ptolemäische und das kopernikanische", der letzteres verteidigt, führte noch im selben Jahr zu Galileis Verurteilung durch die Inquisition), und Johannes Kepler mit seinen beiden ersten Planetengesetzen (ebenfalls 1609).

Abb. 22: Himmelsglobus, 1574; Straßburg, Musée des Arts Décoratifs
Das astronomische Gerät entstand nach den Anweisungen des Astronomen Konrad Dasypodius (1529/30–1600). Der drehbare Himmelsglobus besteht aus einem Erdglobus (um 1546), der eine neue Bemalung erhielt.

Abb. 23: Jupiter als Kosmokrator inmitten des Zodiakus, Marmor, Höhe 195 cm; Rom, Villa Albani
Der Tierkreis ruht auf den Schultern des von Zeus mit der Last des Himmelsgewölbes bestraften Titanen Atlas. Das Bildwerk mit der ursprünglich nicht zugehörigen Thronfigur des Jupiters und dessen Symboltier Adler stammt aus dem 2. Jh. n. Chr.

DER TIERKREIS. Das vorausgehende Werk der mittelalterlichen Buchmalerei (Abb. 21) zeigt als äußere Kreisform einen astronomisch-astrologischen Zodiakus (lat. von griech. *zodiakos kyklos* „Kreis von Lebewesen"). Die deutsche Bezeichnung „Tierkreis" versteht den griech. Begriff *zoon,* der in *zodiakos* enthalten ist, nicht in dessen allgemeiner Bedeutung „Lebewesen", sondern als „Tier", obwohl die zwölf Sternbilder, die als Zodiakus eine Zone rings um die Himmelskugel Sphaira bilden, nur zum Teil einen Tiernamen tragen. In dieser Zone bewegen sich Sonne, Mond und Planeten. Die Darstellungen des Zodiakus wurzeln in der babylonischen Astronomie und der ägyptischen Astrologie. Insofern verdeutlicht der Zodiakus die physikalisch-metaphysische Ambivalenz von kosmischen Darstellungen, beispielsweise im Hinblick auf das Wirkungsverhältnis zwischen Makro- und Mikrokosmos.[6]

Die jahrhundertelang, z. B. in den Monatsbildern der Kalendarien von Stundenbüchern tradierte Ikonographie der Tierkreis-Sternbilder entwickelte sich im Altertum und gehört zu den eindruckvollsten Beispielen einer Rezeption der Antike bereits im Mittelalter.[7] Das römische Bildwerk des (allerdings erst nachträglich eingefügten) thronenden Jupiters zeigt diesen aufgrund seiner Rahmung durch einen Zodiakus als Jupiter Kosmokrator (Abb. 23). Die im Gegenuhrzeigersinn angeordneten Sternbilder beginnen nach der heute in der Astrologie verwendeten Reihenfolge mit dem vom 22. Dezember bis zum 20. Januar herrschenden Steinbock (lat. Capricornus, vgl. S. 22). Es folgen: eine Figur, die eine Amphore ausleert (Wassermann, Aquarius), zwei Fische (Pisces), der Widder (Aries), Stier (Taurus), ein Paar als Zwillinge (Gemini), Krebs (Cancer), Löwe (Leo), Jungfrau (Virgo), ein Mann mit Waage (Libra), Skorpion (Scorpius), schließlich ein Kentaur mit Pfeil und Bogen als Schütze (Sagittarius). Dieser

Abb. 24: Maiestas Domini: Christus inmitten eines ikonographisch dem zwölfteiligen Zodiakus verwandten Kreises mit den Bildnissen der vier Evangelisten und von acht Engeln. Die Miniatur befindet sich auf der Rückseite von Blatt 3 (fol. 3 v) eines Evangeliars, das um 810–14 in der Aachener Hofschule Karls d. Gr. entstanden und der Reichsabtei Lorsch gestiftet worden ist. Dieses „Lorscher Evangeliar", ein Hauptwerk der karolingischen Buchkunst, wurde 1563 vom pfälzischen (bibliophilen) Kurfürsten Ottheinrich in seine Heidelberger Bibliothek Palatina eingegliedert und kam 1622/23 als Kriegsbeute der katholischen Liga nach Rom in die Biblioteca Apostolica Vaticana. Im 18. Jh. kam die erste Hälfte des inzwischen geteilten Kodex mit der Maiestas Domini, dem Matthäus- und dem Markus-Evangelium als Geschenk für den Bischof von Siebenbürgen, Graf Ignaz Batthyany, nach Karlsburg (heute rumänisch Alba Iulia) und befindet sich in der nach ihm benannten Bibliotheca Documentara Battyaneum. Die zweite Hälfte befindet sich als Pal. lat. 50 nach wie vor in der Vaticana.

vom Zodiakus symbolisierte Kosmos ruht auf den Schultern von Atlas aus dem Geschlecht der Titanen, der erstgeborenen Kinder des aus dem Chaos hervorgegangenen Himmels(gottes) Uranos.

Dieselbe Anzahl von zwölf „Lebewesen" enthält der formal als Zodiakus zu betrachtende Ring, der im Lorscher Evangeliar aus dem frühen 9. Jh. die Thronfigur Christi umgibt (Abb. 24). Die Analogie zu Jupiter Kosmokrator rechtfertigt den Titel Christus Kosmokrator, doch ist in der westlichen Kunst die Bezeichnung als Maiestas Domini üblich. Diesen Typus des Christusbildes kennzeichnen der ganzfigurige Nimbus, meist als mandelförmige Mandorla, der Segensgruß und das Buch des Lebens (z. B. Offb 20,15) sowie die vier Evangelisten und/oder Evangelistensymbole, mitunter als deren typologische Präfigurationen auch die vier Großen Propheten Jesaja, Ezechiel, Jeremia und Daniel.

Genau diese Merkmale der himmlischen Maiestas Domini hat bereits der karolingische Buchmaler im Lorscher Evangeliar verwendet und in Kreuzform angeordnet: Die vier „Lebewesen" aus der Himmels- und Gottesvision des Ezechiel und der Offenbarung des Johannes dienen als Evangelistensymbole: Zu Christi Füßen der Mensch bzw. Engel des Matthäus, zu Häupten Christi der Adler des Johannes (dies sind die Symbole der beiden Evangelisten, die nach der Überlieferung zu den Jüngern Jesu gehörten). Das linke Medaillon zeigt den Stier des Lukas, das rechte den Löwen des Markus. Die Zahl zwölf wird erreicht, indem die vier Medaillons mit jeweils zwei Quadraten mit den Brustbildern von Engeln alternieren. Die offenkundige Verwandtschaft mit dem hier gegenübergestellten römischen Bildwerk kennzeichnet die frühmittelalterliche Buchmalerei aus Aachen als ein charakteristisches Werk der karolingischen Renaissance, deren Kunst nahezu mühelos der spätantiken heidnischen Bildwelt – wie bereits die frühchristliche Kunst – einen neuen Inhalt zu geben verstand.[8]

Der Himmelsträger Atlas. Der Zodiakus, der Jupiter als Kosmokrator kennzeichnet (Abb. 23), ruht auf den Schultern des Titanen Atlas. Er gehörte zu dem Göttergeschlecht, das sich gegen die Olympier auflehnte, und wurde von Zeus damit bestraft, das Himmelsgewölbe auf seinen Schultern zu tragen (Hesiod). Nach einer Variante des Mythos ruhten auf seinen Schultern die Säulen, „die den Himmel und die Erde auseinander halten" (Homer). Ovid schildert in den „Metamorphosen", wie ihn Perseus, indem er Atlas einen Blick auf das Haupt der Medusa werfen lässt, in ein (nach ihm benanntes) Gebirge verwandelt.

Unter dem Gesichtspunkt der ikonographischen Rezeption der Antike erweist sich Atlas als vielfältig verwendete, meist vierfache Trägerfigur, als „Beine" eines Throns (Cathedra in San Nicolà in Bari, um 1098) oder Taufsteins, wobei das Motiv des Lastträgers natürlich nicht zwingend vom Atlas-Mythos herzuleiten ist. Dies gilt auch für das ottonische Evangelistenbild des Lukas (Abb. 26). Doch liegt hier die Assoziation mit dem Atlas-Mythos insofern nahe, als Lukas ein Gebilde aus Rundformen „stemmt", die von Wolkenbändern gesäumt werden und Strahlen aussenden. Zu diesen Motiven von Himmelsbildern gehören die Engel, die Strahlen aussenden und zuoberst ein Medaillon mit dem Brustbild Davids halten, in dessen Stadt Betlehem Jesus geboren wurde (Lk 2). Zu beiden Seiten des Lukasstiers repräsentieren Bildnisse vier der 16 Propheten. Insgesamt lässt sich das Bild des Evangelisten Lukas mit der „Wolke der Zeugen" im Hebräerbrief in Verbindung bringen. Das Kapitel „Der Glaube der Väter" führt am Beginn des folgenden 12. Kapitels zu der Folgerung: „Da uns eine solche Wolke von Zeugen umgibt, wollen auch wir alle Last und die Fesseln der Sünde abwerfen" (Hebr 12,1).

Abb. 25: „Atlas bringt Herakles die Äpfel der Hesperiden", Metope vom Zeustempel in Olympia, um 460 v. Chr., heute im Museum von Olympia
Das Relief bezieht sich auf die vorletzte der „Zwölf Arbeiten" bzw. Sühnetaten des Herakles. Diese Aufgabe bestand darin, die von einem Drachen bewachten goldenen Äpfel aus dem Garten der Hesperiden zu holen. Mit dem Versprechen, an seiner Stelle (und mit Athenes Hilfe) das Himmelsgewölbe vorübergehend zu übernehmen, gewann Herakles den mit den Hesperiden verwandten Titanen dafür, die Äpfel zu bringen. Atlas glaubte, nun von seiner Last befreit zu sein, doch konnte ihn Herakles überlisten: Um den Druck ertragen zu können, wolle er ein Kissen verwenden; daher möge Atlas noch einmal das Himmelsgewölbe schultern. Und dabei blieb es.

Abb. 26: Lukas als Atlas mit der „Wolke der Zeugen", um 998–1001, 36 x 24,7 cm; München, Bayerische Staatsbibliothek, Clm 4453, fol. 139 v
Das Werk der ottonischen Buchmalerei befindet sich in einer Prachthandschrift der vier Evangelien, die im Auftrag Ottos III. auf der Insel Reichenau entstanden ist. Dieses Evangeliar Ottos III. enthält auch das Thronbild des Kaisers (Abb. 34). Das einzigartige Autorenbild verwendet Motive der Christus-Ikonographie: Die Arme überschneiden eine schalenförmige Mandorla; Lukas thront auf einem großen Bogen und setzt die Füße auf einen kleinen Bogen. Die weit geöffneten Augen der frontal gesehenen, hieratischen Gestalt geben Lukas den Ausdruck eines Visionärs. Zu seinen Füßen laben sich Schafe am Wasser des Lebens (z.B. Offb 7,17).

LUC
ABACUC
SOPHON
FONE PATRU DUCTAS BOS AGNIS ELICIT UNDAS

Die Galaxis. Eine bestimmte Erscheinung am nächtlichen Himmel mit den unterschiedlichsten mythologischen und religiösen Deutungen ist die Milchstraße. Ihre fachsprachliche Bezeichnung als Galaxis (von griech. *galaxias*) leitet sich von jener Episode im Herakles-Mythos her, die in verschiedenen Versionen vom missglückten Stillen des Säuglings durch Hera handelt. Die Episode bildete im 16./17. Jh. ein Thema der Malerei (Abb. 28).

Das Bedeutungsspektrum der Galaxis reicht von der altorientalischen und ähnlich bei den Germanen vertretenen Auffassung, das helle Band bilde den Himmelsweg der Seelen der Verstorbenen, bis zur mittelalterlichen Deutung als Riss im Firmament, durch den das himmlische Feuer schimmert.

Umso erstaunlicher ist das Werk eines in Bologna tätigen Buchmalers (Abb. 27, s. a. S. 66). Er schuf das Einleitungsbild in einer 1383 datierten Handschrift des Kommentars des Macrobius zu Ciceros *Somnium Scipionis* (6. und letztes Buch von *De re publica,* 54–51 v. Chr.). Die Bildseite illustriert den Traum des Scipio Africanus Minor von den Begegnungen mit zwei Vorfahren, und zwar in Verbindung mit einer Darstellung des gesamten, in Planetensphären gegliederten Kosmos. Hierbei folgte der Maler einer Passage im Text des Cicero, die unter anderem von der Entsprechung zwischen Kreis und Kugel handelt, aus künstlerischer Sicht also von der Projektion der Räumlichkeit auf die Fläche. Diese Passage beginnt: „In neun Kreisen oder eher Globen ist alles verbunden. Von ihnen ist einer, der himmlische, der äußerste, der alle übrigen umfasst, der höchste Gott selbst, der die anderen beschirmt und umfängt." Es folgen die teilweise astrologisch charakterisierten Planeten Saturn, Jupiter („günstig und heilsam für das Menschengeschlecht") und Mars, dann die vom Buchmaler durch ihre Größe und die Farbe Rot hervorgehobene Sonne, denn bei Cicero heißt es: „Sie ist Führerin, Herrscherin und Lenkerin der übrigen Himmelslichter, Weltseele und Weltleiterin von einer solchen Größe, dass sie mit ihrem Licht alles erleuchtet und erfüllt." Begleiter sind Venus, Merkur und „im untersten Kreis" der Mond „von dem Sonnenlicht erleuchtet. Darunter aber gibt es nichts mehr außer Sterblichem und Hinfälligem, sieht man von den Seelen ab, die dem Menschengeschlecht durch das Geschenk der Götter gegeben sind. Oberhalb des Mondes ist alles ewig. Denn jene, die als neunte in der Mitte liegt, die Erde, bewegt sich nicht. Sie liegt zuunterst, und zu ihr werden alle Gewichte durch ihre Schwere gezogen." Das vollkommene Gegenteil der unbewegten Erde ist der äußere Ring mit der Beschriftung *Primum mobile,* die „Erste Bewegung" als höchste Instanz des Göttlichen und Ewigen.

Diesen geozentrischen Kosmos umgibt der Maler mit der Galaxis als weißes Band. Es weicht von der Kreisform der Planetengloben ab und besitzt, indem es zuunterst geknickt ist und eine Außen- und Innenseite zeigt, räumlichen Charakter. Möglicherweise liegt die bereits perspektivische Ansicht eines Reifens zugrunde. Schließlich antizipiert diese Darstellung der Galaxis von 1383, indem das Band mit Sternen „bestickt" ist, ein Ergebnis von Galileo Galileis astronomischen Beobachtungen: 1609 erkannte er mit Hilfe seines Fernrohrs, dass die Galaxis aus einzelnen Sternen besteht. Doch erst im 20. Jh. gewann die Astrophysik genaue Kenntnis vom Aufbau dieses „Sternennebels", und heute bezeichnet Galaxis ein um das galaktische Zentrum rotierendes scheibenförmiges Milchstraßensystem. Zu ihm gehören die Sonne, die etwa 5000 mit bloßem Auge erkennbaren Fixsterne und 200–300 Milliarden weitere Sterne.[9]

Abb. 27 (s. a. S. 66): Der Traum des Scipio, 1383; Oxford, Bodleian Library, Ms. canon. class. lat. 257, fol. 1 v
Rückseite von Blatt 1 einer Handschrift mit dem Kommentar des römischen Staatsbeamten und lateinischen Philologen Macrobius (Ambrosius Marcobius Theodosius, um 400 n. Chr.) zum *Somnium Scipionis* von Cicero. Bildelemente sind der schlafende Scipio Africanus Minor, der Zerstörer Karthagos im letzten Punischen Krieg 146 v. Chr., und dessen Traumvision seiner Unterredungen mit dem Adoptivgroßvater Scipio Africanus Maior (der Ältere) und dem Vater Lucius Aemilius Paulus. Sie erteilen ethische Unterweisungen und prophezeien seine Taten. Diese Figurengruppen sind über und zu beiden Seiten der von Planetenbahnen und der Galaxis umgebenen Erde (mit Rom und Karthago) angeordnet.

Abb. 28: Tintoretto (1518–1594), „Die Entstehung der Milchstraße“, um 1578, 147 x 166 cm; London, National Gallery
Das Gemälde des in Venedig tätigen bedeutenden Vertreters des Manierismus widmet sich einer Episode aus der Kindheit des Herakles. Diesen hat Zeus mit Alkmene in Gestalt ihres Gemahls Amphitryon gezeugt. Auf Weisung des Göttervaters legt Hermes den Säugling der schlafenden Hera an die Brust, und als das Kind zubeißt, spritzt ein Milchstrahl über den Himmel und ergibt die Galaxis. Dies ist eine Variante, die auch dem Gemälde „Die Entstehung der Milchstraße“ (1636–38; Madrid, Museo del Prado) von Peter Paul Rubens zugrunde liegt. Eine andere Version erzählt, Athene habe die vor Eifersucht zornige Hera dazu bewegen können, dem Kind die Brust zu geben, aus der jener Milchstrahl spritzt, als der Säugling – der zuvor die von Hera gesandten Schlangen erwürgt hat – kräftig drückt.

Abb. 29: Gott thront über dem irdischen Paradies. Einleitungsbild in einer um 1460 entstandenen Handschrift von „Die sieben Weltalter"; Brüssel, Bibliothèque royale de Belgique, Ms. 9047, fol. 1 v
Der Buchmaler verwendet Motive aus den beiden Schöpfungsberichten sowie aus den Psalmen, z.B.: „Wie der Hirsch lechzt nach frischem Wasser, so lechzt meine Seele, Gott, nach dir" (Ps 42,2).

DAS STERNENZELT. Wie das Bild des Kosmos am Beginn des Oxforder Macrobius-Kommentars zu Cicero (Abb. 27), so zeigt auch das Einleitungsbild einer rund 75 Jahre jüngeren Handschrift der „Sieben Weltalter“ konzentrisch gedachte Bahnen oder Sphären. Dieser in einem Ausschnitt dargestellte Kosmos ist allerdings nicht geozentrisch, sondern theozentrisch, denn die Himmels- und Sternensphären umrunden oder umhüllen das von einer kreisrunden Mandorla umschlossene Thronbild Gottes. Dessen Rechte ist zum Segensgruß erhoben, während die Linke auf einer Sphaira ruht (Abb. 29).

Dieser theozentrische und in seinem inneren Bereich tiefblaue Kosmos hellt sich in Richtung nach außen auf und geht in den Horizont einer Landschaft über. Sie bildet das irdische Paradies – in ganz außergewöhnlicher Ikonographie. Denn im Gegensatz zur bei weitem überwiegenden Tradition, die beide Schöpfungsberichte verknüpft und das irdische Paradies als Schauplatz des Sündenfalls zeigt, richtet sich der Maler nach den Worten über die Erschaffung der Menschen in Genesis 1: „Als Mann und Frau schuf er sie“ (Gen 1,27b). Zugleich weckt die Begegnung von Mann und Frau (mit einer Redegeste des Mannes) die Assoziation des Verses in Genesis 2 nach der Erschaffung der Frau aus einer Rippe des Mannes – was hier geradezu demonstrativ nicht dargestellt ist: „Und der Mensch sprach: Das endlich ist Bein von meinem Bein und Fleisch von meinem Fleisch. (...) Beide, Adam und seine Frau, waren nackt, aber sie schämten sich nicht voreinander“ (Gen 2,23.25).

Doch kehren wir zur himmlischen Sphäre zurück, um ikonographische Verbindungen bis ins 20. Jh. zu bedenken, beispielsweise Ernst Barlachs Gottesbild mit radialem Strahlenkranz (Abb. 30). Dieser Holzschnitt bezieht sich auf die Verse „Brüder – überm Sternenzelt / Muss ein lieber Vater wohnen.“ Mit ihnen endet die 1. Strophe von Friedrich Schillers Ode „An die Freude“ (1785). Die 2. Strophe endet: „Was den großen Ring bewohnet / Huldige der Sympathie! / Zu den Sternen leitet sie, / Wo der Unbekannte thronet.“ Es folgen die Verse „Brüder – überm Sternenzelt / Richtet Gott, wie wir gerichtet“, „Den der Sterne Wirbel loben, / Den des Seraphs Hymne preist, / Dieses Glas dem guten Geist, / Überm Sternenzelt dort oben!“, zuletzt: „Schließt den heil'gen Zirkel dichter, / Schwört bei diesem goldnen Wein, / Dem Gelübde treu zu sein, / Schwört es bei dem Sternenrichter!“

Abb. 30: Ernst Barlach (1870–1938), Holzschnitt zu „An die Freude“ von Friedrich Schiller, 1927
Die Ode veröffentlichte Schiller 1786 in seiner Zeitschrift „Thalia“. 1824 vertonte Ludwig van Beethoven den Hymnus als Schlusschor seiner 9. Sinfonie und leitete damit eine weltweite Adaption von Schillers Versen unter den unterschiedlichsten Interessen ein („Alle Menschen werden Brüder“ – unter welchen Voraussetzungen?). Der expressionistische Holzschnitt von Ernst Barlach mit dem Vater / Unbekannten / Schöpfer / Richter „überm Sternenzelt“ gehört zu einem neunteiligen Zyklus zu Schillers Versen, der 1927 in Berlin bei Bruno Cassirer erschienen ist.

Symbol der Weltherrschaft. Auf dem theozentrischen Bild der Himmelssphären (Abb. 29) trägt Gott die erstmals 1342 belegte dreifache Krone der Päpste, die Tiara. Sie war Zeichen ihrer auch weltlichen Macht (und wurde 1964 von Paul VI. symbolisch abgelegt). Dem entspricht ikonographisch die bereits im Altertum Himmel und Erde umfassende Weltkugel in der Linken eines Gekrönten. Aus dieser hatte sich im Frühmittelalter das Attribut des Erzengels Michael entwickelt, aber auch eine Insignie des ab 800 (Kaiserkrönung Karls d. Gr. in Rom), in Rivalität zum byzantinischen Kaisertum bestehenden Heiligen Römischen Reichs (formell bis 1806). Dieser ursprünglich staufische Reichsapfel (Abb. 32), den wie das Attribut des hl. Michael ein Kreuz bekrönt (Abb. 31 und 33), entstand um 1200, besaß aber Vorläufer. Denn bereits die Karolinger demonstrierten, indem sie die byzantinische Tradition dieser Insignie übernahmen, ihren bestenfalls gleichrangigen Herrschaftsanspruch. Beispielsweise hält der als Karl d. Gr. oder Karl II. zu identifizierende Gekrönte einer Reiterstatuette (um 810 oder um 860; Paris, Louvre) eine Kugel in der Linken. Und bei der Kaiserkrönung König Heinrichs II. im Jahr 1014 ermahnte Papst Benedikt VIII. den Nachfolger Ottos III. (Abb. 34), sich in seiner Herrschaft in gleicher Weise durch Tugenden auszuzeichnen, wie die Kugel mit Edelsteinen geschmückt sei, und sich des Schutzes durch das Kreuz als würdig zu erweisen.

Abb. 31: Elfenbeinrelief eines Diptychons aus dem kaiserlichen Hofatelier in Konstantinopel, um 500, 43 x 14,3 cm; London, British Museum
Dieser Teil zeigt in erlesener frühbyzantinischer Schnitzkunst den hl. Michael. Der Erzengel steht auf der Treppe eines Portals mit halbrundem Tympanon; darin das Christussymbol Kreuz in einem Kranz, den eine Muschel hinterfängt. Michael, der Seelenwäger beim Jüngsten Gericht und Sieger im apokalyptischen Kampf mit dem Satan (Offb 12,7–12), hält hier in der Linken einen Heroldstab und in der Rechten die vom Kreuz bekrönte Weltkugel Sphaira.

Abb. 32: Der Reichsapfel, eine der Insignien des Heiligen Römischen Reichs; Wien, Hofburg, Weltliche Schatzkammer
Das 21 cm hohe Werk der Goldschmiedekunst entstand um 1200, also in staufischer Zeit, vermutlich in Köln. Die Kugel ist eine mit Harz gefüllte Hohlform aus Goldblech. Juwelenbesetzte Bänder umspannen – ursprünglich auch als „Äquatorialspange" – die vom Kreuz bekrönte Weltkugel.

Abb. 33: Ikone mit dem hl. Michael, um 1350–75, 110 x 81,5 cm; Athen, Byzantinisches Museum
Die Halbfigur des Erzengels ist durch Licht- und Schatten modelliert. Den Höhepunkt der illusionistischen Kunstfertigkeit zeigt die transparente Kugel mit sphärischer Krümmung der Buchstaben und der Falten des durchscheinenden Gewandes.

Abb. 34: Thronbild Ottos III. mit Reichsapfel zwischen zwei geistlichen und zwei weltlichen Würdenträgern, um 998–1001, 36 x 24,7 cm; München, Bayerische Staatsbibliothek, Clm 4453, fol. 24 r

Das Werk der ottonischen Buchmalerei befindet sich in einem Evangeliar, das im Auftrag des Kaisers auf der Insel Reichenau entstanden ist. Nach dessen frühem Tod erhielt der Nachfolger Heinrich II. das Evangeliar, und es gelangte als dessen Stiftung in den Bamberger Dom, schließlich mit dem 1803 säkularisierten Domschatz nach München. Der Kodex enthält auch das ungewöhnliche Bild des Evangelisten Lukas als Atlas (Abb. 26).

DAS HIMMELSTUCH. Die beiden Teilansichten von zwei Bildwerken veranschaulichen die Rezeption eines bestimmten Motivs der römischen Himmelsikonographie in der frühchristlichen Kunst. Hier wie dort spannt der bärtige Caelus (von lat. *caelum* „Himmel") über sich das Himmelstuch aus. Es überwölbte auf dem Brustpanzer der Augustus-Statue, die vermutlich kurz nach dem Tod des ersten römischen Kaisers (14 n. Chr.) als Kopie eines Standbilds der Zeit um 20–17 v. Chr. entstanden ist, die Quadriga des Phoebus Apollo. Das stürmische Viergespann des Sonnengottes folgt der geflügelten Aurora. Über Caelus und dessen Himmelstuch erhebt sich der Kopf des bereits vergöttlichten Augustus (Abb. 36).

Die himmlische Position des Augustus-Hauptes über Caelus besitzt auf dem zum Vergleich herangezogenen Relief die Gruppe mit Christus zwischen den beiden Aposteln Petrus und Paulus. Diese Szene der *traditio legis* („Übergabe des Gesetzes") ist eines der zehn in zwei Reihen angeordneten Reliefs mit alt- und neutestamentlichen Themen am Sarkophag des 359 gestorbenen römischen Stadtpräfekten Junius Bassus. Unter der Traditio-Szene wird Jesu Einzug in Jerusalem vom Himmelstuch des Caelus überwölbt (Abb. 35).

Diese Gestaltung der im 4./5. Jh. häufig dargestellten Gruppe (Apsismosaike, Sarkophage) ist in mehrfacher Hinsicht ungewöhnlich: Der jugendliche Christus entspricht dem „apollinischen" Typus; die beiden Apostel besitzen keine Attribute, sodass unbestimmt bleibt, ob Petrus oder Paulus zur Linken Christi die Schriftrolle empfängt. Sie trägt in mehreren Beispielen die Aufschrift *dominus legem dat* („Der Herr gibt das Gesetz", daher die heute übliche Bezeichnung dieser Szene ohne biblische Quelle). Vor allem unterstützt hier das Caelus-Motiv den triumphalen Charakter der Traditio-Szene, für deren insgesamt intendierte Bedeutung historische literarische Zeugnisse fehlen. Ikonographisch besteht eine Analogie zur Schlüsselübergabe an Petrus (Mt 16,19).

Abb. 35: *Traditio legis* (Christus mit Petrus und Paulus) über dem Himmelsgott Caelus. Detail vom Sarkophag des Junius Bassus (gest. 359); Vatikanstadt, Grotten der Peterskirche

Abb. 36: Augustus von Primaporta (Teilansicht), kurz nach 14 n. Chr., Marmor mit zahlreichen Farbspuren, Gesamthöhe 204 cm; Vatikanstadt, Musei Vaticani, Braccio Nuovo
Der Ausschnitt zeigt den Brustpanzer mit dem Himmelsgott Caelus, der sein Himmelstuch über der Quadriga des Phoebus Apollo und der Morgenröte Aurora ausbreitet. Die untere Szene bezieht sich auf ein historisches Ereignis und Sinnbild der Friedenspolitik: Im Jahr 20 v. Chr. erreichte Augustus auf diplomatischem Weg die Rückgabe römischer Feldzeichen durch die Parther; Empfänger ist der Kriegsgott Mars.

PHOEBUS APOLLO UND SOL INVICTUS. Der römische Sonnengott, dessen Quadriga über den Himmel stürmt (Abb. 36), ist ikonographisch mit der „Unbesiegbaren Sonne“ verwandt, deren Kult sich nicht zuletzt Konstantin d. Gr. vor der politisch und weltanschaulich motivierten Tolerierung (313 Edikt von Mailand) und Förderung des Christentums widmete. Dies belegen Münzen der Zeit um 310 mit dem Doppelprofil Konstantins und des *Sol invictus* (Abb. 37); ein Rundrelief mit einem Durchmesser von mehr als 2 m am Konstantinbogen (313–15; errichtet nach Konstantins Sieg über Maxentius in der Schlacht an der Milvischen Brücke vor Rom) zeigt den Sonnengott, wie er auf seiner Quadriga zum Himmel aufsteigt.

Zu den eindrucksvollsten Zeugnissen einer Christianisierung der *Sol-invictus*-Ikonographie gehört das Mosaik in den Grotten der Peterskirche mit der Darstellung Christi als der wahre *Sol invictus*. Dass dieses goldgrundige Mosaik im so genannten Grab der Julier tatsächlich ein Werk der frühchristlichen Kunst vor ihrer Erhebung zur römischen „Reichskunst“ bildet, bezeugt eine Jona-Szene, im Rankenwerk mit Weinlaub, das als solches bereits zu den Christussymbolen gehört („Ich bin der wahre Weinstock“; Joh 15,1; allerdings auch zu den Attributen des Dionysos bzw. Bacchus). Selbst wenn wir davon ausgehen, dass sich dieses Mosaik nicht allein an Christen, sondern in gleichsam missionarischer Absicht auch an Anhänger des Sol-invictus- und des Mithras-Kultes wandte (vgl. S. 59), enthält es im christlichen Sinne die Auferstehungs-Symbolik. Schließlich ist dieses Mosaik ein Hinweis auf den Ursprung des christlichen Nimbus bzw. Heiligenscheins im Strahlenkranz der Sonne und ihrer Vergöttlichung.

In der Neuzeit emanzipierte sich Phoebus Apollo, und seine Quadriga gehört zu den Motiven von allegorischen Himmelsbildern, insbesondere der illusionistischen Deckenmalerei des Barock und Rokoko (vgl. J. B. Zimmermanns Nymphenburger Werk, Abb. 1). Der Ausschnitt aus dem im Sommer 1751 enthüllten Gemälde über dem Kaisersaal der Würzburger fürstbischöflichen Residenz zeigt im Wagen des Sonnengottes Beatrix von Burgund (Abb. 38). Sie wird vom lorbeerbekränzten Phoebus ihrem Bräutigam Friedrich I. Barbarossa zugeführt.

Abb. 37: Christus als Sol invictus auf einer Quadriga, um 300; so genanntes Grab der Julier in den Grotten der Peterskirche
Das goldgrundige Mosaik steht am Ende einer ikonographischen Entwicklung vom griechischen Sonnengott Helios über den römischen Phoebus Apollo zum Sol invictus und dessen hier vollzogene Aneignung durch die frühchristliche Kunst.

Abb. 38: Giovanni Battista Tiepolo (1696–1770), Sonnenpferde des Phoebus Apollo, 1751; Zentrum des Deckenfreskos über dem Kaisersaal der Würzburger Residenz
Dieses illusionistische Bild des geöffneten Himmels verherrlicht eine Episode aus der Geschichte der Staufer und der Stadt Würzburg: die Brautfahrt der Beatrix von Burgund. 1156 wurde die Erbin der Pfalzgrafschaft Burgund in Würzburg mit Friedrich I. Barbarossa vermählt. Tiepolos Fresko erhebt das historische Ereignis in die Sphäre der Mythologie und himmlischen Vorsehung. Auf einen Wink des lorbeerbekränzten Phoebus Apollo bäumen sich die Sonnenpferde auf, denn Beatrix hat ihr Ziel erreicht: Tief unter der Quadriga thront erwartungsvoll der Bräutigam.

Eine der Turmkuppeln der Mariä-Verkündigungs-Kathedrale im Moskauer Kreml, erbaut im 15. Jh.

DIE WELTARCHITEKTUR. Die ikonographische Betrachtung der Kunst betrifft nicht allein Bilder, sondern auch die Bildhaftigkeit von Bauwerken und Raumschöpfungen.[10] Was diese symbolisieren, verdeutlichen häufig Architekturbilder im weiteren Sinne. Hierzu zwei Beispiele: das mit Motiven aus der Offenbarung des Johannes ausgestaltete Welt- und Kirchenmodell am Beginn eines karolingischen Evangeliars, das die Anbetung des Lammes als Inbegriff der Liturgie in die höchste kosmische Sphäre erhebt (Abb. 39), und die etwa zeitgleiche Illustration in einer der im 9. Jh. entstandenen griechischen, d. h. byzantinischen Handschrift der „Christlichen Topographie" des im 6. Jh. lebenden, der Überlieferung zufolge weit gereisten Kosmas Indikopleustes, d. h. des „Indienfahrers" (Abb. 40).

Auf dem Welt- und Kirchenbild aus der Aachener Hofschule Karls d. Gr. tragen vier antike Säulen als Symbole der vier Evangelien die „heilige Stadt, das neue Jerusalem". Die Mauern sind mit den „vier Lebewesen" (Offb 4,66) geschmückt, und zwar in Gestalt der vier geflügelten Evangelistensymbole. Darüber befindet sich die himmlische Zone vor dem Thron Gottes: „etwas wie ein gläsernes Meer, gleich Kristall" (Offb 4,6a). „Dann sah ich etwas, das einem gläsernen Meer glich und mit Feuer durchsetzt war. Und die Sieger über das Tier standen auf dem gläsernen Meer und trugen die Harfen Gottes. Sie sangen das Lied des Mose, des Knechtes Gottes, und das Lied zu Ehren des Lammes: Groß und wunderbar sind deine Taten, Herr, Gott und Herrscher über die ganze Schöpfung" (Offb 15,2–3a).

Bei Kosmas Indikopleustes gleicht das kosmische Weltbild einem dreigeschossigen Saalbau. Er enthält das Reich der noch nicht zum Leben wiedererweckten Toten, das Menschenreich und das Himmelreich im Tonnengewölbe. Mit diesem Welt- und Kirchenmodell wandte sich Kosmas explizit gegen die bereits im 5. Jh. v. Chr. entwickelte Vorstellung von der Kugelgestalt der Erde und des Universums, von der beispielsweise Ovids „Metamorphosen" im I. Buch über die Entstehung der Welt handeln: Ein nicht näher bezeichneter „Gott und die bessre Naturkraft" gliederten die Urmaterie des Chaos; und „wie er so das Gemisch ordnend hatte zerteilt und in Schichten gefügt das Zerteilte, / Rundete er als erstes die Erde zur Form einer Kugel" (I,33f).

Abb. 39: Die Anbetung des Lammes, um 800, 36,2 x 26,7 cm; Paris, Bibliothèque Nationale, Ms. lat. 8850, fol. 1 v
Das Werk der karolingischen Buchmalerei ist eine architektonische Welt- und Kirchenallegorie am Beginn des Evangeliars aus Saint-Médard in Soissons. Die vier Säulen symbolisieren die vier Evangelien und tragen das himmlische Jerusalem. Darüber befindet sich das „gläserne Meer" mit der Anbetung des Lammes.

Abb. 40: Weltmodell in einer Kosmas-Handschrift, 9. Jh.; Vatikanstadt, Biblioteca Apostolica Vaticana, Vat. gr. 699, fol. 89 r
Dargestellt ist die Schmalseite des tonnengewölbten Weltgebäudes mit dem Toten-, dem Menschen- und dem Himmelreich. Im Bogenfeld umgibt eine Mandorla die Thronfigur des Christus Pantokrator.

ΥΛΟΓΗΜΕΝΟΙ ΤΟΥ ΠΡΣ ΜΟΥ
ΚΑΙ ΤΑ ΕΞΕΙΣ
ΔΕΥΤΕ ΟΙ ΕΥΛΟΓΗΜΕΝΟΙ ΤΟ
ΚΑΙ ΤΑ ΕΞΕΙΣ
ΑΓΓΕΛΟΙ
ΕΠΟΥΡΑΝΙΟΙ
ΑΝΟΙ
ΕΠΙΓΙΟΙ
ΚΡΟΙ ΑΝΙΣ
ΤΑΜΕΝΟΙ
ΚΑΤΑΧΘΟΝΙΟΙ

DIE HIMMELSKUPPEL. In Ovids epischer Schilderung der Entstehung der Welt umgibt jener Gott die Erdkugel mit dem „glasklaren, hauchdünnen Äther“, und nun begannen „die Gestirne, die lange im finstren Gemenge sich bargen, / Hell, voller Glanz, am Himmel umher zu erstrahlen. / Doch damit keiner der Räume der Welt der Bewohner ermangle, / Teilen den himmlischen Sitz mit den Sternen die göttlichen Wesen“ („Metamorphosen“ I, 70–73).

Der hier zugrunde liegenden, bereits von Hesiod literarisch gestalteten griechischen Überlieferung geht die altorientalische Kosmogonie voraus. Diese liegt dem biblischen Bericht über die Erschaffung des Himmels im Diesseits in Form eines festen Gewölbes zugrunde: Eine Halbkugel teilt das Chaoswasser in das Wasser über dem Gewölbe, durch dessen Öffnungen der Regen fällt, und in Wasser unter dem Gewölbe; hier ereignet sich am 3. Tag die Trennung von Wasser und fruchtbarem Erdreich (Abb. 2, vgl. auch Abb. 8):

„Dann sprach Gott: Ein Gewölbe (in der lat. Vulgata *firmamentum)* entstehe mitten im Wasser und scheide Wasser von Wasser. Gott machte also das Gewölbe und schied das Wasser unterhalb des Gewölbes vom Wasser oberhalb des Gewölbes. So geschah es, und Gott nannte das Gewölbe Himmel (lat. *caelum,* Mittellatein *coelum)*“ (Gen 1,6–8).

Von der Errichtung dieser Halbkugel leitet sich die Darstellung des Schöpfers als Baumeister her, dem wir häufig in der Buchmalerei begegnen. Dies entspricht der architekturgeschichtlichen Bedeutung der Kuppel im christlichen und außerchristlichen Sakralbau, nachdem die Römer die bautechnische Voraussetzung der ‚echten‘ halbkugelförmigen Wölbung (im Unterschied zum ‚falschen‘, beispielsweise mykenischen Kraggewölbe) mit in der Regel kreisrundem Kuppelfuß entwickelt und mit dem Pantheon in Rom zwischen 118 und 128 n. Chr. das herausragende Vorbild geschaffen hatten. Die bedeutendsten Kuppelbauten des Frühmittelalters sind die Hagia Sophia (532–37) in Konstantinopel, der islamische Felsendom (687–91) in Jerusalem und die Pfalzkapelle (um 790–800) in Aachen, heute ein Bestandteil des Aachener Doms. Ihre Kuppelschale ist mit der hypothetischen Re-

Abb. 41: Apsis des romanischen Doms von Cefalù (Sizilien), um 1150
Das Mosaik der Halbkuppel zeigt in byzantinischer bzw. ostkirchlicher Ikonographie das Brustbild des Christus Pantokrator. Seine Rechte ist zum (griechischen) Segensgestus erhoben, während die Linke das geöffnete Buch des Lebens trägt. Der obere Bildstreifen der konkaven Wand zeigt zwischen Erzengeln Maria als Orans mit erhobenen Armen, dem bereits antiken Gestus der Anbetung (vgl. S. 38).

Abb. 42: Kreuzkuppelkirche mit der Himmelfahrt Christi, um 1125, 33 x 22,5 cm; Vatikanstadt, Biblioteca Apostolica Vaticana; Vat. gr. 1162, fol. 1 v
Die Bildseite befindet sich am Beginn einer Prachthandschrift der Marienhomilien (Predigten) des Mönches Jakobos von Kokkinobaphos aus dem kaiserlichen Skriptorium in Konstantinopel. Die Mittelache verbindet Maria inmitten der Jünger mit Christus, der von Engeln in einer Mandorla emporgetragen wird, und der Hauptkuppel. Diese symbolisiert den Himmel, in dem Christus zur Rechten Gottvaters thronen wird. Figuren in den ‚Seitenschiffen‘ sind ein Prophet und rechts König David.

ΤΙϹ ΟΥ
ΤΟϹ Ο
ΑΝΕ
ΒΗ Ο ΘϹ

Abb. 43: Mosaik der Kuppelschale im Baptisterium von San Marco in Venedig, 13. Jh. Im Scheitel thront Christus mit Seraphim inmitten einer kreisrunden und von Engeln gerahmten Mandorla. Der äußere Bildstreifen ist eine der seltenen Darstellungen der neun himmlischen Engelchöre nach der Lehre des Pseudo-Dionysius Areopagita in dessen Werk „Über die himmlischen Hierarchien". Das Mosaik verzichtet allerdings auf die Verdeutlichung einer hierarchischen Gliederung der dreimal drei Engelchöre. Diese Hierarchie stuft sich in der Lehre des Pseudo-Dionysius Areopagita von den Seraphim, Kerubim und Thronen bis hinab zu den Fürstentümern, Erzengeln und Engeln. Sämtliche Schriften des im Mittelalter einflussreichen Symbolikers aus frühchristlicher Zeit sind Quellen der Lichtsymbolik. Einen Ausgangspunkt bildet der Schöpfungsbericht insofern, als die Erschaffung des Lichts am 1. Tag der Erschaffung der Gestirne (4. Tag) vorausgeht und diesen als transzendentes Phänomen weit übergeordnet ist.

konstruktion (1881) des ursprünglichen Mosaiks ausgestattet. Sie bezieht sich mit einer Maiestas Domini, den vier Evangelistensymbolen und den 24 Ältesten auf die Himmelsvision im 4. Kapitel der Offenbarung des Johannes.

Mit anderen Worten: Die architektonische Analogie zum physikalischen Himmelsgewölbe symbolisiert dessen metaphysische Bedeutung und erweist sich als Ort einer bildkünstlerisch repräsentierten Epiphanie des Göttlichen.[11]

Ein Beispiel ist das Mosaik der Kuppelschale im Baptisterium von San Marco (Abb. 43). Doch auch und gerade die Halbkuppel über der Apsis gewann diese Bedeutung, etwa mit dem Bild des Christus Pantokrator, der ostkirchlichen Entsprechung zur westkirchlichen Maiestas Domini, beispielsweise im Dom von Cefalù (um 1150) an der Nordküste von Sizilien, das zu dieser Zeit kulturell unter byzantinischem Einfluss stand (Abb. 41).

Ein im Zusammenhang der religiösen Deutung der Kirchenkuppeln programmatisches Werk der byzantinischen Buchkunst ist das Bild der Himmelfahrt Christi im Inneren eines auf die Fläche projizierten Bauwerks. Eine Hauptkuppel und vier Nebenkuppeln kennzeichnen es als Kreuzkuppelkirche auf dem Grundriss des griechischen Kreuzes mit vier gleich langen Armen (Abb. 42).

Die gotische Metaphysik des Lichtes.

1141 datiert die erneute Chorweihe der Abteikirche Saint-Denis (Grablege der französischen Königshäuser) nördlich von Paris. Dieser neue Chor gilt als Ausgangspunkt der gotischen Sakralarchitektur: Zum ersten Mal trat an die Stelle eines romanischen „Gliederungsbaus“ aus klar artikulierten selbstständigen Baugliedern eine Raumeinheit aus Binnenchor, Chorumgang und radial angeordneten, großzügig durchfensterten Chorkapellen.

Eine kunstgeschichtliche Legende besagt, der Bauherr Abt Suger von Saint-Denis (um 1080 bis 1151), ein Berater der Könige Ludwig VI. und Ludwig VII., habe als Schriftsteller bereits die neue Bauästhetik formuliert, indem die Kirche als Bauwerk auf wunderbare Weise in das himmlische Königreich verwandelt werde, um „uns und die Kreatur der Engel, Himmel und Erde mit Macht und Barmherzigkeit zu einem einzigen Gemeinwesen zu vereinigen“.

Die Deutung dieser Charakterisierung der Sakralarchitektur als Bauästhetik setzt voraus, Abt Suger beziehe sich hier auf den von ihm initiierten Neubau von Saint-Denis. Bei seiner „Ästhetik“ handelt es sich aber um die Beschreibung liturgischer und sakramentaler Handlungen in der Schrift *De consecratione* („Über die Weihe“). Hier spricht Suger von der Kirche als einem Ort, an dem sich bei der Salbung mit dem heiligen Crisam und bei der Eucharistie Materielles in Immaterielles, Leibliches in Geistiges und Menschliches in Göttliches verwandelt, sodass sie jenes „Gemeinwesen“ bildet.

Sugers Interesse gilt also dem Auftrag und Wesen der Kirche als solche, ohne deren Baugestalt zu definieren. Insoweit ist die ihm unterstellte Programmatik des gotischen Baustils eine nachträgliche Deutung seiner Schriften. Dennoch hat diese Fiktion Anhaltspunkte in Sugers mystischer Koinzidenz etwa von Materiellem und Immateriellem, die sich im Verlauf von Jahrhunderten bei aller regionalen Differenzierung als das gemeinsame Wesensmerkmal manifestiert hat: Je stärker die bautechnische Materialität der durchaus als Prestigearchitektur motivierten gewaltigen Kathedralen alle Bindungen an bestimmte Funktionen überstieg, desto stärker gewann der gotische Sakralbau an Spiritualität.

Daran ist die spezifische Wechselbeziehung der drei Dimensionen Breite (zwischen den mehrgeschossig gegliederten und in wachsendem Umfang durchfensterten Seitenwänden), Länge (vom westlichen Portal bis zum östlichen Chor) und Höhe (vom Fußboden bis zum Scheitel der Gewölbe). Bei aller Individualität jeder einzelnen Kathedrale, Kloster- oder Pfarrkirche besteht jeweils eine räumliche Einheit der Vielfalt.

Dies gilt auf besondere Weise für den Anteil der farbig verglasten Maßwerkfenster als tagsüber geheimnisvoll schimmernde Lichtquellen im Chor, im Lichtgaden des Mittelschiffs, als Beleuchtung der Seitenschiffe und in Form von Rosenfenstern der Westfront (Abb. 44) sowie der Giebelfronten der Querschiffe. Aus den romanischen Anfängen entwickelte sich eine Glasmalerei, die einerseits das immaterielle, farblose Licht in Gestalt von farbigem leuchtendem Glas materialisierte und umgekehrt den Schmuckwert der farbigen Transparenz zur spirituellen Transzendenz steigerte: Die Glasmalerei gab „der Religion Licht“. So lautet die Inschrift eines Farbfensters mit einem Dedikationsbild, auf dem ein Ehepaar das von ihm gestiftete Fenster zwei Heiligen übergibt (um 1240/50; Darmstadt, Hessisches Landesmuseum).

Abb. 44: Die Kathedrale Notre-Dame in Reims, 1220–75, gotischer Neubau der Kirche der Erzbischöfe von Reims
Der Blick richtet sich durch das Mittelschiff auf die Westwand mit zwei farbig verglasten Rosenfenstern über der *porta coeli*, der „Himmelspforte“. Zu beiden Seiten öffnen sich spitzbogige Arkaden zu den Seitenschiffen. Darüber befinden sich der Laufgang Triforium und als Fenstergeschoss der Lichtgaden. Schlanke Rundstäbe, die Dienste, lenken den Blick geradewegs hinauf zum Gewölbe.

DIE HIMMELSLEITER. Ein mehrdeutiges Symbol, das sich – wie die Arche Noach – auch auf die Ecclesia bezieht: auf die Kirche als Institution und als himmelwärts strebender Sakralbau, ist die Himmelsleiter. Sie gehört beispielsweise in ungewöhnlicher Gestaltung zu den Themen der 78 ganzseitigen Miniaturen am Beginn eines Psalters, der zwischen 1254 und 1270 für König Ludwig IX., den Heiligen, in Paris entstanden ist. Jedes dieser Bilder enthält zwei Szenen jeweils innerhalb eines gotischen Kirchenportals. Dieses architektonische Rahmenwerk wird ein einziges Mal ergänzt: nämlich durch die Himmelsleiter, die hier vom Träumer Jakob zum Angesicht Gottes führt und insofern das Bauwerk Kirche überdeckt, übersteigt, gar überwindet (Abb. 45).

Zwei gemeißelte Himmelsleitern führen an der Westfront der ab 1502 im Auftrag von Bischof Oliver King im spätgotischen Stil neu erbauten Kathedrale von Bath zu den Türmen empor (Abb. 46). Vergleichbare Bauplastik entstand u.a. bereits um 1167 am Triumphbogen der Pfarrkirche im westfälischen Erwitte und um 1265 in der Westempore des Doms von Gurk in Kärnten.

Die Himmelsleiter symbolisiert aber – wie jeder Turm und insbesondere der Turmbau zu Babel – unter Umständen auch die Versuchung eines eigenmächtigen, luziferischen „Erstürmens" des Himmels. Davon handelt die von Albrecht Dürer illustrierte Vision der hl. Birgitta von Schweden: Ein Mönch steigt eigenmächtig und frevelhaft zum Himmel hinauf (Abb. 47). In der *Regula Sancti Benedicti* heißt es in durchaus auch kirchenkritischer und gegen einen Missbrauch des Mönchtums gerichteter Absicht bildhaft am Beispiel der Himmelsleier im Traum Jakobs: „Dieses Hinauf- und Hinabsteigen (der Engel) bedeutet zweifellos nichts anderes als den Aufstieg in Demut und den Abstieg in Hochmut" (7. Kapitel). Von Benedikt stammt auch die zahlensymbolische Deutung der Himmelsleiter als ein in zwölf Sprossen gegliedertes Symbol der Tugenden.

Abb. 45: Jakobs Traum von der Himmelsleiter und die Salbung des Steins von Bet-El (Gen 28,10–22) im Psalter Ludwigs IX., um 1250; 21 x 15 cm; Paris, Bibliothèque Nationale, Ms. lat. 10525, fol. 13 v
Der 1297 von Bonifatius VIII. heiliggesprochene König ließ in Paris die zweigeschossige Palastkapelle Sainte-Chapelle erbauen, mit einer Oberkirche als begehbarer, in den farbigen Schimmer der Fenster getauchten Schrein für aus Konstantinopel erworbene Passionsreliquien. Die Psalter-Miniaturen verwenden Architekturmotive dieses 1249 geweihten hochgotischen Sakralbaus.

Abb. 46: Himmelsleiter an der Westfront der Kathedrale von Bath, Anfang 16. Jh.
Diesem bauplastischen Schmuck liegt der Überlieferung zufolge ein Traum des Initiators des Neubaus von seinen kirchlichen Aufgaben und dadurch zu erwerbenden Verdiensten zugrunde: Der Träumer (nach dem Vorbild Jakobs) war Oliver King, ehemals Berater Heinrichs VII., ab 1493 Bischof von Exeter und ab 1496 bis zu seinem Tod 1503 Leiter der Diözese Bath und Wells.

Abb. 47: Albrecht Dürer (1471–1528), „Vision der hl. Birgitta von Schweden vom frevelhaften Mönch auf der Himmelsleiter", Holzschnitt, 23 x 15 cm, in einer Ausgabe der *Revelationes Sanctae Birgittae,* gedruckt bei Anton Koberger, Nürnberg, 1500

Abb. 48: Paul Troger (1698–1762), „Aufnahme Mariens in den Himmel", Ölgemälde als Entwurf für das 1750 vollendete Deckenfresko im Chor des Doms von Brixen; München, Bayerisches Nationalmuseum
Die illusionistische Gestaltung einer Szene im Himmel mit Christus und Maria bedient sich der als „Froschperspektive" bezeichneten Untersicht der Betrachter, die ihre Blicke zur Decke richten, sowie des Kontrastes zwischen dem nahezu schwarzen „Erdenraum" und dem kreisrunden Blickfeld, in

dem sich vor dem lichten Blau des Himmels ein Wolkengebirge ballt; es gehört zum Schauplatz des *theatrum coeli.* Am unteren Rand fällt das Himmelslicht auf eine Gruppe von Putten; sie sind in Brixen stukkiert. Die Troger-Werkstatt verwendete den Entwurf 1759/60 erneut in der Pfarr- und Wallfahrtskirche Mariahilf im VI. Bezirk von Wien.

Abb. 49: Egon Eiermann (1904–1970), Chor und Altar der ev. Matthäuskirche in Pforzheim, 1952/53
Die Wände bestehen aus Betonquadern, in deren Durchbrüche Gussglas eingelassen ist. Über dem Altar schwebt eine mächtige Betonplatte als Baldachin. Die kreisrunde Aussparung assoziiert die Öffnung des Himmels.

Der Himmel öffnet sich. Die beiden Abbildungen repräsentieren zwei diametral entgegengesetzte, durch zwei Jahrhunderte getrennte Konzeptionen der Ausgestaltung eines Kirchenraums. Sie veranschaulichen einen offenkundig kaum zu überbrückenden kunst- und kulturgeschichtlichen Gegensatz. Er trennt den spätbarocken Illusionismus im 18. Jh. unmittelbar vor der Durchsetzung des vernunftbetonten Klassizismus vom gleichsam desillusionierten Rationalismus eines Neubeginns um die Mitte des 20. Jh.

Die Konfrontation des Entwurfs von Paul Troger zum Fresko über dem Chor des Doms von Brixen (Abb. 48) mit dem Blick auf den Chor- und Altarbereich in Egon Eiermanns evangelischer Matthäuskirche (Abb. 49), einem Neubau im nahezu restlos zerbombten Pforzheim, dient allerdings nicht dem Gegensatz um des Gegensatzes willen. Vielmehr gibt die zunächst rein formale Gemeinsamkeit der beiden kreisrunden Öffnungen einen ersten Hinweis auf den gemeinsamen Wesenskern aller christlichen Sakralarchitektur, nämlich auf die Transzendenz des Religiösen. Diesen Wesenskern des Kirchenbaus umhüllen die kirchengeschichtliche Entwicklung sowie die konfessionellen und damit oft verbundenen stilgeschichtlichen Unterschiede mitunter bis zur Unkenntlichkeit.

Als Gesamtkomplex lenkt die Pforzheimer Matthäuskirche den Blick auf die im weitesten Sinne soziale Basis einer Vision des sich öffnenden spirituellen Himmels: Der als „Zelt Gottes" („Du hüllst dich in Licht wie in ein Kleid, du spannst den Himmel aus wie ein Zelt"; Ps 104,2) konzipierte, stützenlose Kirchenraum bildet das zweite Stockwerk über einem Sockel aus Gemeinderäumen. (Ähnliches gilt für die nach Geschlechtern getrennten Gebets- und Aufenthaltsräume der zwei Stockwerke einer Moschee, beispielsweise beim 2005 eröffneten Neubau in Göppingen, Baden-Württemberg.)

Das Licht des Paradieses. Ausschnitt aus einem Gemälde von Hieronymus Bosch, Abb. 53

DIE GEMEINSCHAFT DER HEILIGEN. In der Prachthandschrift eines Breviers, das der ungarische König Matthias Corvinus 1487 in Florenz in Auftrag gegeben hat und zwei Jahre nach dessen Tod (1490) vollendet worden ist, schmückt ein Bild der Trinität mit Heiligen und Propheten auf Blatt 556 den Beginn der Gebete zu den Heiligen, zur *Communio Sanctorum* (Abb. 50). Das Zentrum bilden inmitten eines Kreises, bestehend aus einem Strahlenkranz, Gottvater mit der Weltkugel (vgl. Abb. 27), Christus und die Taube des Heiligen Geistes zwischen Maria und Johannes dem Täufer.

Das Thema der Fürbitte (Deesis) verbindet dieses Werk der Florentiner Buchmalerei mit Albrecht Dürers rund ein Jahrzehnt jüngerem „Allerheiligenbild" eines Altars für die Allerheiligenkapelle des Zwölfbrüderhauses in Nürnberg (Abb. 51).

Hier besitzt die Darstellung der Trinität die Gestalt des so genannten Gnadenstuhls (Gottvater hält mit ausgebreiteten Armen das Kruzifix), wobei sich

Abb. 50: Allerheiligenbild im Brevier des Königs Matthias Corvinus von Ungarn, 1487–92; Vatikanstadt, Biblioteca Apostolica Vaticana, Urb. lat. 112, fol. 556 r

ein Dreieck als trinitarisches Symbol ergibt. Den weitaus größten Teil der Bildfläche nimmt der durch einen Wolkensaum von der Erde getrennte Himmel ein. Ein zweiter rahmt den Gnadenstuhl mit der Taube des Heiligen Geistes.

Trotz der Disproportion von Himmel und Erde besteht eine Gemeinsamkeit in Form der neuzeitlichen perspektivischen Räumlichkeit sowohl auf der Erde (mit einem Selbstbildnis Dürers neben einer Tafel, die seinen Namen nennt) als auch im Himmel. Hier verjüngen sich die zuoberst versammelten Engelscharen, und Gleiches gilt für die auf mittlerer und unterer Ebene angeordneten Gruppen. Durch ihre Größe, die ihrer Nähe zum Betrachter entspricht, sind Maria (links) und Johannes der Täufer (rechts) als Fürbitter hervorgehoben. Hinter Maria gruppieren sich weibliche Heilige mit ihren Attributen, hinter Johannes unter anderem Gestalten des Alten Testaments wie König David mit der Harfe und Mose mit den Gesetzestafeln.[12] Zum unteren, der Erde am nächsten stehenden Bogen gehören Kaiser und Papst sowie links Matthäus Landauer, den ein Kardinal bittet, sich einzureihen, und gegenüber Landauers Schwiegersohn Wilhelm Haller als Ritter in goldglänzender Rüstung. Dieser und sein Schwiegervater haben das religiöse Verdienst als (auch in sozialer Hinsicht verdienstvolle) Stifter.

Ein Großteil der Personen lässt allerdings keine Identifizierung zu. Vielmehr handelt es sich um Typen aus dem Volk, das offenkundig in die Gemeinschaft der Heiligen, also der Gläubigen, einbezogen ist.

Die Porträts der Stifter deuten unter anderem darauf hin, dass Dürers Allerheiligenbild eine Verbindung des Hier und Jetzt mit der im Glauben zu gewinnenden Gewissheit der Zugehörigkeit zur Gemeinschaft der Heiligen herstellt. Insofern stehen Himmel und Erde nicht in diametralem Gegensatz, und es klingt bereits die Erwartung eines Himmels auf Erden an.

Abb. 51: Albrecht Dürer (1471–1528), „Allerheiligenbild“ des nach seinem Stifter Matthäus Landauer benannten Altars, vollendet 1511, 135 x 123,4 cm; Wien, Kunsthistorisches Museum

DER EINGANG IN DAS PARADIES. Zum Bildprogramm von Darstellungen des Jüngsten Gerichts gehörten der Höllenrachen, in den die Verdammten zur Linken des meist auf einem Regenbogen thronenden Weltenrichters stürzen, und das Himmelstor, durch das die Seligen zu seiner Rechten in das Paradies eingehen. Ein Beispiel ist der linke Flügel des 1467–71 entstandenen Triptychons von Hans Memling aus der Danziger Marienkirche (Abb. 52).

Abb. 52: Hans Memling (um 1433/40 bis 1494), „Aufstieg der Seligen zum Paradies", linker, d.h. zur Rechten des Weltenrichters angebrachter Flügel eines Triptychons „Das Jüngste Gericht", 1467–71. Das ursprünglich für die Badia in Fiesole bestimmte Werk des ab 1463 in Brügge tätigen Hans Memling aus Seligenstadt in Hessen wurde auf dem Seeweg nach Italien die Beute von Piraten und gelangte in die Marienkirche in Danzig. Hier befindet es sich heute im Muzeum Narodowe.

Das schlanke Hochformat unterstützt den Eindruck des nach oben gerichteten Aufstiegs der Seligen. Sie werden von Engeln geleitet und von Petrus mit seinem Attribut, dem Schlüssel als Öffner des Himmelstors, empfangen. Er leitet sich von der Ankündigung der Schlüsselübergabe Jesu an Petrus her: „Ich werde dir die Schlüssel des Himmelsreichs geben" (Mt 16,19). Die Darstellung der Seligen in nackter Gestalt kennzeichnet sie im Einklang mit einer bildkünstlerischen Tradition als Seelen.

Dies gilt zwar auch für das rund 10 Jahre jüngere Gemälde von Hieronymus Bosch, das mit drei weiteren Tafeln im Palazzo Ducale von Venedig ebenfalls zu einem Gerichts-Triptychon gehört haben könnte, dessen Mitteltafel verschollen ist (Abb. 53).

Wie nahezu sämtliche Werke von Bosch, so gibt auch dieser Aufstieg von Seligen bzw. von Seelen Rätsel auf, etwa über die Voraussetzungen einer Gestaltung des Eingangs zum Paradies als Ende eines Tunnels. Andererseits ist denkbar, dass hier die Tradition der Lichtsymbolik ihren überwältigenden und mit keinem anderen Werk vergleichbaren Ausdruck gefunden hat. Er reicht bis hin zur Auffassung von Seligkeit, Erlösung, ja Gottes selbst als reines Licht.

Bedenkenswert ist die Vermutung, dass sich die 1521 datierte Benennung eines Gemäldes als „Der Traum des Bosch" auf diesen Aufstieg der Seligen bezieht. Vor allem aber fordert das Gemälde zu Vergleichen mit Sterbevisionen heraus, die vor allem von „klinisch toten" und reanimierten Patienten auch und gerade aus den letzten Jahrzehnten überliefert sind. Auch in diesen Grenzerfahrungen spielen – ohne an religiöse Traditionen gebunden zu sein – Lichterfahrungen eine wesentliche Rolle. In einer dieser Sterbevisionen ist auf folgende Weise davon die Rede: „Nachdem ich in die Höhe geschwebt war, ging es mit mir durch so einen dunklen Tunnel. (...) Ich verschwand in dem dunklen Tunnel und kam dann in eine strahlende Helligkeit."[13]

Abb. 53: Hieronymus Bosch (um 1550–1516), „Der Aufstieg der Seelen zum Paradies“, um 1482 (?); Venedig, Palazzo Ducale
Dieses ganz ungewöhnliche Werk des Niederländers entstand möglicherweise als linker Flügel eines Triptychons „Das Jüngste Gericht“, vielleicht aber auch als Teil von einem Zyklus aus selbstständigen Andachtsbildern. Das Motiv eines schwarzen, in reine Helligkeit führenden Tunnels besitzt Analogien zu Sterbevisionen aus jüngster Zeit.

Abb. 54: Die chinesische Bilderrolle aus dem 19. Jh. zeigt Weise, welche das himmlische Bergland der Göttin Hei Wang-mu erreichen. London, British Museum

HIMMELSGESCHICHTEN

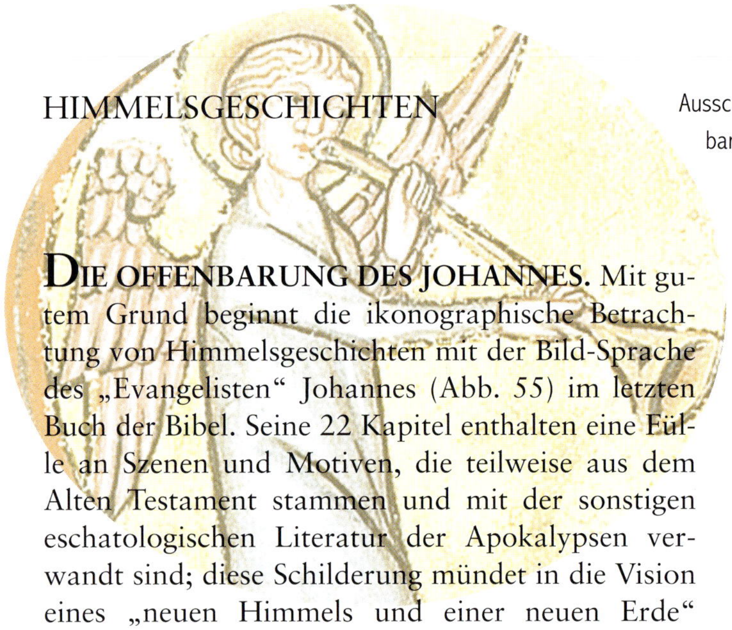

Ausschnitt aus folio 141 v der vierteiligen Bilderzählung der Johannes-Offenbarung, s. Abb. 56

DIE OFFENBARUNG DES JOHANNES. Mit gutem Grund beginnt die ikonographische Betrachtung von Himmelsgeschichten mit der Bild-Sprache des „Evangelisten" Johannes (Abb. 55) im letzten Buch der Bibel. Seine 22 Kapitel enthalten eine Fülle an Szenen und Motiven, die teilweise aus dem Alten Testament stammen und mit der sonstigen eschatologischen Literatur der Apokalypsen verwandt sind; diese Schilderung mündet in die Vision eines „neuen Himmels und einer neuen Erde" (21,1).

Zahlreich sind die vom Text nahegelegten Versuche einer wortwörtlichen Übersetzung in Bilder, beispielsweise in illuminierten Handschriften der Beatus-Apokalypse, d.h. der Offenbarung mit dem Kommentar des Mönchs Beatus von Liébana (7. Jh.) im nordspanischen Asturien (Abb. 57). Der Text des Beatus ist eine Kompilation älterer Kommentare und folgt jeweils als *explicatio* („Erörterung") einem als *storia* („Erzählung") bezeichneten Abschnitt des biblischen Textes, auf den sich grundsätzlich die in dichter Folge eingefügten Miniaturen in 25 erhaltenen illuminierten Beatus-Apokalypsen beziehen. Sie bilden Hauptwerke der spanischen Buchkunst im Frühmittelalter.

Ein ganz anders konzipiertes Beispiel aus dem Spätmittelalter ist die vierteilige Bildergeschichte mit rund 60 Szenen der Offenbarung in einer Handschrift aus dem Deutschordensland. Die 3. Bilderseite (Abb. 56) reicht von der 4. Posaune und dem Wehruf des Adlers (8,12 f) über die gekrönten Heuschrecken aus dem Bestiarium der apokalyptischen Schreckenstiere (9,1–12) und die Szene mit dem Buch, das – wie einst Ezechiel zum Zeichen seiner Berufung – Johannes verzehrt (10,8–11, vgl. Ez 2,8 und 3,1–3) bis zum 12. Kapitel, das mit der Verfolgung der apokalyptischen Frau durch den siebenköpfigen Drachen beginnt.

Das 2. Bild der unteren Reihe bezieht sich auf das 11. Kapitel und bedient sich der Ikonographie des zwölfteiligen Zodiakus (vgl. S. 138/139) als Rahmen des Christus Pantokrator in Form der Mandorla. Die zwölf Halbfiguren repräsentieren die 24 Ältesten (11,16, vgl. 4,4), die „sprachen: Wir danken dir, Herr, Gott und Herrscher über die ganze Schöpfung" (11,17a). Es folgt ein Bild zum 19. Vers mit dem Kreis als Symbol des Himmels. Hier wurde der Tempel Gottes geöffnet, „und in seinem Tempel wurde die Lade seines Bundes sichtbar: Da begann es zu blitzen, zu dröhnen und zu donnern, es gab ein Beben und schweren Hagel" – eine Katastrophe, der auf dem Bild auch eine Kirche zum Opfer fällt. Verkörpert sie vergängliches Menschenwerk im Gegensatz zum himmlischen „Tempel Gottes"?

Abb. 55: Johannes auf Patmos, um 1430/40; Vatikanstadt, Biblioteca Apostolica Vaticana, Vat. lat. 14395, fol. 17 r
Über Johannes mit seinem Symboltier Adler (links ein Teufel, der den Seher stören will) strahlt auf einem Hügel das „neue Jerusalem".

Abb. 56: Vorletzte Seite einer vierteiligen Bilderzählung der Johannes-Offenbarung, um 1350; Stuttgart, Württembergische Landesbibliothek, HB XIII 11, fol. 141 v
Die Szenenfolge reicht hier vom 8. bis zum Beginn des 12. Kapitels. Es empfiehlt sich, mit Hilfe des biblischen Textes die Bildsprache des Buchmalers zu „lesen".

XXV. materia
XXVI
XXVII. materia
XXVIII. materia
XXIX. materia
XXX. materia
XXXI. materia
XXXII. materia
XXXIII. materia
XXXIIII. materia
XXXV. materia
XXXVI. materia

Abb. 57: Der siebenköpfige Drache und die apokalyptische Frau. Doppelseitige Buchmalerei in der 975 vollendeten Beatus-Apokalypse der Kathedrale von Gerona. Sie entstand im Skriptorium des Klosters San Salvador de Távara bei Zamora (León).

Die apokalyptische Frau. Die vorletzte Seite einer Bildergeschichte der Offenbarung (Abb. 56) zeigt ebenso wie die Doppelseite aus einer spanischen Beatus-Apokalypse (Abb. 57) „eine Frau, mit der Sonne bekleidet; der Mond war unter ihren Füßen und ein Kranz von zwölf Sternen auf ihrem Haupt“ (Offb 12,1).

Diese „apokalyptische Frau“ hat ikonographisch die ungewöhnlichsten Wandlungen erfahren, bis hin zu einem Werk von William Blake (Abb. 59). Vor allem entwickelte sie sich zu einem Typus des Marienbildes mit dem Titel *Immaculata,* der vollständig *Immaculata conceptio Mariae* lautet, also „Unbefleckte Empfängnis Mariens“.[14] Dass die im Zeichen der Gegenreformation und einer gesteigerten Marienverehrung entstandenen Immaculata-Bilder heute oft als Himmelfahrt Mariens missverstanden werden (z. B. Abb. 58), mag an der Unkenntnis über die Herkunft des Attributs Mondsichel zu Füßen der Mariengestalt liegen. Erforderlich ist auch das Wissen von der Schwangerschaft der „apokalyptischen Frau“ und der Geburt ihres Sohnes, den der Drache verschlingen will: „Und sie gebar ein Kind, einen Sohn, der über alle Völker mit eisernem Zepter herrschen wird. Und ihr Kind wurde zu Gott und zu seinem Thron entrückt“ (Offb 12,5f). Einerseits liegt hier eine Quelle für die spätere Identifizierung der „apokalyptischen Frau“ mit Maria als Gottesmutter. Hinzu trat Mariens Kindheitsgeschichte im apokryphen Protoevangelium des Jako-

Abb. 58: Bartolomé Esteban Murillo (1618–1682), „Immaculata von Aranjuez“, um 1656–60, 222 x 118 cm; Madrid, Museo del Prado
Gemälde zum Thema der *Immaculata conceptio Mariae* („Unbefleckte Empfängnis Mariens“) scheinen die Himmelfahrt Mariens darzustellen. In Wirklichkeit ist das Thema die Befreiung Mariens von der Erbsünde bereits bei der Empfängnis durch ihre Mutter Anna (Fest am 8. Dezember).

Abb. 59: William Blake (1757–1827), „Der große Rote Drache und die Frau mit der Sonne bekleidet“, um 1805–10, 40 x 32,5 cm; Washington, The National Gallery of Art
Das Aquarell des Vertreters einer neuzeitlichen Mystik (der englische Dichter und Maler Blake stand unter dem Einfluss des schwedischen Theosophen Emanuel Swedenborg bzw. seiner Anhänger) deutet das 12. Kapitel der Johannes-Offenbarung als Kampf der „feurigen“ Mächte der Finsternis gegen das Licht der Spiritualität. Sie ist bedroht durch Rationalismus und Utilitarismus.

bus mit der Empfängnis der hl. Anna. Doch blickt die Offenbarung nicht auf die Menschwerdung Gottes zurück, sondern verheißt Christi Wiederkunft nach einer Zeit der Bedrohung seiner Kirche, als deren Symbol jene Frau zu verstehen ist.

Aufgrund der Auffassung Mariens als Personifikation der Kirche begann bereits im 13. Jh. eine ikonographische Annäherung der apokalyptischen Frau an Maria und umgekehrt. So leitet sich der goldene Strahlenkranz spätgotischer Statuen der Madonna von jener Frau her, „mit der Sonne bekleidet“ (Offb 12,1). Eine monumentale Identifizierung beider Gestalten schuf Peter Paul Rubens mit dem 5,5 m hohen Altarbild „Michaels Drachenkampf“ für den Dom von Freising (1624/25; München, Alte Pinakothek, Abb. S. 32). Das figurenreiche und hochdramatische Gemälde verbindet eine traditionelle Madonna und den Satanssturz des Erzengels Michael mit dem Drachen (Offb 12,7–12). Die Flügel der Madonna erweisen sie als apokalyptische Frau. Ihr „wurden die beiden Flügel des großen Adlers gegeben“ (Offb 12,14).

Aufnahme in den Himmel. Die ikonographische Beschäftigung mit der Himmelfahrt Jesu Christi, nach dem Bericht der Apostelgeschichte (1,9–11) unterscheidet im Wesentlichen vier Entwicklungsstufen: Zunächst motivierte der Schauplatz Ölberg das Bild eines Berges, den Christus besteigt und die Hand Gottes ergreift, die am Wolkensaum eines Himmelssegments erscheint. Es folgte die textgetreue Darstellung der Aufnahme Christi durch eine Wolke, die ihn den Blicken seiner Jünger entzieht. Dies setzt freilich voraus, dass Christus aufgehoben wird. Dies geschieht durch Engel, wobei Christus in einer Mandorla (Abb. 40) oder mit Händen (hierzu eine türkische Buchmalerei, Abb. 62) oder auf einer Wolke getragen wird (Rembrandt, „Himmelfahrt Christi", 1636; München, Alte Pinakothek).

Auf jene frühen Darstellungen (z. B. Abb. 61) lässt sich die Antwort beziehen, die Jacobus de Voragine in seiner Legendensammlung *Legenda aurea* (vor 1264)[15] auf die Frage gibt, „wie Christus gen Himmel fuhr": „Da merken wir zum ersten, dass er auffuhr mit großer Gewalt, da er auffuhr von seinen eigenen Kräften." Jacobus hat allerdings auch die Aufnahme durch eine Wolke und das Bild der Himmelfahrt auf einer Wolke im Blick: „Und wenn der Herr auf einer Wolke stand, da er auffuhr, so tat er das nicht, weil er der Hilfe der Wolke bedurfte, sondern allein um zu zeigen, dass alle Kreatur bereit ist, ihrem Schöpfer zu dienen. Denn er stieg auf durch die eigene Kraft seiner Gottheit."

Unter Berufung auf die *Historia Scholastika* (Begleittext zur Bibel des Pariser Theologen Petrus Comnestor, gest. 1179) betont Jacobus eine Unterscheidung zwischen Henoch (Gen 5,18–24), Elija und Christus: „Henoch ward gen Himmel entrückt und Elija hinaufgefahren (Abb. 60): Jesus aber stieg hinauf durch eigene Kraft." Diese Unterscheidung entspricht dem typologischen Bildprogramm der später fälschlich als „Bibel der Armen" *(Biblia pauperum)* bezeichneten Bilderbibel mit Bildergruppen

Abb. 60: Himmelfahrt des Propheten Elija, dargestellt in einer romanischen „Riesenbibel" aus Rom oder Mittelitalien, um 1125–30; Vatikanstadt, Biblioteca Apostolica Vaticana, Vat. lat. 12 958, fol. 108 v
Während Elija und sein Jünger Elischa „miteinander gingen, erschien ein feuriger Wagen mit feurigen Pferden und trennte beide voneinander. Elija fuhr im Wirbelsturm zum Himmel empor" (2 Kön 2,11). Das Bildfeld ist in drei Teile gegliedert. Sie zeigen zuoberst das Kreissegment des Himmels mit der Hand Gottes, im unteren Rechteck die Erde mit Elischa und dem Mantel, „der Elija entfallen war" (2 Kön 2,13).
Die Miniatur gehört zur buchmalerischen Ausstattung der Pantheon-Bibel.

Abb. 61: Ostern (die Frauen am leeren Grab) und Christi Aufnahme in den Himmel, um 400, spätantike Elfenbeintafel; München, Bayerisches Nationalmuseum
Die Darstellung des Osterereignisses folgt dem Markusevangelium. Es berichtet von drei Jüngerinnen (Maria aus Magdala, Maria, die Mutter des Jakobus, und Salome) am leeren Grab, das hier einem Mausoleum ähnelt, und einem „jungen Mann (...), der mit einem weißen Gewand bekleidet war; da erschraken sie sehr" (Mk 16,5). Der obere Teil zeigt Christus bei seiner als Aufstieg dargestellten Himmelfahrt. Während seine Linke eine Schriftrolle hält (das „Buch des Lebens"), ergreift seine Rechte die Hand Gottes in einem Wolkensaum des Himmels.

Abb. 62: Jesu Himmelfahrt in einer 1583 datierten türkischen Handschrift der „Geschichte der Welt und der Propheten"; Paris, Bibliothèque nationale
Der stets unbebilderte Koran motiviert dieses Thema durch folgende Verse aus der 4. Sure, in denen es um den Irrtum geht, der Prophet Jesus sei gekreuzigt worden, „sondern es erschien ihnen (den Juden) eine ihm ähnliche Gestalt. (...) Und sie haben ihn nicht mit Gewissheit getötet, sondern Gott hat ihn zu sich erhoben. Gott ist mächtig und weise" (4,157f, Übersetzung Adel Theodor Khoury, Gütersloh 1992).

Abb. 63: Die Aufnahme Mariens in den Himmel, um 1010–30; Hildesheim, Dombibliothek, Cod. 688, fol. 77 r

Dieses Werk der ottonischen Buchmalerei auf Goldgrund ist der rechte Teil einer doppelseitigen Komposition in einem Kollektar (liturgisches Buch mit Gebeten zur Eröffnung der Messe). Während die gegenüberliegende linke Seite die Sterbeszene *(dormitio)* zeigt, wobei Christus Mariens Seele in Gestalt eines Kindes den vom Himmel herabschwebenden Engeln übergibt, wird hier die Seele als Brustbild Mariens mit im Gebet erhobenen Händen in einem Medaillon *(imago clipeata,* benannt nach dem bemalten Rundschild *clipeus)* von zwei Engel emporgetragen. Oben ragt die Hand Gottes aus einem Himmelssegment vor einem flammenden Kreuz, um sie in Empfang zu nehmen. Zur selben Zeit entstanden bereits ganzfigurige Darstellungen Mariens bei ihrer Himmelfahrt; sie wird (wie Christus, Abb. 40) in einer Mandorla zum Himmel getragen.

aus jeweils zwei alttestamentlichen Typen bzw. Präfigurationen (z. B. Henoch, Elija) und einem neutestamentlichen Antitypus (Christus).

Lassen sich der *Legenda aurea* Hinweise auf die Ikonographie der Himmelfahrt Christi entnehmen, so gilt dies erst recht für das außerbiblische, auf Apokryphen und Legenden gegründete Thema der Himmelfahrt Mariens, also Bilder und plastische Bildwerke mit dem italienischen Titel *Assunta* (von lat. *assumptio* „Aufnahme, Aufhebung"), Kirchenfest am 15. August. Dem 1950 von Pius XII. verkündeten Dogma der leiblichen Aufnahme Mariens in den Himmel ging eine mehr als tausendjährige ikonographische und hagiographische Entwicklung voran, mit dem Ausgangspunkt der Entschlafung (griech. *koimesis,* lat. *dormitio),* verbunden mit dem Empfang der als Kind symbolisierten Seele der Gottesmutter durch ihren Sohn. Hierzu ein Auszug aus Predigten des Johannes Damascenus, die Jacobus im Kapitel „Von Mariae Himmelfahrt" zitiert: „Ward auch deine heilige Seele auf natürliche Weise von dem Leibe getrennt und der Leib der Erde übergeben, so verharrte er doch nicht im Tode und ward nicht aufgelöst in Verwesung. (...) Darum mag man deinen Schlaf nicht Tod nennen, sondern Scheiden oder Hingang, oder besser und eigentlich ein Kommen. Denn da du von dem Leibe gehst, so gehest du ein in den Himmel: Engel und Erzengel ziehen dir entgegen, und die unreinen Geister fliehen vor deinem Aufstieg. Selige Jungfrau, du bist nicht nur in den Himmel gekommen wie Elija, noch in den dritten Himmel wie Paulus, sondern du bist vorgedrungen zu dem königlichen Thron deines Sohnes."

Hier deutet sich bereits das Thema der Marienkrönung an (Abb. 64), das als Buchmalerei beispielsweise den achtteiligen Bilderzyklus zum Stundengebet des Marienoffiziums im Stundenbuch abschließt. In der *Biblia pauperum* ist die Marienkrönung der (apokryphe) Antitypus zu den alttestamentlichen Typen „Artaxerxes und Ester" und „Salomo setzt seine Mutter Batseba auf den Thron".

Abb. 64: Enguerrand Quarton (vor 1419–1466), „Marienkrönung“, 1453/54, 183 x 220 cm; Avignon, Musée Municipale
Das Altarbild verwendet die Ikonographie des Allerheiligenbildes mit der Trinität im Zentrum: Gottvater, Christus und die Taube des Heiligen Geistes, jeweils durch einen Kreuznimbus als göttlich ausgewiesen. Gemeinsam krönen sie Maria.

Wie auf Albrecht Dürers rund 50 Jahre jüngerem „Allerheiligenbild“ mit Maria als Fürbitterin (Abb. 51) erstreckt sich unter dem himmlischen Wolkensaum eine tiefenräumliche, teilweise apokalyptische Landschaft. Zuunterst befindet sich das Totenreich, aus dem ein Engel die Verstorbenen ans Licht führt. Rechts unten entspricht der Totenwelt die Hölle. Die vertikale Mittelachse verbindet das Kreuz Jesu mit dessen Mutter als Himmelskönigin *(regina coeli).*

Abb. 66 (gegenüber): Die Darstellung Alexanders d. Gr. bei seinem Himmelsflug mit zwei Greifen ist ein Detail des 1363–66 datierten Bodenmosaiks in der Kathedrale von Otranto (Apulien). Es wird einem Priester Pantaleon zugeschrieben.
Ein weiteres Beispiel einer mittelalterlichen Darstellung dieser Episode im Zusammenhang einer Kirche befindet sich am Südportal des Freiburger Münsters.

Abb. 65: Himmelsflug des Etana, Rollsiegel aus der Akkadzeit in Mesopotamien, um 2350–2140 v. Chr.
Dieses Beispiel repräsentiert zwei Neuerungen in der altorientalischen Glyptik: An die Stelle symbolischer Tiere und Pflanzen treten Gestalten der Götterwelt, und es ergeben sich identifizierbare Bezüge zur mythologischen Epik. Die Aufnahme stammt aus Anton Moortegat, „Vorderasiatische Rollsiegel. Ein Beitrag zur Geschichte der Steinschneidekunst", Berlin 1940.

HIMMELSREISEN. Die von Jacobus de Voragine zitierte Predigt des Johannes Damascenus betont Mariens Aufnahme in den höchsten Himmel – jedenfalls höher als der dritte Himmel, in den Paulus gelangt sei. Gemeint ist eine Bemerkung des 2. Briefes an die Korinther. Zwar spricht Paulus von einem Bekannten und „Diener Christi, der vor vierzehn Jahren in den dritten Himmel entrückt wurde" (2 Kor 12,2). Diese Redeweise „Ich kenne einen Mann" wird jedoch überwiegend als rhetorisches Stilmittel ausgelegt, demzufolge Paulus von sich in der 3. Person spricht. Dieses Thema der Entrückung unterscheidet sich von der Aufnahme in den Himmel durch eine zeitliche Begrenzung und gehört zum breiten Spektrum von Himmelsgeschichten, die hier als „Himmelsreisen" bezeichnet werden. Für sie und ihre frühgeschichtlichen mythologischen, auch schamanischen Wurzeln trifft die Ungewissheit zu, die Paulus im Bericht über jene Entrückung einräumt: „ob es mit dem Leib oder ohne den Leib geschah, weiß ich nicht, nur Gott weiß es" (12,4). Bildliche Darstellungen entscheiden sich allerdings in der Regel für eine Entrückung oder Himmelsreise „mit dem Leib".

Die ikonographischen Anfänge liegen in altorientalischen Kulturen Mesopotamiens. Ein Beispiel aus dem 3. Jt. v. Chr. ist die Himmelsreise des Etana (Abb. 65): Ein Adler trägt ihn in den Himmel, um von dort ein Wunderkraut zu holen. Ein vergleichbarer Kulturbringer ist in der griechischen Mythologie der Titan Prometheus. Er holt das von Zeus den Menschen verweigerte Feuer aus dem Sonnenwagen (nach einer anderen Überlieferung aus der Schmiede des Hephaistos) und bringt es zur Erde.

AL E XAN DER REX

In hellenistischer Zeit wurzeln die Sagen, die sich um Alexander d. Gr. (356–323 v. Chr.) gebildet haben. Aus (nicht überlieferten) Quellen des 2. Jh. v. Chr.) kompilierte ein unbekannter Autor im 3. Jh. n. Chr. wohl in Alexandria den „Alexanderroman"; die Zuschreibung an den Historiker Kleisthenes, einen Neffen von Alexanders Lehrer Aristoteles und Begleiter des Makedonenkönigs auf den Kriegszügen bis zum Indus „am Ende der Welt" fingierte die Authentizität der Berichte über die Taten Alexanders, der hier als Sohn des ägyptischen Gottes Amon gilt. Zwei Episoden sollen zeigen, dass der Eroberer und Halbgott nicht allein nach Macht strebte, sondern auch nach dem Verständnis des Universums: Mit einem Tauchgerät gelangte er in die Tiefen des Ozeans. Zwei an einen Korb gekettete Greife, die er mit emporgerecktem Fleisch lockte, trugen ihn hinauf zum Himmel (Abb. 66); göttliche Gewalt zwang ihn zur Rückkehr. Alexanders Himmelsreise diente schließlich als Sinnbild der Hoffahrt und sündhaften Neugier. Grundlage dieser Rezeption im Mittelalter waren lat. Übersetzungen des griech. „Alexanderromans": Um 320 entstanden die *Res gestae Alexandri Magni* („Die Taten Alexanders des Großen") von Julius Valerius Polemius, im 10. Jh. die *Historia de proeliis* („Geschichte der Schlachten") des Erzpriesters Leo von Neapel. Es folgten altfranzösische und mittelhochdeutsche Versionen, wobei das „Alexanderlied" (um 1120–30) des Pfaffen Lamprecht das Gewicht auf die Vergeblichkeit menschlichen Strebens nach irdischen Werten legt; Alexander wird hier das Attribut „der Große" verweigert. Die Popularität eines Volksbuchs erreichte das „Buch von dem großen Alexander" (um 1440) des Münchner Arztes und Gelehrten Johannes Hartlieb.

Die berühmteste literarische Darstellung einer Reise durch die Sphären des Himmels enthält das in der italienischen Volkssprache verfasste und um 1320 vollendete Epos *La Divina Commedia* („Die Göttliche Komödie") von Dante Alighieri. Zu den Versuchen, Dantes Vorbilder zu erschließen, gehört die „islamische These". Sie geht von Dantes Vertrautheit mit dem muslimischen Kulturkreis aus sowie seiner Hochachtung vor den muslimischen Aristoteles-Übersetzern und -Interpreten Averroës (Ibn Ruschd) und Avicenna (Ibn Sina). Sie gehören – wie Saladin, der 1198 Jerusalem zurückerobert hat – zu den „gerechten Heiden in der Vorhölle"; Muhammad und sein Schwiegersohn Ali leiden allerdings mit anderen Zwietrachtstiftern im 8. Graben des 9. Kreises der Hölle (XXVIII. Gesang des *Inferno).* Offenkundig sind jedenfalls Entsprechungen zwischen Dantes Dichtung und z. B. der Schilderung der Jenseitswanderung eines Pilgers, die vom Dichterphilosophen Abulala aus dem 11. Jh. stammt. Verwandt sind auch die Schriften „Das Buch der nächtlichen Reise" und „Die Offenbarungen von Mekka" des Mystikers Abenarabi aus dem 12. Jh. sowie die in mehreren Versionen verbreitete Legende von Muhammads Aufstieg in den Himmel, die im 9. Jh. entstanden sein dürfte und teilweise das Motiv der Himmelsleiter aufgegriffen hat. Dagegen enthält die Fassung eines Dichters namens Attar die hier in einer Nachdichtung wiedergegebenen Verse:

„Gott spricht: Wohlan, Prophet! Sitz auf zu Rosse!
Schwing auf dich zu des neunten Himmels Schoße!
Ich will dir nun des Seins Geheimnis weisen,
wohlan du sollst ins Herz der Geistwelt reisen."

Das um 1200 entstandene Gedicht des Attar gehört zu den verschiedenen Überlieferungen der Gottesschau Muhammads. Einer Version zufolge trat der Prophet seine nächtliche Reise in Jerusalem an, und zwar auf dem heiligen Felsen, auf dem Abraham bereit war, einen Sohn (Isaak oder Ismael, sie werden im Koran meist gemeinsam genannt) zu opfern, vgl. Sure 2,124: „Und als Abraham von seinem Herrn durch Worte auf die Probe gestellt wurde und er sie erfüllte" – eine Analogie zu Gen 22,1 (vgl. Abb. S. 69).

Abb. 67: Mose, Gabriel und Muhammad, Ende 16. Jh., 31 x 20,5 cm; Berlin, Museum für islamische Kunst

Einzelblatt aus einer türkischen Biographie des Begründers des Islam, der als Prophet des einen Gottes ein Nachfolger des Mose ist. Die Prachthandschrift entstand wohl im Auftrag des osmanischen Sultans Murat III. (reg. 1574–95). Der türkische Text – mit wörtlicher Rede auf Arabisch, der Sprache des Koran – handelt von Muhammads Himmelsreise. Dem entspricht der Himmel als Schauplatz der Unterredung zwischen Mose, der sich mit einem Redegestus von seinem Thron erhoben hat, und Muhammad, dessen Antlitz verschleiert ist. Beide Propheten tragen flammenförmige Nimben, in die ihre arabischen Worte eingetragen sind. Zwischen Mose und Muhammad steht dessen Führer Gabriel, gekrönt und mit zwei Doppelflügeln. Ein jeweils einfaches Flügelpaar tragen die fünf Engel, deren Brustbilder über Wolken erscheinen.

Abb. 68: Bildseite in der um 1540 entstandenen persischen Prachthandschrift eines Werkes des Dichters Nizami (1141–1209) aus

Aserbaidschan, geschaffen von einem Maler namens Sultan Muhammad; London, British Museum

Dargestellt ist Muhammad während seiner Reise in den siebten und schließlich in den neunten Himmel vor das Angesicht Gottes. Er reitet auf dem geflügelten Wunderross Burak mit gekröntem Frauenkopf und wird vom Erzengel Gabriel geleitet, der ihm voranschwebt.

Abb. 69: Domenico di Michelino (1417–1491), Ehrenbild Dantes als Autor der „Göttliche Komödie“ im Dom von Florenz, 1465
Das Höllentor links, der Läuterungsberg im Hintergrund mit dem irdischen Paradies auf dem Gipfel und die Himmelssphären symbolisieren die drei Teile *Inferno, Purgatorio* und *Paradiso* mit jeweils 33 Gesängen. Rechts repräsentiert Brunelleschis Kuppel den Dom von Dantes Heimatstadt (Geburt 1265), aus der er 1302 aus politischen Gründen verbannt wurde. Er starb nach zwei Jahrzehnten des Exils 1321 in Ravenna.

Die beiden Beispiele (Abb. 67 und 68) für die Darstellung von Muhammads Himmelsreise zeigen, dass der Islam außerhalb des kultischen Bereichs kein absolutes Bilderverbot auferlegt. Ausgeschlossen blieb aber stets das Gottesbild, und Muhammad wird in der Regel mit verschleiertem Antlitz dargestellt. Zur koranischen Sicht einer Hierarchie von Himmeln vgl. Sure 37,6: „Wir haben den untersten Himmel mit einem Schmuck geziert: mit den Sternen.“

Dass auch im *Paradiso* die Jenseitsreise des Dichters, der nun von Beatrice anstelle von Vergil geleitet wird, eine Hierarchie durchmisst, die vom Mondhimmel (Abb. 71) bis zum 9. Himmel, dem Kristallhimmel, reicht, ist natürlich keinerlei Bestätigung der „islamischen These“, sondern erklärt sich aus dem kulturgeschichtlichen Hintergrund des antiken Erbes der altorientalischen Astronomie. Im Übrigen sind Hierarchien und deren Umkehrung ein Strukturprinzip der *Divina Commedia*, mit neun Kreisen der Hölle im *Inferno* und sieben Ringterrassen des Läuterungsbergs im *Purgatorio*. Letztlich brachte die Auseinandersetzung mit der „islamischen These“ im Für und Wider mit aller Deutlichkeit zum Ausdruck, dass die „Göttliche Komödie“ an der Schwelle des Mittelalters zur Frühen

Abb. 70: Gustave Doré (1832–1883), „Dante und Beatrice in der ewigen Anschauung". Die im malerischen Tonstich ausgeführte Grafik in einer französischen Ausgabe des *Paradiso* (1865) bezieht sich auf den XXXI. Gesang, auf das Auf- und Niederschweben der Myriaden von Engeln rings um die Himmelsrose jenseits der neun Himmelssphären: „Wenn sie zur Blume sanken, Kreis um Kreis, / Da gaben sie vom Frieden und vom Lieben, / Was sie im Fluge eingesammelt, preis."

Abb. 71: Sandro Botticelli (1444/45–1510), Dante und Beatrice am Beginn ihrer gemeinsamen Himmelsreise im Mond (II. Gesang des *Paradiso).* Die Geliebte „sprach dann zu mir gewandt, so schön wie gerne: / ‚Richt dankbar jetzt den Geist auf Gott als Ziel, / Der uns verbunden mit dem ersten Sterne!'" (II, 28–30). Dieser „erste Stern" ist der Mond, von dem aus Dante und Beatrice zu den sechs weiteren Planetenhimmeln gelangen. Die sieben Sphären werden vom Kristall- und vom Fixsternhimmel, schließlich vom unendlichen Raum Gottes, dem Empyreum mit der Himmelsrose, umschlossen. Botticellis 100 Zeichnungen zu den 100 Gesängen entstanden um 1480–90 in Florenz für die Medici. Die Mehrzahl der Blätter befindet sich in der Vaticana.

Neuzeit eine kulturgeschichtliche Synthese von kaum zu überbietender Breite der Grundlagen bildet. Sie mündet in Dantes Ahnung vom Wesen der göttlichen Dreifaltigkeit in der Überfülle des Lichtes. Der letzte Vers preist die göttliche Liebe, welche die Sonne und Sterne bewegt (Abb. 70): *l'amor che move il sole el'alte stelle.*

Die beiden ältesten erhaltenen und datierten Abschriften entstanden 1336/37 in Genua und Florenz; sie trugen zweifellos wesentlich zu Dantes frühem Ruhm bei – auch im „reuigen" Florenz, wie sein Ehrenbild im Dom vor Augen führt (Abb. 69). Im 15. Jh. entstanden die ersten reich illuminierten Prachthandschriften als Beginn einer ausgeprägten Dante-Ikonographie. Ein Beispiel ist der Yates-Thompson-Codex (1438–44; London, British Library) mit Miniaturen von Giovanni da Paolo zum *Paradiso* (Abb. S. 51). Die Geschichte der Malerei und Graphik zur *Divina Commedia* reicht über die Wand- und Deckengemälde der zeitweiligen „Nazarener" Joseph Anton Koch und Philipp Veit im Dante-Raum (1818–29) des Casino Massimo in Rom bis zum Surrealisten Salvator Dalí (100 Aquarelle, 1951) und zum Pop-Künstler Robert Rauschenberg (34 Combine paintings zum *Inferno,* 1959/60; New York, The Museum of Modern Art).

ZEICHEN AM HIMMEL

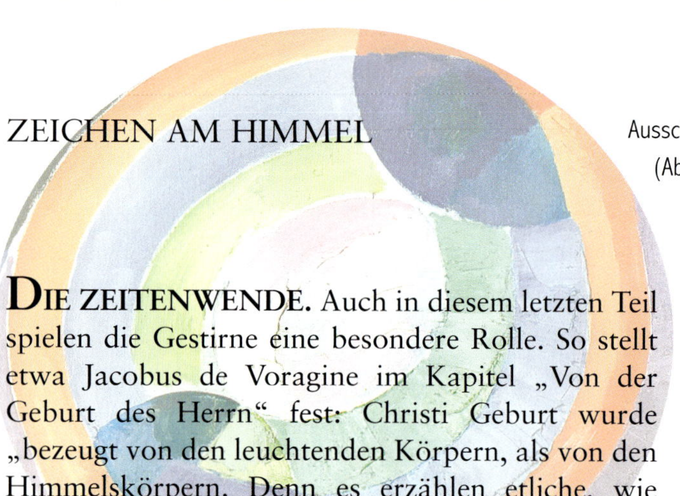

Ausschnitt aus „Kreisformen (Sonne und Mond)" von Robert Delaunay (Abb. 83)

DIE ZEITENWENDE. Auch in diesem letzten Teil spielen die Gestirne eine besondere Rolle. So stellt etwa Jacobus de Voragine im Kapitel „Von der Geburt des Herrn" fest: Christi Geburt wurde „bezeugt von den leuchtenden Körpern, als von den Himmelskörpern. Denn es erzählen etliche, wie Chrysostomus schreibt, an dem Tag den Magiern, als sie auf einem Berg beteten, ein Stern erschien in eines schönen Kindleins Gestalt, ob des Haupt leuchtete ein Kreuz; und das Kind sprach zu ihnen: ‚Macht euch auf nach Judäa, da findet ihr das Kind geboren'" (Abb. 74).

Im vorhergehenden Abschnitt erwähnt die *Legenda aurea,* „dass in derselben Nacht ein Brunnen mit Wasser sich wandelte in Öl (...), was die Sibylle geweissagt hatte: Wenn ein Brunnen mit Öl entspringe, sei der Welterlöser geboren."

Die tiburtinische Sibylle ist es auch, die von Augustus befragt wird, „ob je ein Mensch auf Erden würde geboren werden, der größer sei als er. (...) Da erschien ein güldener Kreis um die Sonne und mitten in dem Kreis die allerschönste Jungfrau, die (...) hielt ein Kind auf ihrem Schoß. Das wies ihm die Sibylle (...) und sprach zu ihm: ‚Dies Kind, Kaiser, ist größer als du, darum sollst du es anbeten.'"

Auf diese Legende bezieht sich das jeweilige Bildprogramm der hier wiedergegebenen Werke: der Altartafel aus Venedig und des linken Flügels des Middelburger Altars (Abb. 73; die Mitteltafel zeigt die Geburt Jesu im Stall von Betlehem. Maria, Josef und der Stifter beten das Kind an). Die beiden Gemälde unterscheiden sich durch die Gewichtung sowohl der Erscheinung der Madonna als auch des Augustus und der Sibylle. Während diese bei Rogier van der Weyden zunächst alle Aufmerksamkeit auf sich ziehen, um sie dann auf die ferne, durch ein Fenster sichtbare Himmelserscheinung zu lenken, sind Kaiser und Sibylle auf der venezianischen Tafel Randfiguren. Einbezogen sind hier in synchroner Gestaltung auch der in einen Spender von Öl verwandelte Brunnen und der gleichfalls in der *Legenda aurea* berichtete Zusammenbruch des Friedenstempels in Rom. Dies zeigen Risse im Gemäuer des dreischiffigen Gebäudes und der Sturz eines Kultbilds im Innern. (Auf die Frage, wie lange der seit zwölf Jahren herrschende Friede Bestand haben werde, antwortete Apollo: „So lange, bis eine Jungfrau ein Kind gebiert." Da dies unmöglich ist, scheint Apollo ewigen Frieden zu prophezeien, „darum schrieben sie über des Tempels Tür ‚Ewiger Tempel des Friedens'. Aber in der Nacht, in der Christus geboren ward, fiel der Tempel und an seiner Stelle steht jetzt die Kirche Santa Maria Nova.")

Dagegen fehlt auf dem Weihnachtsbild mit dem Titel „Sieg des Christentums über das Heidentum" die Szene mit den Magiern; ihr ist der rechte Flügel des Middelburger Altars gewidmet (Abb. 74). Dieses Bild bzw. die zugrunde liegende Legende besitzt eine Vorgeschichte, die bis zur altorientalischen Astrologie und zur ägyptischen astralen Königstheologie zurückreicht, aber auch bis zur alttestamentlichen Ablehnung der Verehrung von Gestirnen als Hintergrund der „antiastrologischen" Erzählung im 2. Kapitel des Matthäus über die Sterndeuter aus dem Morgenland.[16] Die Sonnen-Madonna und der Messiasstern gehören nicht nur bei Rogier van der Weyden zum Gesamtbild der Christgeburt. Sie waren vielmehr weit verbreitete Beispiele für Zeichen am Himmel, denn sie gehörten zum pro Kapitel vierteiligen Bildprogramm des mittelalterlichen Bestsellers „Heilsspiegel" *(Speculum humanae salvationis),* nämlich als 4. Bild zu Kapitel 9 (Augustus und die Sibylle) und 2. Bild zu Kapitel 9 (Anbetung des Mesiassterns).

In gewisser Weise knüpft die Sonnen-Madonna an das Bild der „apokalyptischen Frau" an. Diese Vision des Johannes ließe sich von den Himmelsgeschichten" auch in den Teil „Zeichen am Himmel" versetzen, denn das 12. Kapitel der Offenbarung beginnt: „Dann erschien ein großes Zeichen am Himmel: eine Frau, mit der Sonne bekleidet (...)."

Abb. 72: „Sieg des Christentums über das Heidentum“, venezianisch, um 1400, 95 x 79 cm; Stuttgart, Staatsgalerie
Das Gemälde vereint drei in der *Legenda aurea* berichtete Wunder in Rom; sie bezeugen die Geburt Jesu aus Nazaret bzw. Christi in Betlehem: Durch die Sibylle wird Augustus der Anblick der Madonna zuteil; das Wasser eines Brunnens verwandelt sich in Öl; Einsturz des „ewigen“ Friedenstempels.

Abb. 73 und 74: Rogier van der Weyden (1399/1400–1464), „Augustus und die Sibylle" und „Die drei Magier beten den Messiasstern an", Flügel des Middelburger Altars, um 1445, jeweils 91 x 40 cm; Berlin, Gemäldegalerie
Die Gemälde der beiden Flügel zeigen Himmelserscheinungen, von denen die Legendensammlung des Jacobus de Voragine berichtet.

Abb. 75: Bildteil (12 x 20 cm) eines Flugblatts mit dem Bericht des Bauern Uly Murer, was er am 22. Juli 1547 am westlichen Himmel über dem Serntal gesehen hat; Zürich, Sammlung Wikiana der Zentralbibliothek

KRYPTOGRAMME. Es bestehen – auch bei der Verbildlichung von Erscheinungen am Himmel – keine eindeutigen Grenzen zwischen visionären Eingebungen und der Deutung von Naturphänomenen als „Geheimschrift Gottes", die es als Weissagung zu entschlüsseln galt. Ein Beispiel aus dem religions- und frömmigkeitsgeschichtlich konfliktreichen 16. Jh. ist der Bildteil eines Flugblatts (Abb. 75). Es handelt von den Wahrnehmungen des Bauern Uly Murer aus dem 1532 reformierten Dorf Mattei im Kanton Glarus (Ostschweiz). Am 22. Juli 1547 erblickte er am westlichen Himmel über dem Serntal zwei miteinander kämpfende Löwen und zwei Heerscharen, die ein schräg liegendes Kreuz trennt. Der Text des Flugblatts bezieht das „Gesicht" des Uly Murer zwar nicht auf ein bestimmtes Ereignis, doch entsprachen diese Himmelserscheinungen einer weit verbreiteten Erwartung bevorstehender Machtkämpfe im Zeichen der „richtigen" Religion bzw. Konfession. Offen bleibt, ob der schweizerische Bauer beispielsweise von der Schlacht zwischen dem lutherischen Schmalkaldischen Bund und Karl V. am 24. März 1547 bei Mühlberg an der Elbe wusste und ob er aus dem 2. Buch der Makkabäer das dort überlieferte Vorzeichen mit durch die Lüfte jagenden Reiter kannte (Abb. 77). Auf jeden Fall ist der Einblattdruck mit koloriertem Holzschnitt ein Beispiel für die bereits an Lesererwartungen orientierte Sensationspresse der Frühen Neuzeit. Er wurde 1547 vermutlich in Straßburg hergestellt, und zwar als Wiederholung einer kurz zuvor in Zürich erschienenen Version. Aktuelle Berichte über Unheil ankündigende Himmelserscheinungen fanden ein breites Publikum, auch oder gerade, wenn sie aus dem Volk stammten.

Meteorologen unserer Zeit fanden eine naturkundliche Erklärung für Uly Murers Beobachtungen – und bestätigen damit, dass er tatsächlich Merkwürdiges am Himmel erblickt hat. Sie identifizierten das kämpfende Löwenpaar als Wolkenbildung *Cirrus fibratus intortus* oder *vertebratus*, das schräg liegende Kreuz als *Cirrus fibratus spissatus*, die beiden Heerzüge als *Cumulos congestus*. Dennoch stellt sich im Vorgriff auf das 20. Jh. und C.G. Jungs tiefenpsychologisch gedeutete halluzinatorische Himmelserscheinungen die Frage nach der Relevanz solcher „natürlicher" Erklärungen: Jungs Himmelszeichen „Kreuz im Flammenkreis" von 1920 (Abb. 78) ist ein Beispiel für die „Kryptogramme über den Zustand meines Selbst, die mir täglich zugestellt werden" („Die Beziehung zwischen dem Ich und dem Unbewussten", 1928).[17a]

Ein hoffentlich nicht allzu kühner Gedankensprung führt zurück zu einem der kirchengeschichtlich bekanntesten Zeichen des Kreuzes am Himmel. Nämlich zur Legende über die Entscheidung Kaiser Konstantins, für die Schlacht am 28. Oktober 312 an der Milvischen Brücke vor den Toren Roms gegen Maxentius seine Soldaten bzw. die Feldzeichen mit Kreuzen auszustatten. Denn er hatte am Himmel über der Sonne dieses aus Licht gebildete Zeichen wahrgenommen, an dem die Schrift befestigt war „Hierdurch siege!", so der Bericht des Bischofs Eusebius von Cäsarea (um 260–339), Verfasser einer 312 begonnenen Kirchengeschichte. Eine Gedenkmünze zeigt die auf jene Legende bezogene Inschrift *Hoc signo victor eris* („Durch dieses Zeichen wirst du Sieger sein"; vgl. Abb. 76).[17]

Abb. 76: Festmünze zu Konstantins zehnjährigem Regierungsjubiläum, um 315, Durchmesser 24 mm; München, Staatliche Münzsammlung
Konstantin war 306 seinem Vater Constantius Chlorus als Herrscher im nordwestlichen Teil des Reiches gefolgt (Residenz Trier). Nach dem Sieg über Maxentius „im Zeichen des Kreuzes" regierte er von Rom aus den Westteil. Die Münze (Vorderseite) enthält zwei Zeichen, die sich mit der Vision des Kreuzes in Verbindung bringen lassen: Das Szepter in Form eines Kreuzes mit der Weltkugel und das Christogramm aus X (= CH) und P (= R) am Diadem des Helmbusch des Spangenhelms. Weitere Attribute sind Pferd und Schild mit der römischen Wölfin. Die Umschrift lautet IMP(erator) CONSTANTINUS P(ius) F(elix) AUG (ustus). Auf der Rückseite wird Konstantin als siegreicher Feldherr von einer Victoria mit einem Kranz gekrönt. Erst im Frühmittelalter löst Christus auf vergleichbaren Bildern die römische Siegesgöttin ab.

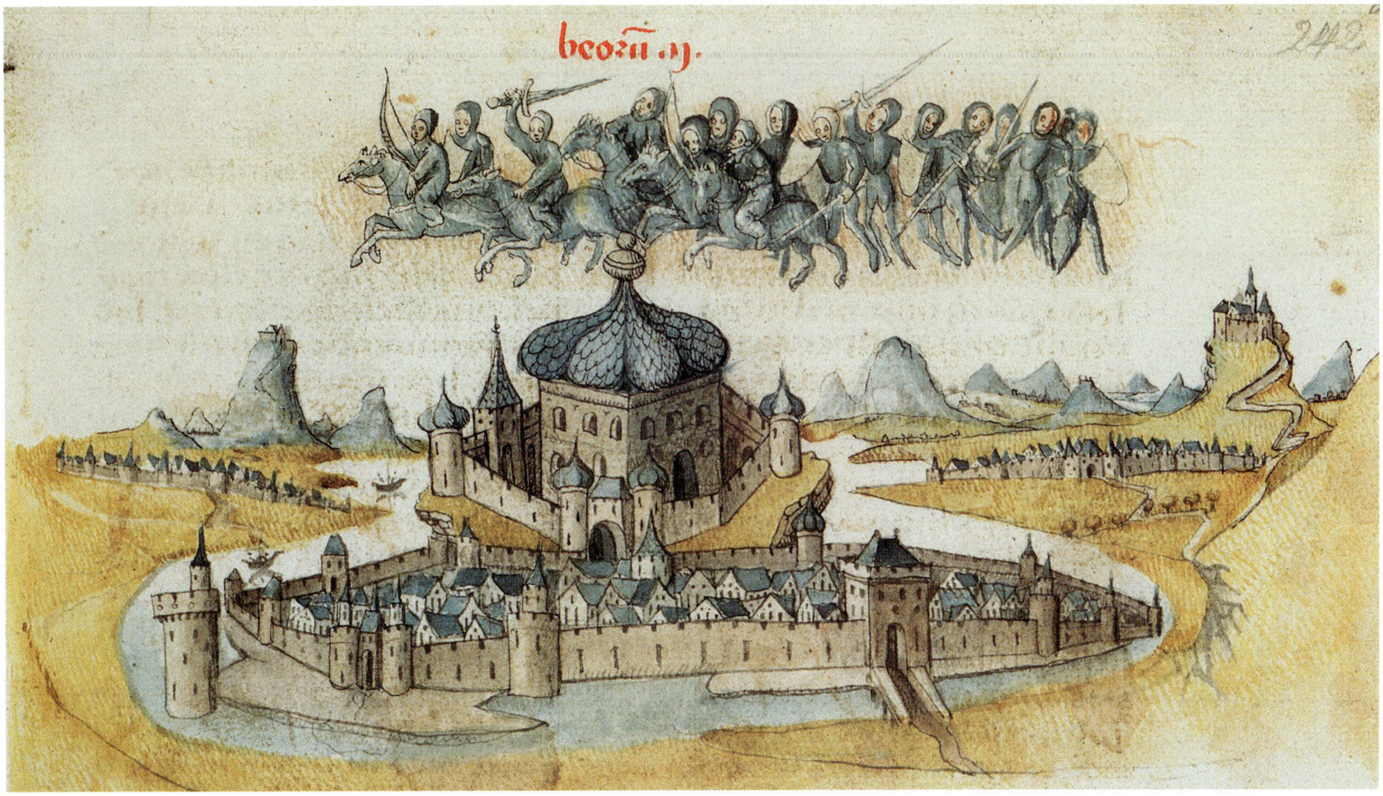

Abb. 77: Reiter über Jerusalem als Vorzeichen, um 1430; Berlin, Staatsbibliothek, Ms. germ. fol. 516, fol. 242 r
Illustration in einer deutschsprachigen handschriftlichen Historienbibel zum 5. Kapitel im 2. Buch der Makkabäer: „Da erschienen fast vierzig Tage lang über der ganzen Stadt Reiter, die durch die Lüfte jagten in golddurchwirkten Gewändern; Lanzenträger rückten in Abteilungen zum Kampf aus, Schwerter zuckten" (2 Makk 5,1). Das zentrale Motiv ist der Tempel.

Abb. 78: C(arl) G(ustav) Jung (1875–1961), „Kreuz im Flammenkreis", 1920
1916 begann der Psychoanalytiker, Visionen und Wachträume zu beschreiben und in Bildern darzustellen. Das Bild bzw. Mandala (Jung) „Kreuz im Flammenkreis" entstand 1920 aufgrund eines Traums am 22.1.1914. Solche Quellen der wissenschaftlichen Beschäftigung mit dem Unbewussten sammelte Jung im „Roten Buch" (bis 1930).

VERO X M. INTERFECTIS. MATRE QVOQVE
CONIVGE. LIBERIS DARII REG. CVM M. HAVD
AMPLIVS EQVITIB: FVGA DILAPSI. CAPTIS.

ZEICHENHAFTE HIMMELSBILDER DER NEUZEIT. Als Ausgangspunkt dient ein 1529 datiertes Werk des bedeutendsten Künstlers der „Donauschule“: Albrecht Altdorfer begründete die reine oder bei szenischen Sujets dominierende Landschaftsmalerei mit empirischer und zugleich zeichenhafter Himmelslandschaft (Abb. 79). Sie beansprucht hier den oberen Teil einer aus der Vogelperspektive betrachteten „Weltlandschaft“ und besitzt Wolkenformationen, deren Dynamik den Zusammenprall von zwei Heeren widerspiegelt. Der Himmel steigert sogar die Dramatik der Schlacht und ihres Ausgangs mit dem weltgeschichtlich bedeutenden Sieg der Griechen und Makedonen unter Alexander d. Gr. über das persische Weltreich, des Abendlands über das Morgenland, dessen Niedergang der Sonnenuntergang symbolisiert. Aber auch rein historiographisch ist die Darstellung dieser Tageszeit begründet, denn nach der antiken Überlieferung begann die Entscheidungsschlacht Alexanders gegen Darius III. am frühen Morgen (dies könnte für einen Sonnenaufgang sprechen) und endete am Abend mit der Niederlage der Perser: Inmitten des Schlachtengetümmels wendet sich der Großkönig auf einem Dreigespann zur Flucht. Schließlich wurde erkannt, dass Albrecht Altdorfer geographische Kenntnisse verwendet hat und seiner Landschaft eine „Karte“ zugrunde liegt, die allerdings noch nicht „genordet“ ist. Vielmehr befindet sich Süden oben und somit der Westen mit der untergehenden Sonne rechts statt links. Somit besitzt die Sonne auf Altdorfers „Alexanderschlacht“ sowohl symbolische Zeichenhaftigkeit als auch ereignisgeschichtliche Glaubwürdigkeit und entspricht der kartographischen Praxis im frühen 16. Jh. Unter dem Gesichtspunkt der Ikonographie des Himmels als Erlebnisraum unserer Sinne eröffnet Altdorfers „Alexanderschlacht“ die neuzeitliche Geschichte der physischen und metaphysischen Himmels-Dramatik. Dieser Geschichte widmete sich jüngst die Ausstellung „Wolkenbilder. Die Entdeckung des Himmels“ (2004/05).[18]

Abb. 79: Albrecht Altdorfer (um 1480–1538), „Alexanderschlacht“, 1529, 158,4 x 120,3 cm; München, Alte Pinakothek
Die „Weltlandschaft“ mit der Schlacht bei Issus 333 v. Chr. entstand für die Gemäldegalerie mit Historienbildern des Herzogs Wilhelm IV. von Bayern und seiner Gemahlin Jacobaea von Baden in der Münchner Residenz. Die lateinische Inschrift der Tafel lautet in der Übersetzung: „Alexander der Große besiegt den letzten Darius, nachdem in den Reihen der Perser 100 000 Mann zu Fuß erschlagen und 10 000 Reiter getötet wurden. Während sich Darius mit nicht mehr als 1000 Reitern durch Flucht retten konnte, wurden seine Mutter, seine Gattin und seine Kinder gefangen genommen.“

An dieser Stelle soll ein Hinweis auf die ganz unterschiedlichen Himmelsbilder im 17. Jh. genügen: auf die niederländischen Landschaften, auf denen sich der physische Himmel zum malerischen Thema entwickelt, und auf die künstlerischen Herausforderungen himmlischer Transzendenz bei religiösen Themen oder mythologischen Allegorien, beispielsweise im Medici-Zyklus von Peter Paul Rubens.[19] Vom herausragenden Vertreter der flämischen Barockmalerei stammt allerdings auch eine „Landschaft mit Regenbogen“ (um 1636; München, Alte Pinakothek). Hier kann bereits von einer atmosphärischen Wiedergabe der Farben und Lichtverhältnisse bei abziehendem Gewitter und dem Durchbruch der Sonne gesprochen werden. Ein Regenbogen spannt sich auf ganz natürliche Weise über einer vom Regenwasser gesättigten Kuhweide. Einer Symbolik des Regenbogens, der in nahezu sämtlichen Kulturen eine transzendente Bedeutung besitzt, bedarf es nicht, um den künstlerischen Gehalt dieser Naturschilderung des Sensualisten Rubens angemessen zu erfassen. Was würde das Gemälde gewinnen, wenn die Bedeutungen des Regenbogens als Verbindung zwischen Himmel und Erde, als Allegorie der menschenfreundlichen Götterbotin Iris, als Symbol der Sieben Gaben des Hl. Geistes aufgrund seiner sieben Farben,[20] oder wegen der Bo-

Abb. 80: Joseph Anton Koch (1768–1839) und Gottlieb Schick (1776–1812), „Landschaft mit dem Dankopfer Noahs“, 1803, 86 x 116 cm; Frankfurt, Städelsches Kunstinstitut
Von Koch stammt die (italienische) Landschaft mit einer abziehenden Regenwand, vor der ein Regenbogen erscheint. Die von Kochs Freund Schick eingefügten Figuren an einem Brandopferaltar verwandeln die Naturschilderung in ein biblisches Historienbild mit Noachs Dankopfer nach der Sintflut (Gen 8,20). Darauf folgt Gottes Bund mit allen Lebewesen: „Meinen Bogen setze ich in die Wolken; er soll das Bundeszeichen sein zwischen mir und der Erde“ (Gen 9,13).

genform als Sitz der Maiestas Domini oder des Weltenrichters[21] in Erwägung gezogen würden?

Anders verhält es sich bei den beiden Werkbeispielen aus dem frühen 19. Jh. Während das eine als biblische Historienmalerei über den Ursprung dieses aus christlicher Sicht nach wie vor gültigen Zeichens für den Bund Gottes „mit der Erde“ informiert (Abb. 80), verwendet die kurz darauf entstandene „Heroische Landschaft mit Regenbogen“, bei der sich das Friedenszeichen kompositorisch zum Kreis im Quadrat des Bildformats rundet, als Botschaft aus einer idealen, aber längst vergangenen Welt (Abb. 81). Etwa im Sinne von Friedrich Schillers Gedicht „Die Götter Griechenlands“ mit den Versen: „Schöne Welt, wo bist du? – Kehre wieder / Holdes Blütenalter der Natur! / Ach, nur in dem Feenland der Lieder / Lebt noch deine goldne Spur.“ Die Erstfassung des Gedichts von 1788 ersetzte Schiller nach Angriffen wegen „Herabwürdigung des Christentums“ 1800 durch eine Zweitfassung.

Dagegen bestand für Koch kein Anlass, mit der 1815 vollendeten 2. Fassung der „Heroischen Landschaft mit Regenbogen“ auf religiöse Einwände zu reagieren. Die Kunstakademie München erwarb die im Format abgewandelte Replik als Schulbeispiel klassizistischer Landschaftsmalerei.

Solche z. B. auch für die Romantik charakteristischen Zwitter aus Wahrnehmung und Vorstellung wichen im Verlauf des 19. Jh. dem Realismus, zu dessen Konsequenzen ab etwa 1860 der Impressionismus gehört, der wiederum geradezu zwangsläufig als Reaktion den Symbolismus hervorrief. Beide Stilrichtungen sind explizit modern: Während Claude Monets künstlerische Inspiration auf der Abhängigkeit der sinnlichen Wahrnehmung und des vom Sehen beherrschten Bewusstseins vom Licht und der Atmosphäre der Tages- und Jahreszeiten beruhte, verweigerten sich Symbolisten wie Gustave Moreau der „eindimensionalen“ Verherrlichung natürlicher Außenreize – auf die Gefahr hin, die bildende Kunst zu literarisieren.

Abb. 81: Joseph Anton Koch (1768–1839), „Heroische Landschaft mit Regenbogen", 1804, 117 x 114 cm; Karlsruhe, Staatliche Kunsthalle
Unmittelbar nach dem biblischen Historienbild schuf Koch diese erste von drei Fassungen einer heroischen, d. h. antikisch-idealisierten Landschaft (2. Fassung 1815, München, Neue Pinakothek; 3. Fassung 1824 Berlin, Märkisches Museum). Zugrunde lagen Naturstudien am Golf von Sorent. Der Regenbogen ist kompositorisch die obere Hälfte eines Kreises; dieses Symbol der Vollkommenheit rahmt eine arkadische Idylle.

Abb. 82: Vincent van Gogh (1853–1890), „Sternennacht“, 1889, 73 x 92 cm; New York, The Museum of Modern Art
Das Gemälde entstand im Juni 1889 in Saint-Rémy-de-Provence bei Arles. Van Gogh wurde nach einem Zwangsaufenthalt im Krankenhaus von Arles Anfang Mai 1889 auf eigenen Wunsch in die geschlossene Heilanstalt im ehemaligen Kloster Saint-Paul-de-Mausole in Saint-Rémy aufgenommen. Das Gemälde zeigt im Mittelgrund diesen Ort. Der Turm seiner Kirche weist spitz zum Himmel, während sich im Vordergrund eine Zypresse in eine schwarze Flamme verwandelt und an der Bewegung teilnimmt, welche das gesamte Firmament ergriffen hat.

Vor diesem Hintergrund erweist sich die „Sternennacht“ von Vincent van Gogh als ein Meilenstein auf dem Weg in das 20. Jh. (Abb. 82). Der malerische Gestus wird hier zum unmittelbaren, an keinerlei Konventionen orientierten Ausdruck einer subjektiven Welterfahrung. Sie versetzt den gestirnten Himmel und seine Wolken in unablässige Bewegung, deren Dynamik eine neue Transzendenz ergibt. Diese Deutung unterstützt Van Gogh, der sein auf wenige Jahre begrenztes künstlerisches Schaffen mit einer umfangreichen Korrespondenz begleitet hat, in einem Brief an den jungen Malerfreund Émile Bernard. Hier nennt er die Sterne eine neue Heimat nach dem Tod, der kein Ende setzt, sondern der Verwandlung der Raupe in einen Schmetterling gleicht: „Der Ort dieser Existenz als Maler-Schmetterling wäre einer der unzähligen Sterne, die uns nach dem Tod vielleicht ebenso erreichbar wären wie die schwarzen Punkte, die in unserem irdischen Leben auf der Landkarte Städte und Dörfer symbolisieren.“[22]

Mit Robert Delaunays „Kreisformen (Sonne und Mond)“ (Abb. 83) wechseln wir vom Wegbereiter des Expressionismus zu einem Mitbegründer der abstrakten Kunst.[23] Delaunay verstand seine Malerei als ein Geschehen mit kosmischer Dimension, das der naturwissenschaftlichen Relativierung von Raum und Zeit entgegenwirkt. Ein zentraler Begriff seiner (von Paul Klee übersetzten) kunsttheoretischen Überlegungen im Aufsatz „Über das Licht“ ist die Simultaneität in der Bewegung des Universums und in Aktionen der Farben, Formen, Proportionen. „Dieses Geschehen soll die schlechthin repräsentative Harmonie sein, die synchrone Bewegung (Simultaneität) des Lichtes, welches die einzige Wirklichkeit ist.“

Ohne Delaunay, dessen Malerei von Guillaume Apollinaire in Anspielung auf den antiken Mythos des Sängers Orpheus als Orphismus bezeichnet wurde, eine religiöse Bindung zu unterstellen, lässt sich seine Auffassung des Lichtes fernab der physikalischen Definition als Phänomen von Wellen zu der Erschaffung des transzendenten Lichtes am 1. Tag der Schöpfung in Beziehung setzen. Erst am 4. Tag folgt die Erschaffung der natürlichen Himmelslichter Sonne, Mond und Sterne. Delaunay führt uns allerdings nicht als Abschluss einer Kreisbewegung an den Anfang dieses Kapitels zurück; am ehesten ergibt sich eine Spiralbewegung. Vor allem steht Delaunays Auffassung vom Licht als der einzigen Wirklichkeit im Zusammenhang der fundamentalen Kritik am (geistigen) Materialismus, die Delaunay mit den um Wassily Kandinsky (1866 bis 1944) und Franz Marc (1880–1916) gescharten Künstlern des „Blauen Reiter“ verband. Marc prophezeite noch kurz vor der Materialschlacht des Ersten Weltkrieges, dem er zum Opfer fiel: „Wir blicken durch die Materie, und der Tag wird nicht fern sein, an dem wir durch ihre Schwingungsmasse hindurchgreifen werden wie durch Luft. Stoff ist etwas, das der Mensch höchstens noch duldet, nicht anerkennt.“ Hier liegt eine – allerdings nur eine – der Quellen auch für das Bild des Himmels in der Gegenwart.[24]

Abb. 83: Robert Delaunay (1885–1941), „Kreisformen (Sonne und Mond)“, 1912/31, 200 x 197 cm; Zürich, Kunsthaus
Die Serie *Formes circulaires* des Begründers des abstrakten Orphismus verbildlichen die metaphysische Analogie zwischen kosmischen Energien, allen voran das Licht, und der Dynamik der Farben. Sein Aufsatz „Über das Licht“ handelt vom „Zusammenklang von Farben, die sich teilen und in gleicher Aktion wieder zum Ganzen zusammenschließen“. Die abgebildete Version gehörte 1983 zu den Exponaten der Ausstellung „Kosmische Bilder in der Kunst des 20. Jahrhunderts“ (Baden-Baden).

E·IGI
TUR·
CLEMENTISSIME·PATER

Der Himmel – Die Botschaft christlicher Hoffnung

EINFÜHRUNG. Ist es angemessen, den folgenden Überlegungen heutiger Theologie ein Bild voranzustellen, von dessen Entstehung uns nahezu 800 Jahre trennen und das auf den ersten Blick als Labyrinth anmutet? Es beginnt rechts unten als Gabelung. Diese entsendet nach links eine Spirale, die sich in neun konzentrisch wirkenden Windungen zur Mitte einrollt. Den zweiten Teil der Gabelung bildet eine Senkrechte, von der sofort eine in vier Windungen geführte Spirale abzweigt, bald darauf eine zweite und schließlich eine dritte Spirale. Diesem Flechtwerk auf der rechten Seite entspricht die linke Hälfte, wobei jene Senkrechte und ihre Parallele als Spiegelungsachse dienen.

Die beiden Senkrechten ergeben mit der blauen und roten Waagerechten die Initiale T des oberen und unteren Textfeldes mit dem Beginn des Kanongebets *Te igitur clementissime pater* („Dich also, mildester Vater“), das im römischen *Canon missae,* dem Hochgebet der Messe, die Wandlung von Brot und Wein einleitet.

Jene Waagerechten der Initiale T sind zugleich der Querbalken des griechischen Buchstabens Tau als Kreuzeszeichen, das eine Abbreviatur des Pantokrator mit Buch, Segensgruß und Kreuznimbus trägt. Insofern enthält die Initialzierseite in einem Missale die zeitlose Achse des Christentums als vertikale Verbindung zwischen Himmel und Erde inmitten einer labyrinthisch in Erscheinung tretenden Welt. Diese Verbindung in Gestalt des Kreuzes besitzt durch florale Motive im Rankenwerk, das auch dem Stamm des Kreuzes entsprießt, die Symbolik des Lebensbaums.

Doch bleibt die Frage nach der Rechtfertigung eines kunstgeschichtlichen „Rückgriffs“. Eine erste Antwort ergibt sich aus der vergleichsweise „modernen“, da „abstrakten“ Gestaltung der Zierseite. Die sechs Teile des Kapitels durchmessen das Spannungsfeld zwischen bildhafter Abstraktion und der lebensnahen Konkretion, beginnend mit dem Bild des Himmels als „Wohnung Gottes“, sodann als Ort der Toten. Es folgen das theologische Verständnis der Auferstehung mit Leib und Seele als „Kandidaten des Himmels“ sowie die Deutung von Gericht und Fegefeuer als „Vorhof des Himmels“. Indem „Himmel und Hölle“ keine gleichwertigen Alternativen bilden, besteht die Zuversicht: „Der Himmel geht über allen auf“; ein Himmel der Vollendung, die sich bereits im Hier und Heute zu erkennen gibt.

Als Auftakt verwendet Medard Kehl den Aphorismus Goethes von der doppelten Heimat des Menschen mit „Wurzeln und Flügeln“. Diese Metapher ist auf eigentümliche Weise in der Zierseite enthalten, indem die vertikale Achse inmitten des Labyrinths als griechisches Kreuzeszeichen Tau zwei „Flügel“ ausbreitet. Diese Analogie zwischen Anthropologie und christlicher Symbolik ist Ansporn, das Verhältnis zwischen einer abstrahierenden oder auch bildhaften Rede vom göttlichen Himmel einerseits und der Konkretion der Himmels-Wirklichkeit in der Gottes- und Nächstenliebe andererseits nicht als unversöhnlichen Gegensatz zu verstehen. Einheit besteht in der Eucharistie als Vorgeschmack des himmlischen Festmahls als biblisches Bild der Vollendung, wiederum bildhaft ausgedrückt unter einem „neuen Himmel“ auf einer „neuen Erde“ als herabgesandtes himmlisches Jerusalem. Das Urbild seiner „Bäume des Lebens“ befand sich im Garten Eden.

Abb. 1: Initialseite T(e igitur) im Berthold-Missale, frühes 13. Jh.; New York, The Pierpont Morgan Library, M. 710
Zum Bildprogramm von Prachthandschriften des aus dem Sakramentar hervorgegangenen Messbuches Missale gehört eine Zierseite mit der Initiale T als t-förmiges Kreuz oder Kruzifix. Dieses T ist der Anfangsbuchstabe des Kanongebets *Te igitur clementissime pater,* das im *Canon missae,* dem Kernstück der Messe, die Wandlung von Brot und Wein einleitet. Ein gleichfalls als Kreuz oder Kruzifix gestaltetes T ist der Anfangsbuchstabe des ambrosianischen Lobgesangs *Te deum laudamus te dominum confitemur,* z.B. am Beginn eines Hymnars.

INPRINCIPIO ERAT VERBV ET VERBV
RAT APVT DM ET
DS ERAT VERBV
OMNIA P IPSV FACTA SVNT ET SINE IPSO FACTV E NIHIL

„GOTT WOHNT IM HIMMEL“

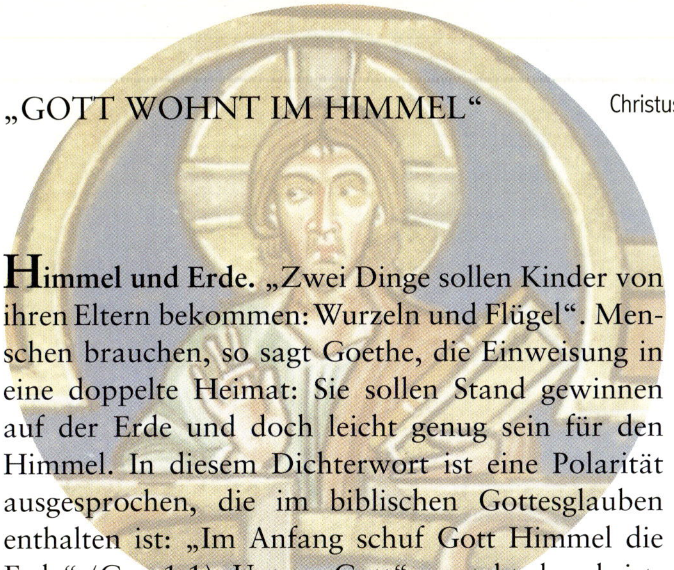

Christus Pantokrator, Detail aus Abb. 1

Himmel und Erde. „Zwei Dinge sollen Kinder von ihren Eltern bekommen: Wurzeln und Flügel“. Menschen brauchen, so sagt Goethe, die Einweisung in eine doppelte Heimat: Sie sollen Stand gewinnen auf der Erde und doch leicht genug sein für den Himmel. In diesem Dichterwort ist eine Polarität ausgesprochen, die im biblischen Gottesglauben enthalten ist: „Im Anfang schuf Gott Himmel die Erde“ (Gen 1,1). Unter „Gott“ versteht der christliche Glaube zum einen keine bloß regionale „kosmische Kraft“ mit einem bestimmten Zuständigkeitsbereich, sondern eine „universale“ Wirklichkeit: „Himmel und Erde“, das heißt: alles, was es gibt, hat mit Gott zu tun (Abb. 2).

Zum anderen ist „Gott“ nicht einfach eine Chiffre für das Ganze der Welt, nicht die „Weltseele“ oder, wie wir heute sagen würden, die Selbstorganisationsfähigkeit des Universums (Pantheismus), sondern steht dem All, „Himmel und Erde“, als „Schöpfer“ gegenüber (Transzendenz).

Und schließlich steht Gott der Welt aber nicht so gegenüber, wie sich ein mechanistisches Weltbild das Verhältnis von Gott und Schöpfung im Bild vom Uhrmacher und Uhrwerk dachte, das einmal in Gang gesetzt, sich selbst überlassen ist (Deismus). Denn wiewohl „Himmel und Erde“ beide geschaffen sind, „wohnt“ Gott mit seinen Engeln in seiner Schöpfung, im „Himmel“. Diese Wohnung Gottes ist nicht der atmosphärische und astronomische Himmel, das Firmament, das bereits der biblische Schöpfungshymnus der Genesis als Werk des 2. Schöpfungstags vom unzugänglichen Himmel Gottes unterscheidet und „säkularisiert“.

Himmel: die „Wohnung Gottes“ in seiner Schöpfung. Der Himmel als Wohnung Gottes ist vielmehr jene Dimension der Schöpfung, die zum einen dem Menschen und seiner Verfügung entzogen ist und doch zum anderen eine Beziehung zur „Erde“, zur Erfahrungswelt des Menschen, hat. „Himmel“ meint die „gottoffene Seite“ der Schöpfung (Jürgen Moltmann)[1], die Dimension, in welcher der Schöpfer in seiner Schöpfung ist – oder zutreffender ausgedrückt: in der die Schöpfung in ihrem Schöpfer ist. „Der Ort“ (hebräisch *ha makom)* ist in der jüdischen Überlieferung ein Gottesname: Gott als Ort der Welt.[2] Weil die Welt als Ganze „in Gott“ ist, kann Gott auch „in der Welt“ sein.

Himmel: eine dynamische Wirklichkeit. Der geschaffene „Himmel“ als „Ort“ Gottes in seiner Schöpfung ist damit eine dynamische, expansive Wirklichkeit. Die Vaterunser-Bitte, der Wille Gottes möge geschehen „wie im Himmel so auf Erden“, bedeutet: Was jetzt erst „im Himmel“ ist – der seiner Schöpfung einwohnende Gott – soll in Zukunft die ganze Schöpfung, die sichtbare und die unsichtbare Welt erfahrbar durchdringen. Darauf richtet sich die Hoffnung auf die „Königsherrschaft der Himmel“, wie das Reich Gottes bei Matthäus genannt wird, auf „den neuen Himmel und die neue Erde“ (2 Petr 3,13; vgl. Offb 21,1). Diese Hoffnung wird für das heutige Verständnis zu entfalten sein.

Abb. 2: Christus thront auf der Weltkugel, Evangeliar aus Köln, um 1050, 24,2 x 18,7 cm; Bamberg, Staatsbibliothek, Msc. Bibl. 94, fol. 154 v
Die Bildseite bezieht sich, wie die Inschrift der beiden oberen Rahmenleisten bezeugt, auf den Johannes-Prolog: *In principio erat verbum et verbum erat apud deum. Deus erat verbum* (Joh 1,1). Ebenso wie diese Worte an Genesis 1,1 anknüpfen, so verbindet auch dieses Werk der Buchmalerei das von zwei Kerubim flankierte Gottesbild in Gestalt Christi mit einem Gesamtbild der von Gott erschaffenen Welt: Die als Kreis dargestellte Weltkugel Sphaira zeigt in einem äußeren Bereich die inschriftlich als *sol, luna, mare, terra* identifizierten Allegorien Sonne, Mond, Wasser und Erde. Dies verdeutlicht zugleich die Unterscheidung zwischen dem erschaffenen Himmel der Gestirne und dem Himmel als Wohnung Gottes. Im zweigeteilten inneren Bereich kontrastieren die beiden unteren Szenen Götzendienst und Taufe. Darüber dient ein Altar Christus als Schemel.

159
Pour tes pechies penitence feras. Au jour du jugement avecques moy seras.
In manus tuas domine commendo spiritum meum. Redemisti me domine deus veritatis.
Dilexi quoniam exaudiet dominus vocem orationis mee.

„IN DEN HIMMEL KOMMEN“

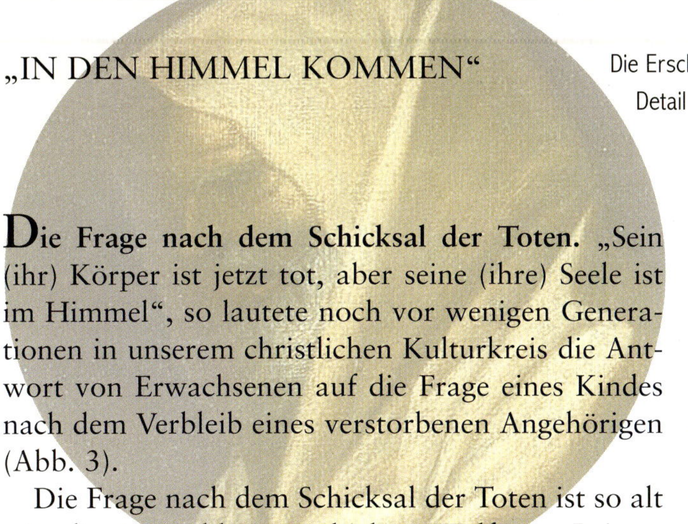

Die Erscheinung Samuels vor König Saul, Detail aus Abb. 4

Die Frage nach dem Schicksal der Toten. „Sein (ihr) Körper ist jetzt tot, aber seine (ihre) Seele ist im Himmel“, so lautete noch vor wenigen Generationen in unserem christlichen Kulturkreis die Antwort von Erwachsenen auf die Frage eines Kindes nach dem Verbleib eines verstorbenen Angehörigen (Abb. 3).

Die Frage nach dem Schicksal der Toten ist so alt wie die Menschheitsgeschichte. Wolfgang Beinert weist in seinem Beitrag zu diesem Buch darauf hin, dass die Bestattung der Toten ein kulturanthropologisches Kriterium für den Übergang vom Primaten zum Menschen darstellt.[3] Die Riten und Monumente menschlicher Bestattungskultur stellen ein weites Feld dar, in dem sich je und je widerspiegelt, wie Menschen in verschiedenen Zeiten ihren Ort in der Welt gedeutet haben. Eine eigentümliche Faszination geht von den Toten aus – in unserer Zeit finden die Erlebnisse von Menschen, die in äußerster Todesnähe waren („klinisch tot“) und reanimiert wurden, ebenso große Aufmerksamkeit wie angeblich erinnerte „Reinkarnations-Erfahrungen“ oder okkulte Praktiken im Umgang mit den Toten.

Spiritistische Neugier. In seinem „Buch der Geister“ (1859) schuf der französische Arzt Allan Kardec (1804–1869) die ideologische Grundlage des modernen Spiritismus. Mit Elementen katholischer Volksreligiosität und afro-brasilianischen Elementen verbunden, findet er zum Beispiel in der brasilianischen Umbanda-Religion Millionen von Anhängern. In spiritistischen Vorstellungen ist der Tod ein relativ bruchloser Übergang in ein neues Leben. In ihm streife der Mensch seinen grobmateriellen Körper ab und trete mit seinem feinstofflichen unsterblichen Astralleib, der Wohnung seines unzerstörbaren Geistes, in eine jenseitige Welt. Um sich sittlich zu vervollkommnen, bedürfe der Mensch vieler Reinkarnationen und durchwandere etliche Welten. Mit spiritistischen Mitteln lasse sich ein Kontakt zu den Bewohnern jener Jenseitswelten herstellen.

Die Realität okkulter Phänomene (Abb. 4) ist nach dem Erkenntnisstand wissenschaftlicher Parapsychologie nicht zu leugnen. Viele Phänomene einer angeblichen Kontaktaufnahme mit den Toten lassen sich aber in einer Psychologie des individuellen und kollektiven Unbewussten der Teilnehmer spiritistischer Praktiken erklären. Darüber hinaus ließe sich hypothetisch annehmen, dass „Bewusstseinselemente“, die im Tod abgespalten werden, als Relikt seelischer und bewusstseinsmäßiger „Energie“ im innerweltlichen Bereich (diesseits des Todes) bleiben; zwar nicht in dem der Alltagswahrnehmung, wohl aber in dem parapsychologischen Bereich seelischer Wahrnehmungen. Der Umgang mit solchen im Tod frei gesetzten „Bewusstseinselementen“, sollte es sie geben, wäre allerdings im christ-

Abb. 3: „Der Sterbende setzt seine Hoffnung auf Gott“, Rohan-Stundenbuch; Paris, Bibliothèque National, Ms. lat. 9471, fol. 159 r
Die Bildseite zum Toten-Offizium (Gebete im Gedenken und zum Heil der Verstorbenen) zeigt als Hauptfiguren den auf einem kostbaren Tuch aufgebahrten, doch von den Vanitas-Symbolen Totenkopf und Gebeine umgebenen Sterbenden und das Brustbild Gottes mit den Attributen Krone, Richterschwert und Weltkugel Sphaira. Zwischen ihnen tobt der Kampf eines geflügelten Teufels und eines Engels um die als nackter Jüngling dargestellte Seele des Sterbenden, die sich bereits in den Klauen des Teufels befindet. Doch der Kampf ist noch nicht entschieden. Davon handeln die beiden Spruchbänder. Das vom Mund des Sterbenden ausgehende enthält in lateinischer Sprache den Psalmenvers: *In manus tuas domine commendo spiritum meum, redemisti me domine, deum veritatis* („In deine Hände lege ich voll Vertrauen meinen Geist, du hast mich erlöst, Herr, du treuer Gott“, Ps 31,6). Dies sind bei Lukas die letzten Worte Jesu am Kreuz: „Jesus rief laut: Vater, in deine Hände lege ich meinen Geist. Nach diesen Worten hauchte er seinen Geist aus“ (Lk 23,46). Auf unserer Bildseite antwortet Gott auf Französisch: *Pour tes Péchés pénitence feras. Au jour du Jugement aveques mois seras* („Tust du Buße für deine Sünden, bist du am Tag des Gerichts mit mir“).

lichen Verständnis kein Kontakt zu dem wahren, nicht-manipulierbaren Selbst eines Toten.

Im jüdischen und christlichen Glauben werden okkulte Praktiken der Totenbeschwörung – ebenso wie Magie als versuchte Bemächtigung göttlicher Kräfte – scharf abgelehnt; sie gelten als Unglaube, als Vertrauensbruch Gott gegenüber, in dessen Treue allein das Geheimnis jedes Lebens und seiner Zukunft geborgen ist.

Antworten der Philosophie. Eine Gemeinsamkeit scheint es auf den ersten Blick aber zwischen spiritistischen Ideen und christlichen Vorstellungen vom Himmel der Toten zu geben: die Überzeugung von der „unsterblichen Seele" des Menschen. Im abendländischen Kulturkreis wurde dafür vor allen anderen die Anthropologie des griechischen Philosophen Plato (428–347 v. Chr.) prägend. Nach ihm kehrt die Seele, durch den Tod aus dem „Kerker" ihres Leibes befreit, überhaupt erst zu ihrem wahren Selbst zurück. Die wesentliche Unsterblichkeit der menschlichen Seele im platonischen Denken ist ein Postulat der „theoretischen Vernunft", eben die Voraussetzung für die Wahrheitsfähigkeit menschlicher Erkenntnis, ein Rückschluss aus der Erfahrung, dass der menschliche Geist grundsätzlich – zumindest fragend und suchend – offen für das Unendliche ist. In der neuzeitlichen Philosophie Immanuel Kants (1724–1804) wird die Unsterblichkeit der Seele zum Postulat der „praktischen Vernunft", nämlich als Voraussetzung für den Zusammenklang eines glücklichen Lebens und eines Lebens gemäß ethischer Maximen – ein Zusammenklang, der sich vortodlich weder erreichen noch nachweisen lässt. Wenn es dem sittlich gut handelnden Menschen oft ausgesprochen schlecht in dieser Welt ergeht, dann muss sinnvollerweise unterstellt werden, dass ihm zumindest nach dem Tod Gerechtigkeit widerfährt und der Sinn und Segen seines guten Handelns aufgeht.

„Unsterblichkeit" im christlichen Glauben. Im Christentum gilt die Seele des Menschen nicht als etwas „Göttliches", nicht als ein ewiger „göttlicher Funke" in uns oder als ein Teil des „göttlichen Geistes", der sich bei der Zeugung und Empfängnis eines menschlichen Lebewesens mit der materiellen Hülle des Leibes umgäbe und nach dem Tod diese Hülle dann wieder verließe und zum göttlich-kosmischen Gesamt-Geist zurückkehrte. Für das christliche Menschenbild ist auch die Seele – wie der „Himmel" – eine von Gott geschaffene, endliche Wirklichkeit. Aber wie kann sie dann noch „unsterblich" sein? Sicher nicht aufgrund einer „göttlichen Natur", die ihr ursprünglich zu Eigen wäre. Die wahren Gründe, warum etwas Menschlich-Geschaffenes dennoch unsterblich sein kann, liegen tiefer.

Abb. 4: „Die Hexe von En-Dor lässt Samuel vor König Saul erscheinen", Gemälde von Salvator Rosa (1615–1673). Paris, Musée du Louvre
Das 1. Buch Samuel enthält im Kapitel 28 ein klassisches Bespiel von Spiritismus in Form der Totenbeschwörung: Saul, der in all seiner Furcht vor den Philistern keine Antwort von Gott erhalten hat, „weder durch Träume, noch durch die Losorakel, noch durch die Propheten" (1 Sam 28,6), wendet sich an die Totenbeschwörerin von En-Dor. Sie lässt Samuel erscheinen, der Saul seinen unmittelbar bevorstehenden Tod ankündigt: „Da fiel Saul der Länge nach jäh zu Boden, so sehr war er über die Worte Samuels erschrocken" (1 Sam 28,20).

Marc
Chagall
REIMS 1979

„KANDIDATEN DES HIMMELS“: SEELE UND LEIB

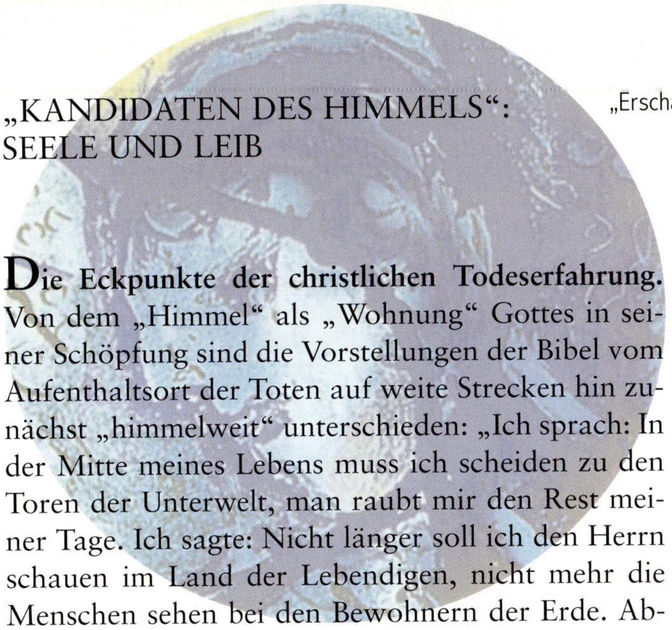

„Erschaffung des Menschen“, Detail aus Abb. 5

Die Eckpunkte der christlichen Todeserfahrung. Von dem „Himmel“ als „Wohnung“ Gottes in seiner Schöpfung sind die Vorstellungen der Bibel vom Aufenthaltsort der Toten auf weite Strecken hin zunächst „himmelweit“ unterschieden: „Ich sprach: In der Mitte meines Lebens muss ich scheiden zu den Toren der Unterwelt, man raubt mir den Rest meiner Tage. Ich sagte: Nicht länger soll ich den Herrn schauen im Land der Lebendigen, nicht mehr die Menschen sehen bei den Bewohnern der Erde. Abgebrochen wird meine Hütte, weggebracht von mir wie das Zelt der Hirten. Wie ein Weber hast du mein Leben aufgerollt, vom Faden mich abgeschnitten. Dich preist ja nicht die Unterwelt, nicht rühmt dich der Tod; die zur Grube fahren, hoffen nicht mehr auf deine Huld. Nur wer lebt, der preist dich, wie ich es heute tue“ (Jes 38,10–12a.18–19a).[4]

Zwischen dem erfahrbaren Leben hier und dem Leben der Toten gibt es für den biblischen Glauben keine „parapsychologische“ Verbindungslinie, keine noch so vergeistigte Extrapolation des Irdischen. Der Tod bedeutet zunächst den Abbruch einer irdischen Lebensgeschichte und den Untergang einer ganzen „Lebenswelt“ des Verstorbenen.

Zugleich gehört zur Entwicklungsgeschichte der biblischen Vorstellung vom Leben der Geschöpfe Gottes (Abb. 5) die Glaubenseinsicht, dass nicht der Tod, sondern Gott das letzte Wort haben wird: „Deine Toten leben wieder auf, und ihre Leichen werden wieder auferstehen. Erwacht und jubelt, die ihr im Staub ruht! Denn Tau des Lichtes ist dein Tau, und die Erde wird die Schatten herausgeben“ (Jes 26,19). Diese Glaubenseinsicht, im Frühjudentum herausgebildet und von Jesus verkündet (Mt 22,23–33; Mk 12,18–27; Lk 20,27–38), verband sich für die ersten Jüngerinnen und Jünger Jesu durch die Begegnung mit dem vom Tod auferstandenen Gekreuzigten mit der Mitte ihres Glaubens: Gott ist der, der Jesus von den Toten auferweckt hat, und zwar als „Erstling der Entschlafenen“ (1 Kor 15,20).

Die christliche Hoffnung richtet sich darauf, dem auferstandenen Christus „eingegliedert“ zu werden: Die erlöste Menschheit ist der vollendete „Leib“ des vom Tod auferstandenen Christus. Diese Auferstehung des „ganzen Christus mit Haupt und Gliedern“ (Augustinus, tract. in Joh 21,8) ist noch „voll in Gange“, und darum entfaltet das „himmlische Festmahl“ erst dann seine ganze „Pracht“, wenn Christus alle in ihm Vollendeten an seinem Tisch versammelt hat (Origenes, hom. in Lev 7,2).

Die überlieferte Antwort des christlichen Glaubens. Der Glaube an die „Auferstehung der Toten“, die in der Vision des Ezechiel eine Metapher bildet (Abb. 6), und an ein „ewiges Leben“ im „Reich Gottes“, hat in der christlichen Glaubensüberlieferung folgende Antwort herausgebildet: Im Tod trennt sich die Seele des Menschen von seinem Körper. Während der Körper dann der Verwesung anheimfällt, geht die Seele, nach einem persönlichen Gericht, das Gott an ihr vollzieht, und nach angemessener „Läuterung“ (so die katholische Vorstellung des „Fegefeuers“) in die ewige Seligkeit bei Gott („Himmel“) ein – oder in die ewige Gottferne

Abb. 5: Marc Chagall (1887–1985), „Die Erschaffung des Menschen“; Mainz, St. Stephan, Detail des rechten der drei Chorfenster, 1977–84
Die ungewöhnliche Darstellung zur Schöpfungsgeschichte, auch mit dem Titel „Ein Engel trägt den Menschen ins Paradies“, entwickelte sich im Gesamtwerk Marc Chagalls ab 1930 und führte in den 1950er Jahren zu mehreren Gemälden und Grafiken, zuletzt zu der hier wiedergegebenen Fassung im Chor von St. Stephan in Mainz. Gemeinsam ist allen Ausführungen das Motiv der Leiblichkeit des von Gott erschaffenen Menschen als beseeltes Wesen. Diese Deutung bezieht sich nicht allein auf das alttestamentliche Menschenbild, sondern ergibt sich konkret aus dem Motiv des Engels als Seelengeleiter. Mit dieser Szene beginnt das von unten nach oben führende fünfteilige Bildprogramm „Die Männer der Bibel“ des rechten Chorfensters. Dem ersten Menschen (Adam zu hebräisch *adama* „Erde“) folgen Noach, Jeremia, David und Christus. Das linke Chorfenster zeigt „Frauen der Bibel“.

Abb. 6: David Bomberg (1890–1957), „Vision Ezechiels", 1912, 114,3 x 137,2 cm; London, The Tate Gallery
„Da sprach ich als Prophet, wie mir befohlen war; und noch während ich redete, hörte ich ein Geräusch: Die Gebeine rückten zusammen, Bein an Bein" (Ez 37,7). Bomberg hat sich der „Vision von der Auferweckung Israels" (Ez 37,1–14) auf abstrahierende und zugleich „wortwörtliche" Weise gewidmet, ohne die Parabel einer Auferweckung von Verstorbenen durch naturalistische Details ihres sinnbildlichen Charakters zu berauben.

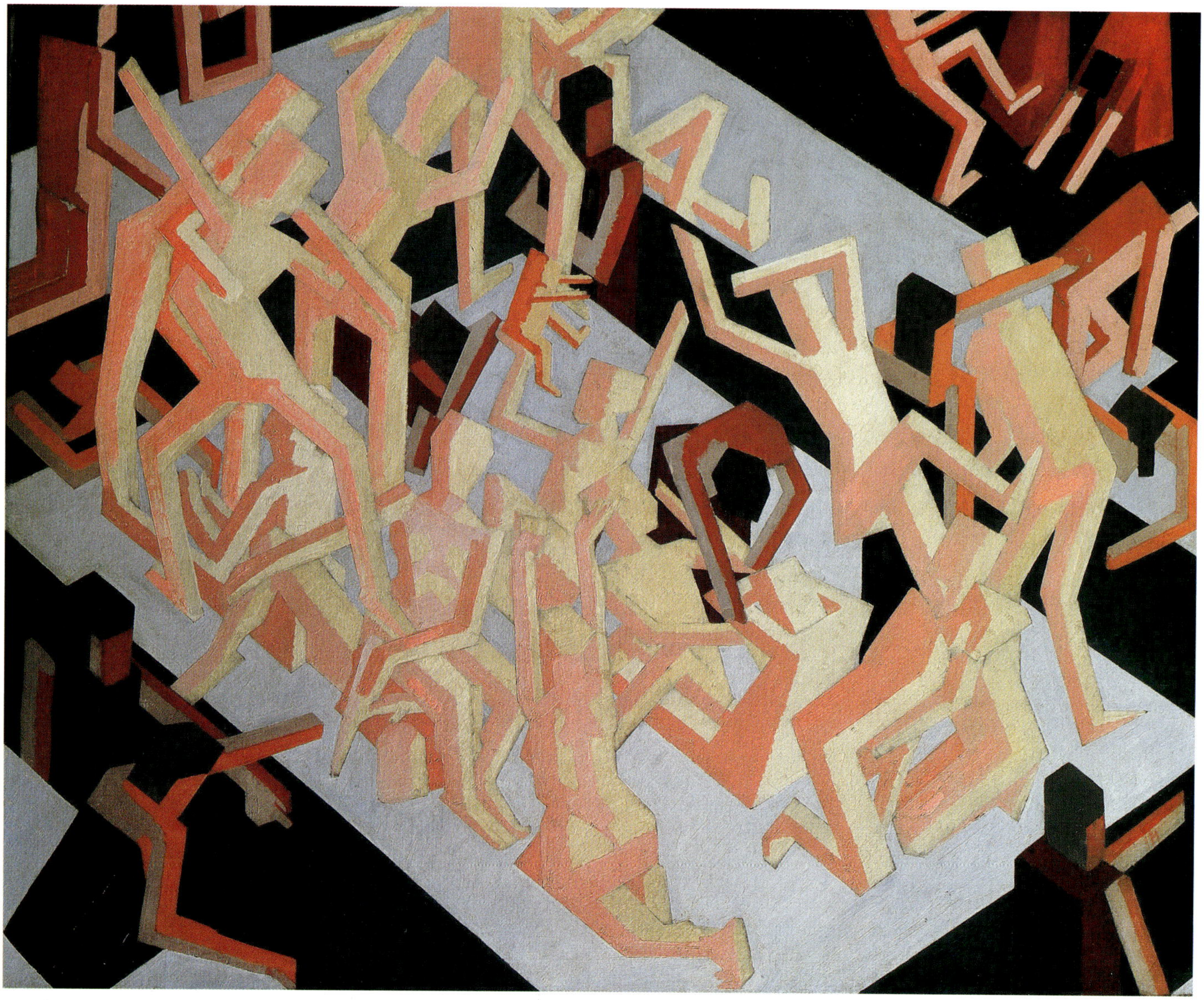

(„Hölle"). Am Ende der irdischen Zeit wird Christus vom „Himmel" auf die „Erde" wiederkehren: Die Seelen der Menschen werden mit Auferstehungsleibern bekleidet und nach dem „Jüngsten (d.h. letzten) Gericht" in der vollendeten Schöpfung („neuer Himmel und neue Erde") für immer in Gottes Gegenwart leben (oder davon ausgeschlossen sein).[5]

Seele, Leib und die „Auferstehung der Toten". In der gegenwärtigen katholischen wie evangelischen Theologie wird wieder unbefangener als noch vor wenigen Jahren von der Seele und ihrer Unsterblichkeit gesprochen; allerdings in einer ziemlich veränderten Weise. Inspiriert vom biblischen Sprachgebrauch, wird unter dem Begriff Seele nicht mehr bloß ein bestimmter hervorgehobener Teil des Menschen bezeichnet (zum Beispiel das Emotionale oder das geistige Formprinzip oder die Personalität oder die Sittlichkeit des Menschen). Vielmehr verstehen Theologen heute unter der Seele des Menschen den ganzen Menschen – allerdings unter einer bestimmten Rücksicht: nämlich dass er von Gott dazu befähigt ist, sein „Dialogpartner" zu sein (Joseph Ratzinger), also mit Gott in eine hörende, antwortende und liebende Beziehung treten zu können. Diese Seele, dieses „Ansprech- und Antwortorgan" für Gott, ist jedem Menschen gegeben, ob er davon nun ausdrücklichen Gebrauch macht und sich in Glaube, Hoffnung und Liebe direkt auf Gott bezieht oder nicht. Denn die Befähigung zur Gemeinschaft mit Gott gehört einfach zum Geschöpfsein des Menschen, ja sie ist damit identisch. Darum kann sie auch auf vielfältige und oft verborgene Weise erlebt werden. Wenn zum Beispiel ein Mensch sich selbst mit seinem ganzen Geschick, gerade auch in seinen unbegreiflichen Dunkelheiten, annimmt, nicht bitter oder verschlossen wird, sondern im Vertrauen auf einen verborgenen Sinn seinen Lebensweg geht (oft genug in einer „Hoffnung gegen alle Hoffnung"), dann aktiviert er genau das, was der christliche Glaube mit „Seele" meint.[6]

Diese „gottoffene" Seite des Menschen, seine „Seele", kommt natürlich erst dann voll zur Geltung, wenn ein Mensch auch ausdrücklich dieser seiner „Natur" gemäß zu leben versucht. Wenn er also das Angebot der Freundschaft mit Gott bewusst und frei annimmt und in eine vertrauendliebende Beziehung zu ihm eintritt. Aber auch wenn ein Mensch diese Befähigung seiner Seele ständig verdrängen oder unterdrücken sollte, kann er sie dennoch nicht zerstören; er kann sich nicht selbst als Geschöpf Gottes, als ein möglicher Gesprächspartner Gottes aufheben.

Und damit sind wir bei dem wirklich „Unzerstörbaren" des Menschen angelangt: Gottes Ja zu jedem Menschen, den er ins Dasein ruft, gilt so unbedingt, dass absolut nichts, weder die Verschlossenheit des Menschen noch der Tod es außer Kraft setzen kann. Aber diese Treue bleibt nicht nur auf Seiten Gottes, sondern ruft im Menschen ein freies, eigenständiges „Spiegelbild" hervor: Die unser ganzes Menschsein (mit Leib, Seele und Geist) betreffende Begabung, der Liebe Gottes mit unserer Liebe (zu ihm und zueinander) entsprechen zu können, ist theologisch gesehen unsere „unsterbliche Seele".

Und was bedeutet die „Auferstehung des Leibes"? Aus unserer Erfahrung kennen wir nur einen Leib, der zugleich auch organisch-körperlich und damit sterblich verfasst ist. Die biblische Verheißung der Auferstehung der Toten rechnet jedoch offensichtlich mit der Möglichkeit, dass nicht jede Form von Leiblichkeit auch zugleich „Körperlichkeit" bedeutet. Wenn ich zum Beispiel das faltige, zerfurchte Gesicht eines alten Menschen anschaue, dann erkenne ich darin viel mehr als nur eine bestimmte Form von Haut, Fleisch und Knochen. In einem Gesicht, in den Augen, den Händen und der Stimme kann viel von der Freude und dem Leid, der Ehrlichkeit oder der Verlogenheit eines Menschen entdeckt werden. Das alles fällt unter den Begriff „Leib". Der „Leib" in diesem Sinn ist mehr als nur ein biologischer Organismus. Man kann ihn vielleicht verstehen als den in die menschliche Biographie hineingezogenen „Körper", der also von der Lebensgeschichte eines Menschen sichtbar geprägt ist. Um diesen Leib geht es bei der Auferweckung der Toten.

„Unsterblichkeit der Seele" und „Auferstehung des Leibes" werden in diesem Verständnis nicht mehr als voneinander getrennte Sachverhalte betrachtet; sie gelten eher als verschiedene Aspekte des einen großen Vollendungsgeschehens, das immer zugleich individuell wie universal zu denken ist. Der Begriff „Seele" umschreibt mehr die „Gottoffenheit" des Menschen; der Begriff „Leib" dagegen mehr seine „Erdverbundenheit". Beides gilt vom ganzen Menschen; in beidem wird sein Wesen als Geschöpf Gottes angesprochen; darum hat auch beides „Platz" in Gottes Himmel.

IM VORHOF DES HIMMELS: GERICHT UND FEGEFEUER

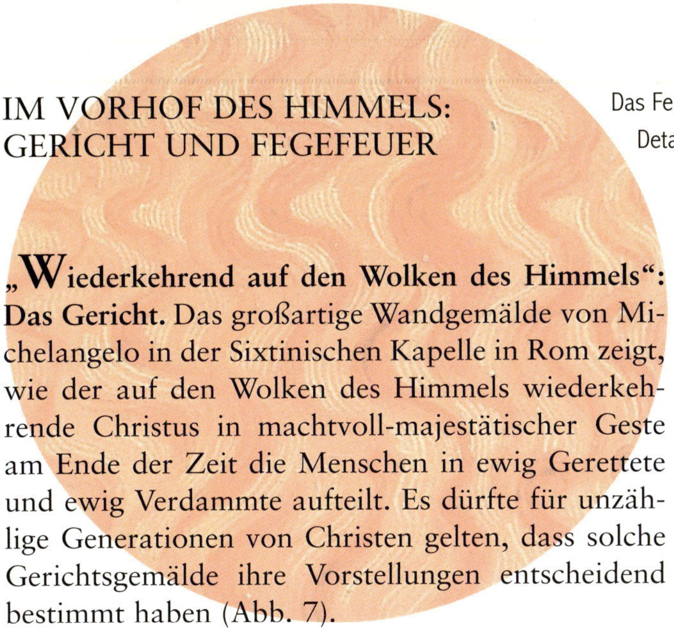

Das Fegefeuer auf dem Läuterungsberg, Detail aus Abb. 11

„Wiederkehrend auf den Wolken des Himmels“: Das Gericht. Das großartige Wandgemälde von Michelangelo in der Sixtinischen Kapelle in Rom zeigt, wie der auf den Wolken des Himmels wiederkehrende Christus in machtvoll-majestätischer Geste am Ende der Zeit die Menschen in ewig Gerettete und ewig Verdammte aufteilt. Es dürfte für unzählige Generationen von Christen gelten, dass solche Gerichtsgemälde ihre Vorstellungen entscheidend bestimmt haben (Abb. 7).

Der existentielle Sinn der Erwartung eines Letzten Gerichts zielt aber nicht darauf ab, Angst vor der schrecklichen „Endabrechnung“ eines zürnend-rächenden Gottes zu wecken, sondern Hoffnung auf die rettende Wiederkunft des Menschensohnes Jesus Christus, dem Gott dieses Gericht übertragen hat. Diese Hoffnung gilt für alle; denn alle Menschen werden (wenn auch in unterschiedlichem Maß) vor Gott schuldig; sie widersetzen sich seiner Liebe, der sie doch alles verdanken, und setzen sich selbst und ihren Eigenwillen zum Mittelpunkt der Welt. Diese auf Dauer den Menschen zerstörende Sünde ist aber dem kommenden Richter nicht fremd; er begegnet ihr nicht einfach „von außen“ und „von oben“, um sie dann zu verurteilen. Nach dem Zeugnis des Neuen Testaments hat Jesus, obwohl er selbst ohne jede Sünde war (vgl. Hebr 4,15), in seinem Tod am Kreuz die schreckliche Konsequenz der menschlichen Sünde am eigenen Leib erlitten: In Jesus begibt sich Gott selbst aus Liebe zum Menschen in die Situation der vom Sünder eigenwillig gesuchten Gott-Verlorenheit und Gott-Verlassenheit: „Mein Gott, mein Gott, warum hast du mich verlassen?“ (Mk 15,34). Diese Situation ist das „Gericht“ Gottes über die Sünde und die Sünder. Darum kann der große Schweizer Theologe Hans Urs von Balthasar (1905–1988) den zum Gericht wiederkommenden Jesus als „gerichteten Richter“ bezeichnen (Abb. 8). Er hat das Gericht Gottes, die innere Konsequenz der Sünde, bereits an sich selbst erfahren, um so auch den elendesten, „gottverlassensten“ Sünder mit der Barmherzigkeit Gottes in Berührung zu bringen. Das bedeutet für das Endgericht: Dort gibt es auf Seiten Gottes nicht einfach ein „Gleichgewicht“ zwischen retten-wollender Barmherzigkeit und verwerfen-müssender Gerechtigkeit. Nein, der richtende Christus kennt von sich her nur unbedingte Zuwendung zum Menschen. Dem kann sich der Mensch allerdings von sich aus verweigern und so sich selbst sein endgültiges Urteil in diesem Gericht sprechen.

Gott richtet nicht „von außen“; er legt keine Strafe zusätzlich zur Sünde auf, sondern wir selbst, in dem gestörten Verhältnis zu Gott, in dem wir stehen, sind uns dann Gericht und Strafe genug – als auszuleidende Konsequenz unserer Sünde.

Abb. 7: Giuseppe Angeli (1709–1798), „Das Jüngste Gericht“; Venedig, Scuola Grande di San Giovanni Evangelista
Getreu dem Patronat, dem sich die 1261 begründete Bruderschaft des Evangelisten Johannes geweiht hat, bezieht sich das illusionistisch gestaltete Deckengemälde (Öl auf Leinwand) „Das Jüngste Gericht“ in der Scuola dieser Gemeinschaft nicht auf die so genannte „Matthäus-Apokalypse“ (Mt 24,1–25,48: „Rede über die Endzeit“), sondern auf die Offenbarung des Johannes mit der Gestalt des Visionärs am unteren Bildrand: „Dann sah ich einen großen weißen Thron und den, der auf ihm saß; vor seinem Anblick flohen Erde und Himmel, und es gab keinen Platz mehr für sie“ (Offb 20,11). Freilich bestehen zahlreiche Gemeinsamkeiten mit dem Weltgericht bei Matthäus: „Wenn der Menschensohn in seiner Herrlichkeit kommt und alle Engel mit ihm, wird er sich auf den Thron seiner Herrlichkeit setzen“ (Mt 25,31). Auch das Motiv der Posaune blasenden Engel konnte Angeli bei Matthäus finden: „Er wird seine Engel unter lautem Posaunenschall aussenden“ (Mt 24,31a).
Der Engel mit einem Schlüssel gehört dagegen zu einer Vision des Johannes, die dem endgültigen Sieg über den Satan und dem Gericht vorausgeht: „Dann sah ich einen Engel vom Himmel herabsteigen; auf seiner Hand trug er den Schlüssel zum Abgrund und eine schwere Kette. Er überwältigte den Drachen, die alte Schlange – das ist der Teufel oder der Satan –, und er fesselte ihn für tausend Jahre“ (Offb 20,1 f).

Abb. 8: Georges Rouault (1871–1958), „Ecce homo", 1938/39, vollendet 1942, Öl auf Leinwand, 105,5 x 75,5 cm; Stuttgart, Staatsgalerie
Das Gemälde zeigt Christus, den „gerichteten (zukünftigen) Richter", als den dornengekrönten Schmerzensmann. Ihn präsentiert Pilatus den Anklägern: „Seht, das ist der Mensch!" (Ecce homo; Joh 19,5).

Abb. 9: Roland Peter Litzenburger (1917–1987), „Das Verglühen des geborenen Lebens – Kreuzigung im 20. Jahrhundert", 1980, Tusche und Aquarell, 72,5 x 50,5 cm; Köln, Nachlass Roland Peter Litzenburger Kunst-Station Sankt Peter
„Das Bild lässt einen endzeitlichen Zusammenhang assoziieren, den Untergang der Menschheit im millionenfachen Atomblitz, den Mordtod im Mutterleib oder die Wandlung des Menschen und seines Leibes am Ende der Zeit" (August Heuser, in: R. P. Litzenburger, „Wer bin ich, wenn mich niemand anschaut. Schöpfung Erde Mensch", 1987, S. 87).

Das Besondere und das Jüngste Gericht. Indem wir die „Unsterblichkeit der Seele" und die „Auferstehung des Leibes" als zwei Momente an dem einen Vollendungsgeschehen deuten, in das der Mensch durch seinen Tod eintritt, verzichten wir auch auf die apokalyptische Vorstellung einer doppelten, zeitlich auseinander gezogenen Gerichtsszenerie (das „Besondere Gericht" über die Seele unmittelbar nach dem Tod und das „Jüngste Gericht" über die Auferstandenen am Ende der Zeit). Stattdessen verstehen wir das Gericht als ein Moment des einen Vollendungsgeschehens des Einzelnen und der Welt als Ganzer. Der Tod jedes Menschen kann als das Ereignis der Wiederkunft Christi für jeden persönlich verstanden werden. Der große katholische Theologe Karl Rahner (1904–1984) hat die schöne Formulierung geprägt: Christus kommt wieder, „insofern alle bei ihm ankommen"[7]. Wenn einmal wirklich alle Menschen ihren Tod gestorben und so bei Christus angekommen sind, ist er wirklich zu allen „wiedergekommen"; dann ist für die Geschichte der „Jüngste Tag" erreicht. Dieser braucht dann nicht als ein kosmischer Weltuntergang oder eine universalgeschichtliche Katastrophe vorgestellt zu werden (Abb. 9 und 10). Gott als die in allem verborgen „dabeiseiende" Liebe greift nicht irgendwann „von außen" in diese Welt ein; seine alles zum Heil führende Liebe ist in jedem Augenblick der Geschichte am Werk und führt sie zu ihrer geschichtstranszendenten Vollendung – gerade auch durch den Tod der Einzelnen hindurch.

Das Fegefeuer: Vorstufe zum Himmel. Vielleicht mehr noch als die „Bilder des Himmels" hat das Interesse am Schicksal der Toten in einer zuweilen doch recht wuchernden Phantasie mit lustvollem Schauder das „Fegefeuer" (lat. *purgatorium*, das heißt „Ort der Läuterung") ausgemalt – als eine zeitlich begrenzte „Vorhölle" und eine Art jenseitiger Folterkammer.

Abb. 10: Max Beckmann (1884–1950), „Auferstehung", 1916–18 (unvollendet), 345 x 408 cm; Stuttgart, Staatsgalerie

1908/09 kontrastierte Beckmann in seinem ersten Gemälde „Auferstehung" (ebenfalls in Stuttgart) eine mondäne Gesellschaft mit dem barocken Motiv nackter, zum Licht emporschwebender Gestalten. Als er 1916 das Thema erneut aufgriff, entwickelte es sich zum Bild von Tod und Zerstörung; die Rückkehr ins Leben wird zum Sinnbild der Hoffnungslosigkeit. Und es ist kein Zufall, dass ein schwarzes Gestirn

an einen Vers der „Matthäus-Apokalypse" erinnert: „Sofort nach den Tagen der großen Not wird sich die Sonne verfinstern, und der Mond wird nicht mehr scheinen: die Sterne werden vom Himmel fallen, und die Kräfte des Himmels werden erschüttert werden" (Mt 24,29).

Geschichtlich gründet die Lehre von der jenseitigen „Läuterung" in einer doppelten frühkirchlichen Praxis: zum einen im Gebet für die Verstorbenen; zum anderen im damals sehr ausgiebigen Bußverfahren für schwere Sünden. Um die Wiederversöhnung des Sünders mit Gott und mit der Gemeinschaft der Glaubenden zu erlangen, musste der reuige Sünder verschiedene ihm von der Gemeinde auferlegte und von ihr auch durch Gebet und Hilfe begleitete Bußübungen verrichten. Wenn nun ein Mensch starb, bevor er seine Buße ganz erfüllt hatte, glaubte die Kirche, dass ihm auch jenseits des Todes von Gott die Gelegenheit gegeben wird, diese Buße zu Ende zu bringen. Dabei unterstützten die lebenden Gläubigen die Verstorbenen, weil sie auch über den Tod hinaus in der unzerstörbaren „Gemeinschaft der Heiligen" (= Glaubenden) miteinander verbunden bleiben, im gemeinsamen Raum der Kirche als „Leib Christi".

In der westlichen, von der römischen Rechtskultur geprägten Kirche wurde diese Buße vor allem als reinigende Strafe für die Sünde verstanden, in der östlichen Christenheit dagegen als ein therapeutischer Heilungs- und Reifungsprozess vor und nach dem Tod. Dieses Verständnis hat sich in der letzten Zeit auch in der katholischen Theologie weitgehend durchgesetzt.

Im Grunde wird mit der „Läuterung" (Abb. 11) ein besonderer Aspekt des Gerichtes noch einmal stärker hervorgehoben: nämlich dass die endgültige Begegnung mit der richtenden Liebe Gottes in und nach dem Tod für den sündigen Menschen (und wer wäre das nicht?) zu einer schmerzlich-reinigenden Konfrontation mit seiner eigenen Lebensgeschichte führen wird – im Angesicht der verletzten und dennoch unendlich barmherzigen Güte. Diese Läuterung brauchen wir uns daher weder als einen bestimmten jenseitigen Ort noch als einen zeitlich messbaren Zustand vorzustellen, in dem der gestorbene Mensch eine gewisse Zeit lang irgendwie zwischen Himmel und Hölle verweilte.

Die Läuterung gehört vielmehr bereits auf die Seite des Himmels; sie ist ein inneres Moment der positiven Vollendung, eine Art „Vorhimmel", der den Menschen für die von seiner Schuld ungetrübte Gemeinschaft mit Gott im Himmel bereiten soll.

Die reformatorische Kritik an der Vorstellung eines „Fegefeuers" stellt zu Recht die Frage: Wozu sollte eine nachtodliche Läuterung des Menschen als Vorbereitung auf den Himmel dienen, wenn Gott in der Begegnung mit seiner „richtenden" Liebe jedem Menschen, der bereut, die reinigende Vergebung schenkt? Im Gegenzug ist allerdings die Frage zu stellen: Wie kommt diese grenzenlose Vergebung Gottes so beim Menschen an, dass sie ihn „nachhaltig" umwandelt und zur beglückenden Begegnung mit Gottes Liebe erst fähig macht? Vergebung, sei sie von Menschen oder von Gott geschenkt, bläst ja nicht die Schuld einfach weg, macht sie nicht ungeschehen oder vergisst sie. Nein, sie bedeutet eine neue, von Gott her unbedingte Annahme des Menschen als Freund Gottes, trotz seiner begangenen Schuld. Diese vergebende Annahme durch Gott erfordert aber, wenn sie den Menschen wirklich umwandelt, auch ein bereitwilliges Mittun von menschlicher Seite aus, ein aktives Sich-vergeben-Lassen. Die mitgeschleppten „Altlasten" unserer Schuld, also ihre verderblichen Aus- und Nachwirkungen auf unseren Charakter, unser Verhalten und unsere Beziehungen stecken ja auch noch im Tod und danach tief in uns drin. Gegen diesen inneren Widerstand, gegen das auch im Tod noch wirksame „Trägheitsprinzip" der Sünde, muss sich die Barmherzigkeit und Vergebung Gottes in uns „durchsetzen", indem sie uns einen Läuterungsprozess gewährt, der durchaus „weh tut". Denn dabei „brennt" diese Liebe gleichsam alle uns noch besetzt haltenden Auswirkungen unserer irdischen Schuld aus uns heraus. Wenn wir also von endgültiger Läuterung nach dem Tod sprechen, meinen wir im Grunde diese menschliche Komponente der Vergebung unserer Schuld durch Gott.

Im „Leib Christi" sind wir gerade in der Frage unseres endgültigen Heils unlösbar miteinander verbunden; keiner tritt in seinem Tod allein vor Gottes richtende und vergebende Liebe, sondern immer schon in der Gemeinschaft aller Glieder dieses Leibes (der natürlich viel weiter ist als die institutionelle Gestalt der irdischen Kirche). Das Gebet für die Verstorbenen und das Bitten um ihre Fürsprache (besonders der Heiligen) drückt diese selbst im Tod durchtragende Solidarität aus. Die vertrauende Gewissheit, dass wir in allen für uns so völlig unverfügbaren Situationen unseres Lebens und Sterbens eingeborgen bleiben in die Gemeinschaft der (uns bekannten oder unbekannten) „Freunde Gottes", gehört mit zum Tröstlichsten der christlichen Hoffnung.

Abb. 11: Vergil, Dante und Statius im Feuerkreis der Wollüstigen, „Divina Commedia", XXVI. Gesang des „Purgatorio", um 1480; Vatikanstadt, Biblioteca Apostolica Vaticana, Urb. lat. 365, fol. 175

Auf der 7. Rampe des Läuterungsbergs brennt das „Fegefeuer" zur Reinigung der Wollüstigen. Um zum irdischen Paradies auf dem Gipfel des Berges zu gelangen, wo Beatrice Dantes Führung übernehmen wird, müssen die drei Wanderer den Feuerkreis durchschreiten. Dante zögert („mich klar entsinnend, / Was ich an Menschenleibern schon sah brennen"), doch Vergil erklärt: „Hier kann nur Marter sein, doch nicht der Tod!" Die Miniatur in einer Prachthandschrift der *Divina Commedia* für Herzog Federigo Montefeltro in Urbino bezieht sich auf die folgenden Verse: „Dann ging er mir voran, hinein ins Feuer, / Indem er Statius bat, nach mir zu kommen, / Der bisher auf so langem Weg uns trennte. // Als ich darinnen war, hätt' ich in siedend / Glas mich geworfen, um mich zu erfrischen, / So war daselbst die Glut über die Maßen. // Der süße Vater mein, um mich zu stärken, / Schritt, stets von Beatrice redend, vorwärts; / Rufend: ‚Ihr Augenpaar schon, deucht mich, seh' ich!'" (*Purgatorio* XXVII, 46–54).

SI come quando i primi raggi uibra
la doue il suo factor lo sangue sparse
cadendo hybero sotto laltra libra
et londe in Gange da nona riarse
si staua il sole ondel giorno sen giua
come langiol di dio lieto ciaparse
Fuor dela fiamma staua in su la riua
et cantaua Beati mundo corde
in uoce assai piu che la nostra uiua.

„HIMMEL ODER HÖLLE" – KEINE GLEICHRANGIGEN ALTERNATIVEN

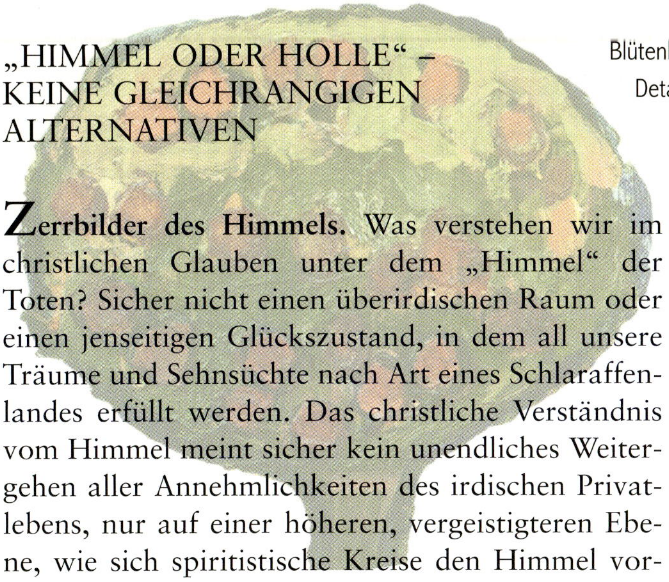

Blütenbaum über Paulo Modersohn-Beckers barmherzigem Samariter, Detail aus Abb. 14

Zerrbilder des Himmels. Was verstehen wir im christlichen Glauben unter dem „Himmel" der Toten? Sicher nicht einen überirdischen Raum oder einen jenseitigen Glückszustand, in dem all unsere Träume und Sehnsüchte nach Art eines Schlaraffenlandes erfüllt werden. Das christliche Verständnis vom Himmel meint sicher kein unendliches Weitergehen aller Annehmlichkeiten des irdischen Privatlebens, nur auf einer höheren, vergeistigteren Ebene, wie sich spiritistische Kreise den Himmel vorstellen; aber auch keine „ewige (Grabes-)Ruhe". Im christlichen Glauben bedeutet „Himmel" nicht bloß die Abwesenheit des irdischen Lebens (mit seinen negativen Seiten), auch nicht dessen Verlängerung oder Steigerung (in seinen positiven Seiten), sondern seine Vollendung.

Der „Himmel": Gottes versöhnende und vollendende Liebe. „Himmel" meint das uns von Gott zugedachte Ziel der persönlichen und universalen Geschichte; also das endgültige, rundum beseligende „Aufgehobensein" in der Gemeinschaft mit Gott und dem ganzen Leib Christi, ja der ganzen Schöpfung. Quelle und Mitte dieser Seligkeit der Vollendung ist Gottes versöhnende Liebe, die uns in Christus bereits innergeschichtlich erschienen ist und nun in ihrer ungehinderten Wirksamkeit offenbar wird (Abb. 12). Weil wir von Gott umfassend angenommen sind und wir uns auch endlich völlig ungehindert von ihm annehmen lassen können, darum wird uns das Geschenk der Versöhnung auf allen Ebenen unseres Menschseins zuteil.

Als der große evangelische Theologe Karl Barth (1896–1968) gefragt wurde, ob wir im Himmel unsere Lieben wiedersehen werden, antwortete er: „Nicht nur unsere Lieben ...". Zu dieser himmlischen Vollendung gehört schließlich auch die Versöhnung mit der ganzen Schöpfung, mit den anderen Geschöpfen, die von uns Menschen oft ausschließlich unter ihrem Nutz- oder Genusswert gesehen werden, von Gott aber zusammen mit uns zum Leben im großen „Schalom" des Himmels berufen sind. „Der Himmel ist die Möglichkeit der Geschöpfe, ein Fest zu feiern, ohne den Tod zu brauchen, ohne einander zu fressen ... Er ist die Befreiung vom Zwang des Nutzens, von der Nötigung, andere Geschöpfe zu Mitteln machen zu müssen, um die eigene Identität erhalten zu können" (Gottfried Bachl)[8].

Die „Hölle": keine Alternative zum „Himmel". Und was ist mit der Hölle? Für die meisten Theologen heute gibt es in dieser Frage keine eindeutige Sicherheit, denn hier liegt ein echter Grenzfall theologischen Erkennens vor: Wir sind nicht in der Lage zu erkennen, wie sich am Ende einerseits Gottes barmherziger und mächtiger Heilswille für alle und eine möglicherweise sich endgültig verfestigende Freiheit des Menschen zum Bösen andererseits so miteinander vereinbaren lassen, dass keine der beiden Seiten eingeschränkt werden muss. Aber auch wenn es keine theoretische Klarheit geben kann, so ist der Rahmen, innerhalb dessen das Sprechen von der Hölle christlich verantwortbar ist, doch eindeutig: Es ist die Liebe, die alles und für alle hofft (vgl. 1 Kor 13,7); und zwar im Geist Jesu Christi, der Mensch gewordenen und in alle „Höllen" menschlicher Gottverlassenheit hinabgestiegenen Liebe Gottes. Ihr darf man getrost alles zutrauen, auch dass sie die Hölle „leer" liebt (Abb. 12).

Abb. 12: Odilon Redon (1840–1916), „Christus als Herz-Jesu-Bild", 1895, Pastell, 60 x 46,5 cm; Paris, Musée d'Orsay

Dieses Christusbild steht am Beginn der Zeit bis 1903, die als „religiöse Epoche" im Schaffen des Symbolisten Redon bezeichnet wird. Symbolik ist in der Tat auch in dieser Phase das vorherrschende Gestaltungsmittel, hier das Herz als Licht, das die Finsternis in Form einer Dornenkrone besiegt. Das Antlitz bringt innere Versenkung und Hingabe zum Ausdruck.

Abb. 13: „Narr als Gottesleugner", um 1480; Psalter des Paschasio Diaz Gardon, eines Ministers des Königs von Neapel, Ferdinand von Anjou, Vatikanstadt, Biblioteca Apostolica Vaticana, Vat. lat. 3467, fol. 61 r

Die Miniatur bezieht sich auf den Beginn von Psalm 14 (ebenso Psalm 53): „Die Toren sagen in ihrem Herzen: ‚Es gibt keinen Gott.' Sie handeln verwerflich und schnöde, Da ist keiner, der Gutes tut" (Ps 14,1–2). Das rechts oben erscheinende Profil Gottes „widerlegt" die Figur im Narrenkostüm und illustriert zugleich den darauf folgenden Vers: „Gott blickt vom Himmel herab auf die Menschen, ob noch ein Verständiger da ist, der Gott sucht!" (Ps 14,3).

Eine solche starke Hoffnung ist auf keinen Fall zu verwechseln mit einem leichtfüßigen End-Optimismus nach dem Motto „Wir kommen alle, alle in den Himmel … " Es geht in dieser Frage um das ganze Gewicht und die Würde unseres irdischen Lebens, um sein endgültiges Gelingen oder Scheitern. Dafür spielt aber, soweit wir es bewusst und willentlich bestimmen können, die sich durch alle einzelnen Lebensvollzüge wie ein roter Faden hindurchziehende Grundrichtung unseres Lebens eine entscheidende Rolle: nämlich ob wir es ausrichten auf das Empfangen und Tun der Gottes- und Nächstenliebe hin oder nicht, mag dies noch so unausdrücklich und implizit geschehen (Abb. 14). Diese Grundrichtung eines Lebens wird im Tod end-gültig; sie kann zwar danach – im Angesicht der Liebe Gottes – im positiven Fall noch weiter „ausreifen" und alle einzelnen Dimensionen des Menschseins ergreifen; aber sie kann nicht mehr einfach in ihr Gegenteil verkehrt werden. Allerdings darf der Ernst der irdischen Entscheidungszeit nun umgekehrt auch nicht die Hoffnung so schwächen, dass sie der Angst oder einem tiefen Pessimismus weicht.

„Himmel und Hölle" sind keine gleichrangigen Alternativen des menschlichen Endschicksals. Die „Hölle" hat keinen eigenen Inhalt oder Sinn, den Gott alternativ zum Himmel daneben stellen würde. Die Hölle ist nichts anderes als das schuldhafte Verfehlen des guten Ziels, das Gott allen Menschen zugedacht hat; sie ist das endgültige Nein und Sich-Abschließen des Menschen gegen die Liebe als innerste Grundrichtung unseres Daseins (Abb. 13). Wer sich bewusst gegen die von Gott geschenkte Vollendung sperrt, der schafft sich selbst die Hölle. Sie wird ihm nicht von Gott zugeteilt. Gott teilt nur sich selbst den Menschen mit; „Hölle" dagegen ist allein das radikale Nein gegenüber diesem Geschenk. Ob ein Mensch sein Lebensziel so völlig verfehlt hat oder verfehlen wird, dass er sich selbst zur Hölle wird, hat die Kirche von keinem Menschen jemals gesagt, und sie darf es auch nicht.

Abb. 14: Paula Modersohn-Becker (1876–1907), „Der barmherzige Samariter“, 1907, Öl auf Papier auf Holz, 31,2 x 37 cm; Privatsammlung
Das Bild zum „Gleichnis vom barmherzigen Samariter“ (Lk 10,25–37) zeigt im Mittelgrund den Priester und den Leviten, welche das Opfer der Räuber seinem Schicksal überlassen, während am Fuß des Kugelbaumes der Samariter, der „Fremde“, sein Mitleid in die Tat umsetzt. Sein Reittier steht bereit, den Verletzten in die Herberge im Hintergrund zu bringen. Mit dieser Erzählung beantwortet Jesus die Frage eines Gesetzeslehrers: „Wer ist mein

Nächster?“ Diesen Gesetzeslehrer, der zunächst eine Fangfrage stellt („Was muss ich tun, um das ewige Leben zu gewinnen?“), bringt Jesus mit der „sokratischen“ Gegenfrage („Was steht im Gesetz?“) auf den Weg, selbst mit den Geboten der Gottesliebe und der Nächstenliebe zu antworten: „Du sollst den Herrn, deinen Gott, lieben mit ganzem Herzen und ganzer Seele, mit all deiner Kraft und all deinen Gedanken, und: Deinen Nächsten sollst du lieben wie dich selbst“ (Lk 10,29). Dass Jesus dem „Schüler“ eine Erweiterung seines Horizonts abverlangt, verdeutlicht die Szene am Jakobsbrunnen, in der die Frau nicht verstehen kann, dass Jesus sie, eine Samariterin, um Wasser bittet. Der Evangelist erläutert: „Die Juden verkehrten nämlich nicht mit den Samaritern“ (Joh 4,9).

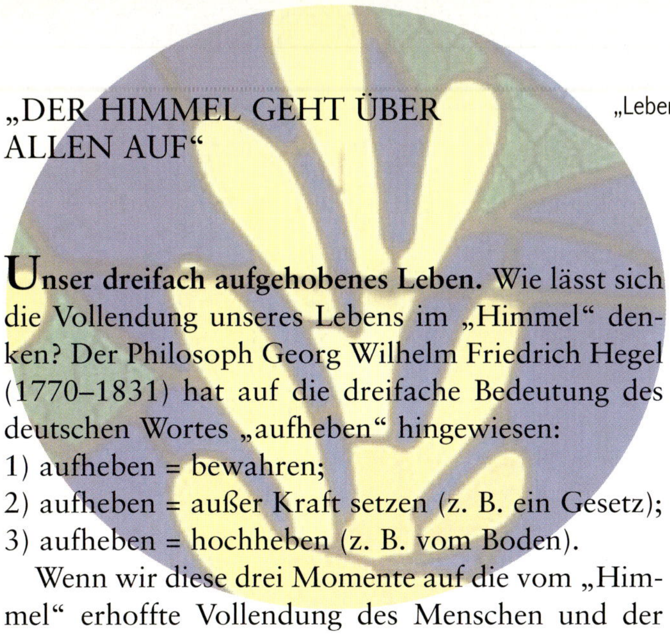

„Lebensbaum“ von Henri Matisse, Detail aus Abb. 15.

„DER HIMMEL GEHT ÜBER ALLEN AUF“

Unser dreifach aufgehobenes Leben. Wie lässt sich die Vollendung unseres Lebens im „Himmel“ denken? Der Philosoph Georg Wilhelm Friedrich Hegel (1770–1831) hat auf die dreifache Bedeutung des deutschen Wortes „aufheben“ hingewiesen:

1) aufheben = bewahren;
2) aufheben = außer Kraft setzen (z. B. ein Gesetz);
3) aufheben = hochheben (z. B. vom Boden).

Wenn wir diese drei Momente auf die vom „Himmel“ erhoffte Vollendung des Menschen und der Geschichte des Menschen anwenden, heißt das:

1) Alles das wird von Gottes Liebe bewahrt, was in einem persönlichen Leben und in der menschlichen Geschichte überhaupt für die endgültig versöhnte Gemeinschaft mit Gott und miteinander im Reich Gottes wichtig ist. Das Zweite Vatikanische Konzil (1962–65) hat es so formuliert: „Die Liebe wird bleiben, wie das, was sie einst getan hat.“

2) Alles das wird von Gottes Liebe außer Kraft gesetzt, was in diese endgültige Versöhnung nicht integriert werden kann. Gott wird „alle Tränen von unseren Augen abwischen“ (Offb 21,4).

3) Alles das, was wir an bewahrenswerter „Frucht“ unseres Lebens mit in die Vollendung bringen, wird von Gottes Liebe entgegengenommen und durch sie zur vollen „Reife“ gebracht („emporgehoben“). Die Vollendung unseres Lebens ist eben unendlich mehr als nur das festgeschriebene Resultat dessen, was wir hier an Liebe gelebt und getan haben. Das wäre bei den meisten von uns doch recht dürftig und fragmentarisch. Vielmehr kommt unser Leben endlich ganz zu sich, weil es ganz zu Gott gefunden hat.

Der „neue Himmel“ und die „neue Erde“. Paulus spricht von den „Geburtswehen“, in denen die ganze Schöpfung liegt (Röm 8,19–22) und die Offenbarung des Johannes von dem „neuen Himmel“ und der „neuen Erde“ (Offb 21; Abb. 15). Ist diese biblische Redeweise nur ein etwas vollmundiges Hoffnungsbild, um das neue Leben der Menschen nach ihrem Tod in der Seligkeit Gottes etwas anschaulicher und anziehender auszumalen? Kann es im Grunde den Himmel nicht nur für „Gott und die Seele“ geben? Hinter dieser Frage steht eine Grundalternative: Leben wir aus einer Hoffnung, die sich mehr oder weniger auf eine rein geistig vorgestellte „Seele“ des Menschen richtet – oder leben wir aus einer Hoffnung, die die Erde und die materielle Wirklichkeit in ihrer ganzen bunten Mannigfaltigkeit mit einbezieht?

Bereits bei der theologischen Neubestimmung der „Seele“ haben wir das „Unzerstörbare“ der Seele darin gesehen, dass sie „Ansprech- und Antwortorgan“ für Gott ist (S. 207). Vom biblischen Schöpfungsglauben und von der großen theologischen Tradition her sind auch die anderen Geschöpfe auf ihre Weise mit einer spezifischen „Antwort-Fähigkeit“ auf Gottes Liebe begabt. Durch ihr einfaches Dasein und Sosein bezeugen sie, dass sie den Willen Gottes bejahend „beantworten“. Die Bibel nennt

Abb. 15: Henri Matisse (1869–1954), „Lebensbaum“, 1949, 512 x 252 cm, Vorlage aus geschnittenem Papier auf Karton zu einem Farbfenster der Rosenkranzkapelle der Dominikanerinnen in Vence bei Nizza; Vatikanstadt, Musei Vaticani Collezione d’Arte Religiosa Moderna
Mit dem „l’arbre de vie“ bezieht sich Matisse auf die Schilderung der „heiligen Stadt“, des "neuen Jerusalem", das „von Gott her aus dem Himmel herabkommt“ (Offb 21,1). Bilden den Mittelpunkt des Gartens von Eden der Baum des Lebens und der Baum der Erkenntnis von Gut und Böse (Gen 2,9), so stehen im neuen Jerusalem „zwischen den Straßen der Stadt und dem Strom, hüben und drüben, Bäume des Lebens“ (Offb 22,2). Henri Matisse entwarf für die Kapelle bzw. das Oratorium der Dominikanerinnen in Vence, an dessen Bauplan er beteiligt war, sowohl die Farbfenster als auch die Wandgestaltung (Kreuzwegstationen), ein Kruzifix, Kerzenleuchter und Messgewänder. Dieses sakrale Gesamtkunstwerk war für ihn „das letzte Ziel eines arbeitsamen Lebens und der Gipfelpunkt eines großen, aufrichtigen und schwierigen Strebens“, bekannte Matisse nach Vollendung der Kapelle, die 1951 ihrer Bestimmung übergeben wurde.

diese grundlegende Zustimmung der Geschöpfe zu ihrem „guten“ Dasein und Sosein das „Lob Gottes“, zu dem die ganze Schöpfung fähig ist.[9]

Der kosmische Christus. Nach dem christlichen Glauben hat Jesus Christus in seinem Menschenleben die ganze nach seinem Ur-Bild geschaffene Welt „rekapituliert“ und in seiner Auferstehung „wieder einholend“ (Hans Urs von Balthasar) in sich eingesammelt, so dass sie sich in ihm vollenden und an seiner „himmlischen Herrlichkeit“ teilhaben kann. Die Vollendung der Welt durch Gott besteht dann darin, sich hineinnehmen zu lassen in die den ganzen Kosmos erfüllende und zur Versöhnung führende Gestalt des auferstandenen Christus. Als der „Erstgeborene der ganzen Schöpfung“ und zugleich als „Erstgeborener von den Toten“ (Kol 1,15.18) ist der auferstandene Christus in Person der „Neue Himmel“ und die „Neue Erde“. Er ist der von den übrigen Geschöpfen mehr und mehr zu erfüllende „Raum“ und die für sie maßgebliche „Form“ der neuen Schöpfung. Die Einbindung der menschlichen Vollendung in ein größeres Ganzes, eben in den „Leib Christi“, macht die außermenschlichen Geschöpfe nicht mehr nur zum zweitrangigen Teilhaber an der Vollendung des Menschen. Sie gibt ihnen die Würde einer eigenen Teilhabe an der Vollendung des „Leibes Christi“.

Die Bildsprache (katholischer) sakraler Kunst, vor allem im Barock, hat diese Teilhabe der ganzen Schöpfung an der Herrlichkeit Jesu Christi in der Ikonographie der Gottesmutter Maria ausgedrückt: im „schöpfungstheologischen“ Bild der „ohne Erbsünde empfangenen“ *(Immaculata conceptio)* und im „eschatologischen“ Bild der „mit Leib und Seele in den Himmel aufgenommenen“ Jungfrau und Mutter. Gerade in der bildhaften Umsetzung dieses Motivs geht es nie nur um das individuelle Schicksal der Mutter Jesu, sondern um ihre „realsymbolische“ Bedeutung als „Ikone der erlösten Schöpfung“ (Abb. 16).

„Man muss ‚nicht meinen, dass im Himmel nichts sei als Gott. Nein, im Himmel ist eine ganze Welt, auf der neuen Erde sind Gärten, Paradies, Früchte ... ‘ Man wird Gott nicht nur in seiner ‚bloßen Essenz‘ schauen, sondern auch in den Geschöpfen, ‚welche im Zusammenschluss mit Christo eine Harmonie ausmachen. Da wird Gott ein Wesen sein, nicht bloß geistlich zu sehen, sondern in herausgesetzter Offenbarung Gottes in der körperlichen Fülle der Gemeinde, welche da ist sein Leib, die Erfüllung dessen, der alles in allem erfüllet‘“ (Christoph Oetinger).[10]

Das Fest ohne Ende: Ein Vorgeschmack. Einen kleinen Vorgeschmack von Himmel erlebe ich jedes Jahr, wenn wir mit etwa 150 geistig und körperlich behinderten Menschen und ihren Freunden drei Tage lang im Stil der „Arche“ von Jean Vanier das so genannte Katimavic (= „Fest der Begegnung“) feiern. Da kommt so viel Leid und Elend zusammen, dass einem oft genug zum Heulen zumute ist. Aber zugleich kenne ich keine fröhlicheren Feste als dort, wenn die Behinderten, sogar mit ihren Rollstühlen, in das Tanzen und Spielen und Singen (innerhalb und außerhalb der Gottesdienste) mit einstimmen und wir uns stundenlang vor Gott einfach mit- und aneinander freuen. In der Tat: „Wo Liebe sich freut, da ist ein Fest“ (Johannes Chrysostomus), da beginnt der Himmel, das Fest der Versöhnung mit dem Leid, in „frei gewordner, niemals aufgezehrter Liebe“ (Marie Luise Kaschnitz).

Abb. 16: Peter Paul Rubens (1577–1640), „Himmelfahrt Mariens“, um 1611–14, Öl auf Holz, 458 x 297 cm; Wien, Kunsthistorisches Museum
Das monumentale Altarbild mit den Aposteln als Augenzeugen der Assumptio Mariae entstand ursprünglich für die Kathedrale von Antwerpen, gelangte jedoch um 1621 in die Marienkapelle der dortigen Jesuitenkirche (bis 1776).

Himmel – Biblische Grundlegung

1 Pseudo-Plutarch, „Über das Schicksal" 9 (572F / 573 A).

2 Platon, „Der Staat" *(Politeia)* 10; Cicero, „Vom Gemeinwesen" *(De re publica)* 6, 18 f.

3 Im Zusammenhang des Pentateuch, wie er jetzt vorliegt, ist der Tempel in Jerusalem gemeint. So versteht auch Hebr 8,2–5 die Stelle.

4 Vgl. M. Lattke, „Hymnus. Materialien zu einer Geschichte der antiken Hymnologie", Göttingen 1991. Zeus-Hymnen, z. B. Orphische Fragmente 168 (11 / 6 K).

5 Aristainetos (Epistolograph, 5. Jh. n. Chr.) 1,11; Horaz, Carmen 1, 2,36 („Ja, reihst du mich dem Kreis lyrischer Sänger ein, / O dann trag ich das Haupt bis zu den Sternen hoch.")

6 M. Kmosko (Hg.), *Testamentum patris nostri Adam,* in: „Patrologia Syriaca" (ed. R. Graffin), 1907, 1306–1360.

7 K. Berger (Übers.), „Das Buch der Jubiläen" (Jüdische Schriften aus hellenistisch-römischer Zeit II 3), Gütersloh 1981.

8 Fanuël und Raguël: S. Uhlig (Übers.), „Äthiopisches Henochbuch" (Jüdische Schriften aus hellenistisch-römischer Zeit V 6), Gütersloh 1984, z. B. 20,1–7; 54,6.

9 Zur Hierarchie der Engel vgl. im Neuen Testament Kol 1,16; Eph 1,21.

10 J. Perruchon, „Le livre des mystères du ciel et de la terre" (Patrologia Orientalis I 1), Paris 1947, S. 80.

11 A. Mingana, „The Apocalypse of Peter" (Woodbrooke Studies 3.2), Cambridge 1931, 93–152, 200–282, 349–407.

12 Lektionar, äthiopisch (Corpus Scriptorum Christianorum Orientalium, CSCO) II 21,10.

13 Der zweite Vorhang umgibt Gottes Thron. Metatron ist ein Thronassistent Gottes. Ist er der verwandelte Henoch?

14 Vgl. die Qumrantexte 4 Q 318 und 4 Q 370.

15 „Gottessöhne" wird im Judentum als eine Bezeichnung von Engeln gelesen. Dies bestätigt Lk 20,36 („den Engeln gleich", „Gottes Kinder").

16 Vgl. Judasbrief, V. 6.

17 Vgl. Sach 3. Hier stehen sich der Engel des Herrn und Satan gegenüber. Der Engel des Herrn wird später als Michael gedeutet, so im Midrasch Rabba zu Exodus 117 c: „Rabbi Jose hat gesagt: Michael und Samael [Teufel] sind wie Verteidiger und Ankläger. Satan klagt an, aber Michael bringt die Verdienste Israels vor."

18 K. Berger (Übers.), „Das Buch der Jubiläen" (Jüdische Schriften aus hellenistisch-römischer Zeit II 3), Gütersloh 1981, S. 319.

19 A. Rahlfs, „Septuaginta", Stuttgart 1962, II S. 753.

20 Justin, *Dialogus* § 72. Der Text findet sich in keiner biblischen Version des Propheten Jeremia. Justin schreibt ihn aber Jeremia zu. Die Jeremia-Überlieferung weist besonders viele ihrer Herkunft nach ungeklärte angebliche Jeremia-Worte auf.

21 Nach dem umgebenden Kontext ist der Tempel in Bethel (Bet-El) „das Haus Gottes" und „die Pforte des Himmels" (Gen 28,17). Erst später wird allein der Tempel in Jerusalem als legitim anerkannt.

22 Vgl. Abu Hamid al-Ghazzali, *Ihya ulum ad-din* („Die Lehre von den Stufen der Gottesliebe"), Übers. R. Gramlich, Wiesbaden 1985.

Die Geschichte des Himmels

1 Vgl. H. Wissmann, „Bestattung" – I. Religionsgeschichtlich: TRE V, S. 730–734; G. Ziegelmeyer, „Zur phylogenetischen Entwicklung des Menschen", in: F. Wilhelm (Hg.), „Der Gang der Evolution. Die Geschichte des Kosmos, der Erde und des Menschen", München 1987, S. 212–214. Demnach kann man schon vor 100 000 Jahren beim Homo sapiens neanderthalensis kultische Vorstellungen im Zusammenhang mit der Bestattung feststellen. Von einer Fortexistenz wenigstens eines Teiles des Menschen (Seele) war auch der Künstler überzeugt, der um 15 000 v. Chr. die Höhle von Lascaux (Dordogne) ausmalte: Er stellt einen Seelenvogel dar, der den Körper eines sterbenden Mannes verlässt.
Vgl. W. Beinert, „Unsterblichkeit der Seele" versus „Auferweckung der Toten", in: H. Kessler (Hg.), „Auferstehung der Toten. Ein Hoffnungsentwurf im Blick heutiger Wissenschaften", Darmstadt 2004, S. 94 ff.

2 Michel Houellebecq, „Elementarteilchen", Berlin [10]2004, S. 292.

3 Vgl. oben den Beitrag von E. Zenger. Sozusagen die Kurzfassung ist die erschütternde Klage Ijobs 10,1–22, besonders 21 f.

4 Im Christentum beispielshalber wird seit Zeiten der Kirchenväter diskutiert, ob himmelswürdige nur die (guten) Christen, alle Guten (Origenes, Gregor von Nyssa, Basilius) oder nur ausgewählte Gute sind (Johannes Chrysostomus, Augustinus). Nach der Konfessionalisierung des Christentums ist es z. B. für Francisco Suárez klar, dass nur Katholiken selig werden können (M.N. Ebertz, „Die Zivilisierung Gottes", S. 131). Auch die Prädestinationslehre steht im Zusammenhang mit solcher Vergewisserung: Hat vielleicht Gott schon von Ewigkeit her die Menschen „sortiert"? Seit Augustinus wird diese Frage immer wieder einmal ventiliert.

5 Ludwig Feuerbach, „Das Wesen des Christentums" (1841): Werke in 6 Bänden, Hg. E. Thies, Frankfurt a. M. 1976, S. 205.

6 DUDEN 7: „Etymologie. Herkunftswörterbuch der deutschen Sprache", Mannheim-Wien-Zürich [2]1989, S. 284.

7 Vgl. noch einmal den Beitrag von E. Zenger in diesem Band. Das Tetragramm JHWH – den Gottesnamen – sprechen die Juden nicht einmal aus. Christlich ist uns die zweite Bedeutung geläufig vom Vaterunser her: „Vater Unser im Himmel" (lat. eigentlich: „der du *in den Himmeln* bist") ist ein Synonym des Gottesnamens.

8 Die Religion und die Theologie gehören unter soziologischer Perspektive ebenfalls zur Kultur. Das zeigt bereits die gemeinsame Abstammung dieses Wortes mit dem Begriff *Kult* für die Ausübung der Gottesverehrung.

9 „Une histoire du Paradis", 1. „Le jardin des delires", Paris 1992; 2. „Mille ans de bonheur", Paris 1995; 3. „Que-reste-t-il du Paradis?", Paris 2000.

10 Frankfurt a. M. 1990.

11 Damit verbindet sich die didaktische Zweckmäßigkeit, die einzelnen Epochen unter ein besonderes Leitmotiv zu stellen. Tatsächlich ist es jedoch nicht so, dass die eine Vorstellung die andere restlos ablösen würde. Vielmehr finden sich für jede sowohl vorher wie nachher mehr oder weniger kräftige Belege, die eher an ein Nebeneinander mahnen. Unterschiedlich ist allerdings die Betonung, die sie je erfahren haben.
12 Das gilt auch für die in den letzten Jahrzehnten zahlreich veröffentlichten Nahtoderlebnisse. Sie sind zweifellos subjektiv echte Erfahrungen, die transkul-

turell stets die gleichen Grundelemente aufweisen: Sie werden überwiegend in mystisch-religiösen Bildern beschrieben. Es hat sich aber eindeutig herausgestellt, dass es sich um „biologisch angelegte, jederzeit auslösbare Erfahrungen" handelt, „die durch elektrische Stimulation des Gehirns, durch Halluzinogene oder durch Hypoxie/Hyperkapnie ausgelöst werden können. Eine besonders wichtige Rolle spielen dabei dissoziative Aktivitätssteigerungen im rechten limbischen System" (M. Schröder-Kunhardt, „Nah-Todeserfahrungen. Letzte und existentielle Erfahrungen an der Grenze des Todes", in: H. Kessler [Hg.], „Auferstehung der Toten", S. 182. Der ganze Aufsatz S. 182–208. Ausführliche Bibliographie S. 206–209).

13 Weiter unten befassen wir uns mit dem *Somnium Scipionis,* einer von Cicero geschilderten Traumvision. An einer bestimmten Stelle der Erzählung Scipios bekunden die Gesprächsteilnehmer durch Ausruf und Seufzen ihre Anteilnahme. Da sagte dieser „lächelnd: St, bitte weckt mich nicht aus dem Schlafe und hört das Übrige noch ein Weilchen an!" *(De re publica* 6,12, Stuttgart 2004, S. 337). Auch der Leser der *Divina Commedia* Dantes ist sich im Klaren, dass es sich um eine rein künstlerische Fiktion handelt.

14 „Das fließende Licht der Gottheit" I, 44 (Ausgabe von M. Schmidt, Stuttgart-Bad Cannstatt [2]1995, S. 33). Ähnlich auch das für mittelalterliche Jenseitsvorstellungen einflussreiche *Elucidarium* (3,81) des Honorius Augustodunensis (um 1100). Der 3. Teil enthält 122 Fragen „Vom zukünftigen Leben"; Ausgabe: Y. Lefèbvre, „L'Eluci-darium et les Lucidaires", Paris 1954.

15 Bei den jüngsten Restaurierungsarbeiten zwischen 1989 und 1994 entschieden sich die Verantwortlichen für die Beibehaltung der zensorischen Eingriffe aufgrund von deren Bedeutung als „Zeugnisse eines für die katholische Kirche wichtigen historischen Zeitabschnittes, nämlich der Zeit der Reformation" (Gianluigi Colalucci, „Die Restaurierung", in: Pierluigi de Vecchi, „Die Sixtinische Kapelle. Das Meisterwerk Michelangelos erstrahlt in neuem Glanz", Luzern 2001, S. 261).

16 Vgl. schon die alttestamentliche Erfahrung Kohelet 2,1: „Ich dachte mir: Auf versuch es mit der Freude, genieß das Glück! Das Ergebnis: Auch das ist Windhauch."

17 Das ist kaum zu vermeiden, wenn sich banale Rationalismen in die Himmelsvorstellungen gemischt haben, so etwa wenn noch im 17. Jh. „gewusst" wird, dass der Himmel genau 10 314 085 710 Meilen von Deutschland entfernt ist und 360 Billionen Meilen tief ist: So der Jesuit Jeremias Drexel (1581–1638) in seinem Werk *Caelum beatorum civitas aeternitatis* 1935 (zit. bei Bernheim-Stavrides, „Welt der Paradiese", S. 113).

18 Das Judentum sparen wir aus: Es ist oben bereits behandelt worden (vgl. S. 15–42).

19 „Ägyptisches Totenbuch". Übersetzt und kommentiert v. Gregoire Kolpaktchy, Bern-München-Wien [7]1980.

20 a.a.O. in zwei Fassungen wiedergegeben nach dem *Papyrus Nu* 188–190, nach dem *Papyrus Nebseni* 190–194. Der Name rührt daher, dass die Seele in vielen Variationen bekennt, sie habe das Böse nicht getan, z. B. „Nicht hab ich bewirkt das Leiden der Menschen ..., Nicht habe ich das Unrecht an die Stelle des Rechts gesetzt...".

21 Homer, Odyssee IV, 561–569.

22 Knapp bezeichnet dieses Verhältnis das Wortspiel SOMA – SEMA: Der Leib *(soma)* ist das Grabmal *(sema)* der Seele.

23 Vgl. *Phaidros* 146 a–249 b; *Phaidon* 114 b–d; Staat 10,614 a–621 d; Timaios 42 b.

24 Koran, Sure 17.

25 Al Aksa heißt „der ferne Tempel" im Gegensatz zum nahen Tempel in Mekka.

26 Koran, Suren 52,17–24; 56,10–40; 55,46–78; 76,5–22. Auch den Frauen werden herrliche Erlebnisse zuteil: Koran, Suren 36,56; 13,23; 57,12; 33,35.73 u. ö.

27 Daraus speist sich noch die Tat Muhammad Attas, des Hauptattentäters vom 11. September 2001. Vgl. Hans G. Kippenberg – Tilman Seidensticker (Hg.), „Terror im Dienste Gottes. Die ‚Geistliche Anleitung' der Attentäter des 11. September 2001", Frankfurt a. M. 2004. Er erhoffte sich die ewigen Segnungen Gottes. In einem Dokument, das man in seiner Reisetasche fand, schreibt er: „Lächle dem Tod entgegen, junger Kämpfer, denn du gehst gleich in die ewigen Gärten."

28 Wie wenig sie gegen ebenfalls recht sinnliche Vorstellungen gefeit waren, zeigt weiter unten die Vision des *Polyphilus* von Francesco Colonna (1433–1527)!

29 Koran, Sure 9,72; 75,23. Vgl. die Übersicht M. Fitzgerald – A. Th. Khoury – W. Wanzura (Hgg.), „Einführung in die Grundlagen des Koran", Graz-Wien-Köln [2]1981, S. 181–191; Muhammed Salim Abdullah, „Suche den Weg der Vereinigung mit Gott. Die Paradiesesvorstellungen des Korans", in: A. Bellebaum – P. Schallenberg (Hgg.), „Glücksverheißungen", S. 83–95.

30 Anguttaranikaya I, 34.

31 Suttanipata 1074, M I 487. – Die Zitate nach Mudagamuve Maithrimurthi, „Nirvan: Buddistische Sehnsüchte", in: A. Bellebaum – P. Schallenberg (Hgg.), „Glücksverheißungen", S. 97–117.

32 Satapatha-Brahmana X, 5,4.16. Zitiert nach Th. Oberlies, „Die himmlischen Freuden des Seelenmännchens. Zu den Glücksverheißungen des älteren Hinduismus", in: A. Bellebaum – P. Schellenbergh (Hgg.), „Glücksverheißungen", S. 119–132, hier S. 120.

33 Auch hier werden wir noch sehen, dass sich zu bestimmten Zeiten ähnliche Ideen in der christlichen Himmelsvision in den Vordergrund geschoben haben.

34 Vgl. dazu unten die Renaissancezeugnisse als christliche Parallele.

35 Nach Petrus Comestor waren es nur sieben Stunden. Dante bekommt auch diese Auskunft von Adam selbst im Himmel: *Divina Commedia., Paradiso* XXVI,103–142; XXXII,122.136. Luther gestattete später dem ersten Menschenpaar eine gemeinsame Nacht: WA 42,105,40 ff.

36 Die rechte Seite ist weitgehend zerstört. Unten rechts war *die Hölle* zu sehen.

37 Apostolisches Symbolum: *Credo carnis resurrectionem, vitam aeternam.* In der ökumenischen deutschen Fassung, wie sie u.a. auch im „Messbuch für die Bistümer des deutschen Sprachgebietes" enthalten ist, heißt es, nicht genau wörtlich: „Auferstehung *der Toten* und das ewige Leben".

38 Großes (nizäno-konstantinopolitanisches) Glaubensbekenntnis: *Exspecto resurrectionem mortuorum et vitam venturi saeculi.*

39 Papst Benedikt XII., Konstitution Benedictus Deus von 1336 (NR 901–905 = DH 1000–1002). Anlass war eine als Privatmeinung geltende Lehre seines Vorgängers Johannes XXII., wonach die Seelen der Verstorbenen sich bis zur Auferstehung am Weltenende nur einer unvollkommenen Seligkeit erfreuten. Die Gottesschau, also die eigentliche Seligkeit nach mittelalterlicher Auffassung, erhielten

sie erst nach dem Jüngsten Tag. Ähnlich ergehe es hinsichtlich des Loses der Seele den Verdammten. Benedikt XII. bestimmte „in diesem für immer geltenden Lehrentscheid", dass die zum Himmel reifen Seelen „im Himmel und im Paradies sofort nach ihrem Tod oder nach der Reinigung" sind, „und zwar noch vor der Wiedervereinigung mit ihrem Leib und vor dem allgemeinen Gericht". Die Seelen der Verdammten hingegen „steigen sofort in die Hölle hinab".

40 Origenes, *De principiis* 2,6,6. Erste Anklänge eines jenseitigen Läuterungsortes gibt es bereits in der platonischen Tradition.

41 Am Ende der Zeiten findet eine Allversöhnung (griech. *apokatastasis)* der Menschen mit Gott statt. Damit ist die Ewigkeit der Hölle in Abrede gestellt.

42 Zur altchristlichen Lehre vgl. Andreas Merkt, „Das Fegefeuer. Entstehung und Funktion einer Idee", Darmstadt 2005. Für das Mittelalter J. LeGoff, „Die Geburt des Fegefeuers", Stuttgart 1984.

43 A. Merkt, a. a. O., S. 67.

44 Die Ostkirchen bleiben bei der Anschauung des Origenes und lehnen einen Strafort auf Zeit ab. Die Reformatoren sahen für die Fegfeuerlehre keinen biblischen Ansatz und übernahmen sie nicht aus der mittelalterlichen Glaubenslehre. Dazu trug verstärkend bei, dass die im Zusammenhang damit entstandene Theorie vom Ablass samt deren Materialisierung gegen die paulinische Lehre von der Rechtfertigung allein aus dem Glauben (und nicht aus Werken wie Geld für Ablass und Seelgerät) zu verstoßen schien.

45 Nigel F. Palmer, Die letzten Dinge in Versdichtungen und Prosa des späten Mittelalters: Arno Borst u. a. (Hg.), in: „Tod im Mittelalter" (= Konstanzer Bibliothek 20), Konstanz 1993, S. 226.

46 „Katechismus der katholischen Kirche. Neuübersetzung aufgrund der Editio typica Latina", München u. a. 2003, Artikel 12 „Ich glaube das ewige Leben", Nrn. 1021–1041 = S. 292–297.

47 Pohle-Gierens, „Lehrbuch der Dogmatik", Paderborn, Band II [8]1932, S. 530.

48 Vgl. Medard Kehl, „Eschatologie", Würzburg 1986, S. 289–292.

49 Die Reformatoren wenden sich nur gegen die Anrufung, sofern sie darin eine Beeinträchtigung der alleinigen Mittlerschaft Christi erblicken.

50 Vor allem die marianischen Schlussantiphonen, die das kirchliche Abendgebet Komplet beenden, haben zur weiten Verbreitung des Titels beigetragen. Drei der vier gebräuchlichen rufen sie als Königin an: *Salve regina, Ave Regina caeolorum, Regina coeli.* Seit dem 5. Jh. wird Maria als Gottesmutter im Purpurgewand dargestellt, also in der kaiserlichen Kleidung. Im 20. Jh. richtete Pius XII. (reg. 1939–58) das Fest „Mariä Königin" (heute Gedenktag) ein. Es wird am 22. August gefeiert, eine Woche nach dem Hochfest der Aufnahme Mariens in den Himmel!

51 Das Weisen der Brüste ist stärkster Appell einer flehenden Frau. In zahlreichen Darstellungen Marias mit dem Sohn hat die Geste auch verpflichtenden Charakter: Maria erinnert den Sohn ans vierte Gebot, das Gebot der Elternliebe, das natürlich auch für das Kind Mariens gilt.

52 M. Brandt (Hg.), „Abglanz des Himmels. Romanik in Hildesheim", Regensburg 2004 – Vgl. näher F. Kohlschein – P. Wünsche (Hg.), „Heiliger Raum. Architektur, Kunst und Liturgie in mittelalterlichen Kathedralen und Stiftskirchen" (= LQF 82), Münster 1998; Joseph. Kardinal Ratzinger, „Der Geist der Liturgie", Freiburg-Basel-Wien 2000; Th. Sternberg, „Suche nach einer neuen Sakralität. Über den Kirchenraum und seine Bedeutung", in: Münster 49 (1996), S. 142–148; P, Reifenberg – V. Schlör (Hg.), „Ein Stück Himmel auf Erden. Der Kirchbau – gebauter Sinn in Stein" (= Materialen 2/2001), Mainz 2001.

53 Seit dem 20. Jh. werden mit dem Verblassen der Himmelsvorstellungen (darüber unten) Kirchenbauten mehr und mehr als Repräsentationen des „Zeltes Gottes unter den Menschen" errichtet. Sie werden v. a. unter technisch-funktionalen Aspekten geplant.

54 So Lang-McDannell, „Der Himmel", passim.

55 Man nennt diese auf der Offenbarung des Johannes beruhende Auffassung auch *Chiliasmus* (griech. *chilioi* = tausend).

56 Irenäus von Lyon, *Adversus haereses* 5, 22.35.36.

57 Confessiones 9,10.

58 Seine Gebeine ruhen angeblich im rheinischen Remagen. Aus seinem Grab entspringt der Legende nach das heilkräftige Mineralwasser, das inzwischen zu einer Haupt- und Edelmarke auf diesem Lebensmittelsektor avanciert ist.

59 Nach Lang-McDannell, „Der Himmel", S. 114.

60 *Summa theologiae* III suppl. 91,3. Der Aquinate hat seine Himmels-Lehren in den Artikeln 80–96 des Supplements zum 3. Teil seines Hauptwerkes niedergelegt. – Die Hölle ist im Gegensatz zum Himmel dann vollkommenes Dunkel. Selbst das Feuer ist dort finster.

61 Manchmal werden auch mehrere „Himmel" unterschieden im gleichen Sinn der Abstufung – wenigstens sieben solcher Ebenen sind in der Literatur bekannt. 2 Kor 12,2 spricht Paulus vom „dritten Himmel".

62 *Summa theologiae* I II,4,8.

63 *Divina Commedia, Inferno* 1,1.

64 *Dantis Alagheri Epistulae,* ed. P. Toynbee, Oxford [2]1960, S. 194 (Brief an Cangrande).

65 Illustriert wird der Text *Liber Scivias* II,2.

66 Pohle-Gierens (vgl. Anm. 36), Bd. III, Paderborn [8]1933, S. 661.

67 a. a. O.

68 J. W. v. Goethe, „Faust I, Vor dem Tor", VV. 937–940.

69 Art. Smalc. II,4.

70 Wo aber bleiben nun die Seelen zwischen Tod und allgemeiner Auferstehung? Darauf gab es unterschiedliche Antworten: Sie lebten weiter in einem qualenlosen Tiefschlaf (Lutheraner) oder einem tiefen ereignislosen Frieden (Calvin) oder sie starben mit dem Leib und werden erst am Jüngsten Tag zusammen mit dem Leib erstehen (Ganztodtheorie im 20. Jh.).

71 L. Valla, „Von der Lust oder Vom wahren Guten". *De voluptate sive de vero bono.* Lat.-dt. Ausgabe (= Humanist. Bibliothek 34 CIII), München 2004 (Ersterscheinung 1431).

72 F. Colonna, *Hypnerotomachia Poliphili.* The Strife of Love in a Dream. Intr. by J.Godwin, London 2003.

73 John Milton, „Das verlorene Paradies" (= Reclam UB 2191), Stuttgart 1986.

74 Milton selber war unglücklich verheiratet.

75 Vor allem: E. Swedenborg, „Himmel und Hölle", ed. F. Horn, Zürich 1977; *Diarium Spirituale,* ed. J.F.I.

Tafel 1844; „Die wahre christliche Religion", ed. F. Horn, Zürich o. J.

76 Vgl. zur Kurzinformation M. Pöhlmann, „Neue Kirche" *(Swedenborgianer),* in: H. Baer u. a., „Lexikon neureligiöser Gruppen. Szenen und Weltanschauungen", Freiburg-Basel-Wien 2005, S. 867–870.

77 „Träume eines Geistersehers, erläutert durch Träume der Metaphysik", 1776.

78 E. Swedenborg, „Die wahre christliche Religion" (Anm. 75), Nr. 796.

79 Ausführlich Lang-McDannell, „Der Himmel" S. 292–298.

80 Darum kann der auf Erden unverheiratet gebliebene Swedenborg noch auf die Verbindung mit seiner Geliebten Gräfin Elisabeth Gyllenborg-Stjerncrona, Autorin zweier überaus frommer Betrachtungsbücher über Maria, zählen: Deren Mann war unerreichbar: Er erlitt die Qualen der Hölle.

81 „Der philosophische Himmel", S. 11.

82 LThK, Band 5, [2]1960, S. 355.

83 W. Joest, Dogmatik, Bd. 2: „Der Weg Gottes zu den Menschen", Göttingen 1986, S. 653.

84 DH 4658 f.

85 „Evangelischer Erwachsenen Katechismus, i.A. der VELKD, hg. v. d. Geschäftsführern der Katechismuskommission der VELKD, Gütersloh [6]2000, S. 778 f.

86 Ödon von Horváth, „Jugend ohne Gott" (= st 3345), Frankfurt a. M. 2001, S. 37. Der Roman ist 1937 entstanden. Das Motiv vom seligen Fußballknaben hat der Dichter dreimal in sein Werk aufgenommen, in der „Legende vom Fußballplatz" und im Theatermärchen „Himmelwärts".

Ikonographie des Himmels

1 Die Bildbeispiele zur Himmelsikonographie reichen in diesem Kapitel vom Altertum bis zum Beginn der Moderne und stammen aus der Kunstgeschichte. Grundsätzlich reicht das Blickfeld der ikonographischen Betrachtungsweise aber bis zur zeitgenössischen „visuellen Kommunikation", z. B. in der Werbung. Vgl. den Beitrag „Mit der Bibel werbend auf dem Weg. Bibelmotive in der Werbung entdecken" von Uwe Böhm im ökumenischen Werkbuch der Deutschen Bibelgesellschaft und des Katholischen Bibelwerks, „Zugänge zur Bibel", Stuttgart 2003. Seit 1998 entsteht in Zusammenarbeit mit dem Bischöflichen Ordinariat Regensburg eine Beispielsammlung, veröffentlicht im Internet unter www.glauben-und-kaufen.de, u. a. mit der Rubrik „Himmel" und Beispielen für das inflationäre Etikett „himmlisch". Dieses kritisch intendierte, im Prinzip medienkundliche Projekt glauben + kaufen „versucht, Deutungen und Erklärungen für das Phänomen religiöser Motive in der Werbung zu finden, die in Form von Thesen zur Diskussion gestellt werden." Ein weit verbreitetes, mit der Himmelsikonographie verbundenes Motiv sind die Engel; vgl. Beispiele im Band „Engel", Freiburg i. Br. 2001, S. 59–63.

2 Über das weltweite und breit gefächerte Bedeutungsspektrum des Regenbogens informieren die Lexika der Symbolik. Als monographischer Beitrag sei genannt: A. Schimmel, „Der Regenbogen als Symbol in der Religionsgeschichte", in: „Religion und Religionen". Festschrift für G. Mensching, 1967. Vgl. auch Anm. 20.
Ein Beispiel aus der Literatur: In Goethes Briefroman „Die Leiden des jungen Werther" (1774) handelt Werthers Brief vom 16. Juni u. a. von folgendem frühen Erlebnis gemeinsamer Empfindung mit Lotte: „Wir traten ans Fenster. Es donnerte abseitwärts, und der herrliche Regen säuselte auf das Land, und der erquickendste Wohlgeruch stieg in der Fülle einer warmen Luft zu uns auf. Sie stand auf ihren Ellenbogen gestützt, ihr Blick durchdrang die Gegend; sie sah gen Himmel und auf mich, ich sah ihr Auge tränenvoll, sie legte ihre Hand auf meinige und sagte: ‚Klopstock!' – Ich erinnerte mich sogleich der herrlichen Ode, die ihr in Gedanken lag (...)." Gemeint ist „Die Frühlingsfeier" (1759, erneut erschienen in der Ausgabe „Oden", 1771). Sie endet mit der Strophe: „Siehe, nun kommt Jehova nicht mehr im Wetter, In stillem sanftem Säuseln kommt Jehova, Und unter ihm neigt sich der Bogen des Friedens."

3 Vgl. zur geistesgeschichtlichen Entwicklung um 1800 Jean Pauls „Rede des toten Christus vom Weltgebäude herab, dass kein Gott sei" im Roman „Blumen-, Frucht- und Dornenstücke oder Ehestand, Tod und Hochzeit des Armenadvokaten D. St. Siebenkäs im Reichsmarktflecken Kuhschnappel" (1796/97); 1. Entwurf 1789 als „Schilderung des Atheismus": Christus, der vergeblich seinen Vater gesucht hatte, hob „die Augen empor gegen das Nichts und gegen die leere Unermesslichkeit".

4 Mit dieser Feststellung beginnt Kurt Badt die Einführung seiner Abhandlung über die Himmelsikonographie am Beispiel der Romantik: „Wolkenbilder und Wolkengedichte der Romantik", Berlin 1960.

5 „Vom Christentum wird fast die gesamte außerbiblische Sonnensymbolik übernommen und auf Christus übertragen (...), weil er die wahre Sonne ist, sein Tod und sein Abstieg in die Unterwelt der wahre Sonnenuntergang, seine Grabesruhe die wahre Sonnennachtfahrt, seine Auferstehung der wahre Sonnenaufgang", („Wörterbuch der Symbolik", hg. von Manfred Lurker, 5. Aufl. Stuttgart 1991, Artikel „Sonnensymbolik"). Das bekannteste Beispiel der Profanierung ist der Personenkult des „Sonnenkönigs" Ludwig XIV.

6 Eine besonders eindrucksvolle Darstellung enthält das „sehr kostbare Stundenbuch" *Très Riches Heures de Duc de Berry* mit dem Bild eines Menschenpaares inmitten eines Zodiakus in Form einer Mandorla. Die 12 Tierkreiszeichen wiederholen sich auf den beiden Aktfiguren an den Stellen, wo die betreffenden Sternbilder auf den Organismus einwirken. 15. Jh.; Chantilly, Musée Condé, Ms. 1284.

7 Ein Beispiel für die Rezeption des Zodiakus in der jüdischen Kunst bietet das Fußbodenmosaik der Synagoge von Bet-Alfa, Abb. S. 22.

8 Die Zahlensymbolik der Zwölf (dreimal die Vier, im Unterschied zur Sieben als Summe von Drei und Vier) reicht von den Tierkreiszeichen über die Monate bis zu den Stunden des Tages und der Nacht. Die Bibel kennt die Idealzahl Zwölf bei den Stämmen Israels, bei den Edelsteinen auf dem Brustschild des Hohenpriesters (Ex 28,17–20), kleinen Propheten, Jüngern Jesu, Aposteln sowie 22 Mal in der Offenbarung des Johannes, z. B. bei den zwölf Toren der „heiligen Stadt Jerusalem, wie sie von Gott her aus dem Himmel herabkam" (Offb 21,2.10). Die jüngste Profanierung sind die zwölf Sterne auf der Fahne der Europäischen Union, unabhängig von der nach und nach erweiterten Anzahl der Mitgliedsländer.

9 Zur neuzeitlichen Darstellung der Galaxis: Eines der schönsten „Nachtstücke" in der Landschaftsmalerei des 17. Jh. ist Adam Elsheimers in Rom entstandene „Flucht nach Ägypten" (1609; München, Alte Pinakothek). Am sternklaren Nachthimmel leuchten die Milchstraße und der Vollmond, am Boden dessen Spiegelung in einem Gewässer, die Fackel in Josefs Hand und ein Lagerfeuer. Diese Lichtquellen unterscheiden Himmel und Erde und betonen zugleich deren physikalischen Zusammenhang.

10 Einen wesentlichen Beitrag zur Architekturikonographie leistete Walter Sedlmayr, indem er die Errichtung von Bauwerken unter Vernachlässigung praktischer Bedingungen (Bautechnik) als eine auch abbildende und symbolische Kunst begriff,

z. B. beim Baldachin-Motiv. Sein architekturikonographisches Hauptwerk ist „Die Entstehung der Kathedrale", 1950.

11 Als Beispiele für die Profanierung der Kuppel seien genannt: In Paris wurde die nach dem Vorbild des Petersdoms, der Kathedrale Saint Paul in London und des Pariser „Invalidendoms" Saint-Louis ebenfalls als Kuppelbau errichtete Kirche Sainte-Geneviève unmittelbar nach ihrer Vollendung (1790) auf Beschluss der Nationalversammlung in ein Panthéon française als Grabstätte der großen Männer aus der Epoche der Freiheit verwandelt (bauliche Annäherung an ein überkuppeltes Mausoleum). In Washington entstand ab 1793 und ab 1850 das Parlamentsgebäude Capitol. Dieser monumentale Kuppelbau diente den Parlamentsgebäuden der Bundesstaaten als Vorbild. Der Reichstag in Berlin (1884–94) besaß eine Kuppel über quadratischem Grundriss. An ihre Stelle trat 1995–97 eine gläserne Halbkugel. Ihr Konstrukteur Norman Foster verfolgte das Ziel, „dass in ihr (durch ein konisches Glasprisma) Tageslicht tief in das Herz des Gebäudes (den Plenarsaal) hineingezogen wird, dass sie umgekehrt wie ein Leuchtturm Signale aussendet vom Prozess der Demokratie".

12 Zu den Voraussetzungen dieser alt- und neutestamentlichen Allerheiligen-Ikonographie gehört das auf apokryphen Texten beruhende griechisch-orthodoxe Osterbild *Anastasis* (im Westen „Höllenfahrt Christi", „Abstieg in die Unterwelt") mit der Befreiung der Gerechten des Alten Testaments, vgl. im Kapitel „Geschichte des Himmels" S. 79.

13 Zitiert nach Peter Dinzelbacher, „Himmel, Hölle, Heilige. Visionen und Kunst im Mittelalter", Darmstadt 2002, S. 106.

14 Rein grammatikalisch lässt der Begriff *Immaculata conceptio Mariae* (Unbefleckte Empfängnis Mariens) zwei Deutungen zu: Maria empfängt (Genetivus subjectivus) oder Maria wird empfangen (Genetivus objectivus; freundlicher Hinweis von Dieter Günzler). Es wäre allerdings ein Missverständnis, eine Analogie zwischen der jungfräulichen Empfängnis des Jesuskindes durch Maria und der Empfängnis des Marienkindes durch Anna (apokryphes Marienleben) anzunehmen, also zwischen dem Fest der Verkündigung (25. März) und dem Fest Mariä Empfängnis (8. Dezember). Allerdings lässt das apokryphe Protoevangelium des Jakobus in der Kindheitsgeschichte Mariens offen, ob es zum ehelichen Verkehr ihrer Eltern gekommen ist. Der Engel, der die Geburt Mariens verheißt, erscheint dem wegen seiner Kinderlosigkeit vom Opferdienst im Tempel ausgeschlossenen Joachim in der Einsamkeit auf dem Feld bei seiner Herde sowie Anna in ihrem Haus. Auf Geheiß des Verkündigungsengels begegnen sich nun Anna und Joachim an der Goldenen Pforte. Die eindruckvollste, ja einfühlsamste Darstellung dieser Szene mit der zärtlichen Umarmung von Joachim und Anna vor den spöttischen Augen von drei Frauen, die im Tor erscheinen, schuf Giotto im Zyklus zum Marienleben in der Arenakapelle in Padua (um 1307). Doch dies alles ist nicht Gegenstand des Festes (8. Dezember) und des Dogmas (seit 1854) der Immaculata conceptio. Dogmatisch bezieht sich *Immaculata conceptio Mariae* auf die „Voraus-Erlösung" Mariens im Blick auf Christus. Die Verehrung Marias als Gottesmutter verband sich mit der Vorstellung ihrer Sündenfreiheit bis hin zu ihrer vorweggenommenen Erlösung vom Makel der Erbsünde vom Augenblick ihrer Empfängnis an. Die Ikonographie der „Unbefleckten Empfängnis" verbindet ein alttestamentliches und ein neutestamentliches Motiv: (a) Genesis 3,15 (Vulgata): „Feindschaft will ich setzen zwischen dir und der Frau, zwischen deinem Spross und ihrem Spross: Sie wird dir den Kopf zertreten, du aber wirst ihn nur an der Ferse verletzen"; (b) Offenbarung des Johannes 12,1: „Dann erschien ein großes Zeichen am Himmel: eine Frau, mit der Sonne bekleidet; der Mond war unter ihren Füßen und ein Kranz von zwölf Sternen auf ihrem Haupt." Erdglobus und Schlange (Satan) zu Füßen der „Immaculata" gehen also zurück auf die Vulgata-Übersetzung von Genesis 3,15, nach der die Frau selbst die „Schlangenzertreterin" ist. In der Überlieferung des Proto-Evangeliums wird sie als Prophezeiung auf Maria bezogen. Allerdings verdeckt Murillos „Immaculata von Aranjuez" die Motive Erdball und Schlange weitgehend durch eine Schar von Putten. Dies verführt mitunter zur Deutung von Murillos Gemälde als „Himmelfahrt Mariens". Allgemein gilt: Ebenso wie in der Ikonographie der Himmelfahrt Mariens (vgl. S. 222 und Abb. S. 223) betont die katholische Kunst der Gegenreformation in der „Immaculata" Maria als Personifikation der heilsmittlerischen Rolle der Kirche. Vgl. auch Art. „Immaculata conceptio" im „Lexikon der Christlichen Ikonographie"; Artikel „Unbefleckte Empfängnis Mariens" im „Lexikon der Kunst", München 1996 (Leipzig 1994).

15 Die „Goldene Legende" ist ein Werk des Dominikaners Jacobus de Voragine (Jacopo de Varazze, um 1228/30–1298, zuletzt Erzbischof von Genua, selig gesprochen). Diese nach dem Kirchenjahr, seinen Hochfesten und Gedenktagen der Heiligen geordnete Sammlung von Legenden in oft mehreren Versionen fand weite Verbreitung, auch durch illuminierte Prachthandschriften. Sie ist aus heutiger Sicht u. a. die bedeutendste Quellenschrift der christlichen Ikonographie des Mittelalters: Motive, die in der Bibel nur in einem Satz zur Sprache kommen, werden erzählerisch „ausgemalt", wodurch die bildkünstlerische Gestaltung angeregt oder zumindest bereichert wurde. Die erste vollständige deutschsprachige Ausgabe der *Legenda aurea* in der Übersetzung von Richard Benz aus dem Kreis Heidelberger Romantiker des frühen 20 Jh. erschien 1917–21 in Jena, die jüngste Neuauflage 2004 in Gütersloh.

16 Hierzu Matthias Albani, „Der Messiasstern", in: „Jesus von Nazareth, in Bethlehem geboren", Freiburg i. Br. 2003.

17 Ein Mosaik mit dem Zeichen des Kreuzes am (Kuppel-) Himmel besitzt z.B. das so genannte Mausoleum der Galla Placidia in Ravenna (nach 425). Vgl. die Apsis von Sant'Apollinare in Classe, Abb. S. 87.

17a Das „Kreuz im Flammenkreis" (nachträglicher Titel) wurde erstmals publiziert in: A. Jaffé, „C. G. Jung, Bild und Wort. Eine Biographie", Walter 1977. Vgl. auch: (Hg.), „Erinnerungen, Träume und Gedanken von C. G. Jung, aufgezeichnet und herausgegeben von A. Jaffé", Rascher 1962; zu Jungs „Mandalas", siehe S. 199.

18 Der Katalog „Wolkenbilder. Die Entdeckung des Himmels (Bucerius Kunst Forum, Hamburg) erschien 1994 in München. Die Werkgruppen reichen vom „hohen Himmel der Niederländer" bis zu Emil Nolde und Frühwerken von Piet Mondrian („Abendhimmel mit leuchtenden Wolken", um 1907).

19 Der 21-teilige Medici-Zyklus (1621–25; Paris, Louvre; 16 vorbereitende Ölskizzen von Rubens in München, Alte Pinakothek) entstand für Maria de' Medici, die Witwe Heinrichs IV. von Frankreich und Mutter Ludwigs XIII. Ein klassisches Beispiel für die Zuschauerrolle der auf Wolkenbänken thronenden olympischen Götter ist das Gemälde „Heinrich IV. empfängt das Bildnis der Maria de' Medici"; Zeugen in der Himmelsregion sind Juno und Jupiter.
Zwei Jahrhunderte später bediente sich Heinrich Heine dieser barocken Götter- und Himmels-Allegorie als ironische Metapher, z. B. für die Bedeutung der Julirevolution: „Heilige Julitage! wie schön war die Sonne und wie groß war das Volk von Paris! Die Götter im Himmel, die dem großen Kampf zusahen, jauchzten vor Begeisterung (...)" („Gemäldeausstellung in Paris. 1831", Abschnitt über das 1831 im „Salon" gezeigte Gemälde „Die Freiheit führt das Volk an" von Eugène Delacroix, heute im Louvre). Dieser metaphorische Bildbereich schaulustiger Himmelsbewohner dient in Georg Büchners etwa zeitgleich publiziertem Drama „Dantons Tod" (1835) dem Ausdruck tiefster Verzweiflung: „Ist denn der Äther mit seinen Goldaugen eine Schüssel mit Goldkarpfen, die am Tisch der seligen Götter steht, und die seligen

Götter lachen ewig, und die Fische sterben ewig, und die Götter erfreuen sich ewig am Farbenspiel des Todeskampfes?" (Camille, IV. Akt, Szene „Die Conciergerie").

20 Die sieben Farben des Regenbogens wurden häufig als Symbole der Sieben Gaben des Heiligen Geistes (vgl. Jes 11,2–4) und der Sieben Sakramente gedeutet, die im Regenbogen enthaltenen drei Primärfarben Gelb, Rot und Blau auch als Symbole der Trinität (Basilius d. Gr.).

21 Der Regenbogen als der Sitz des Weltenrichters Christus (Hinweise auf Abbildungen im Register: Stichwort Jüngstes Gericht) leitet sich, indem er den Himmel symbolisiert, u.a. von folgenden biblischen Textquellen her: „So spricht der Herr: Der Himmel ist mein Thron und die Erde der Schemel meiner Füße" (Jes 68,1), ebenso im Abschnitt „Vom Schwören" der Bergpredigt: „Ich aber sage euch: Schwört überhaupt nicht, weder beim Himmel, denn er ist Gottes Thron, noch bei der Erde, denn sie ist der Schemel seiner Füße (Mt 5,34 f). Auch die Rede des Stephanus (Apg 7) zitiert in Vers 49 Jes 68,1. Zur christlichen Ikonographie des Regenbogens trug auch die Offenbarung des Johannes bei: Über dem Thron Gottes „wölbte sich ein Regenbogen" (Offb 4,3; Abb. 55). Dieses Motiv übertrug bereits ein Buchmaler des 5. Jh. in einer Prachthandschrift von Vergils „Aeneis" auf die Versammlung der olympischen Götter (Biblioteca Apostolica Vaticana, sog. Vergilius Vaticanus, Vat. gr. 3867, fol. 234 v, Abb. in: Giovanni Morello (Hg.), „Kostbarkeiten der Buchkunst. Illuminationen klassischer Werke von Archimedes bis Vergil", Stuttgart und Zürich 1997, S. 58). Als Symbol des Himmels dient der Regenbogen auch im 1. Vers des 10. Kapitels der Offenbarung: „Und ich sah: Ein anderer gewaltiger Engel kam aus dem Himmel herab; er war von einer Wolke umhüllt, und der Regenbogen stand über seinem Haupt."

22 Arles, 24. Juni 1888. Zitiert nach: „Vincent van Gogh, Briefe", ausgewählt und herausgegeben von Bodo Plachta, Stuttgart 2001, S. 220.

23 Der Katalog zur Ausstellung „Kosmische Bilder in der Kunst des 20. Jahrhunderts" (mit dem hier abgebildeten Werk von Delaunay) der Staatlichen Kunsthalle Baden-Baden erschien 1983. Die Textbeiträge beginnen mit dem „Verlust des Kosmos – Kopernikanische Wende des Bewusstseins. Zur Geschichte einer Desillusion und ihrer ästhetischen Konsequenzen" von Marianne Kesting. Ihr Motto sind Verse von Paul Valéry aus den *Mauvaises pensées* mit dem Titel „Es war einmal": „Das Universum war ein Ganzes und hatte ein Zentrum. / Es gibt weder ein Ganzes noch ein Zentrum. / Aber man spricht immer noch vom Universum." Die Werkgruppen reichen von Delaunay, Wassily Kandinsky und Paul Klee bis zu Lucio Fontana, Günther Uecker und A. R. Penck mit Werken aus den 1960er Jahren.

24 Der zeitgenössischen Kunst widmete sich die Ausstellung „Heaven" (1999/2000) der Kunsthalle Düsseldorf und der Tate Gallery Liverpool (Katalog Stuttgart). Der Himmel wird als ein „höchst aktuelles Thema zur Diskussion [gestellt], das für Medienforscher, Soziologen und Anthropologen ebenso faszinierend sein dürfte wie für den Kunsthistoriker: das Thema des Religiösen – in einer von Moden und Märkten geprägten, mediengesättigten, vernetzungssüchtigen, nicht einem traditionellen Wahrheits- und Realitätsbegriff verpflichteten, sondern dem ‚Spektakel' verfallenen Gesellschaft. Welche Rolle dem Religiösen in einer solchen Gesellschaft zugestanden wird, in welchen Erzeugnissen unserer Kultur es inzwischen zum Ausdruck kommt, welche religiösen oder kultischen Praktiken wir den Idolen und Göttern der 90er Jahre zuteil werden lassen – um das zu überprüfen, wurden Werke von 35 Künstlern zusammengetragen." (Vorwort von Marie Louise Syring, Kunsthalle Düsseldorf).

Der Himmel – Die Botschaft christlicher Hoffnung

1 Vgl. Jürgen Moltmann, „Gott in der Schöpfung. Ökologische Schöpfungslehre", München 1985, 167–192, bes. S. 172: „Mit dem Ausdruck ‚Himmel' wird die gottoffene Seite der Schöpfung bezeichnet. [...wir können] den Himmel die relative Transzendenz der Erde und die Erde die relative Immanenz des Himmels nennen."

2 So im Midrasch zum Buch Genesis: „Warum bezeichnet man das geweihte Heilige auch als Makom (Ort)? Weil Er der Ort der Welt ist, und Seine Welt ihm nicht als Wohnstatt dienen könnte" (Genesis Rabba 68,10).

3 Vgl. in diesem Buch S. 46.

4 Übersetzung: Die Bibel. Die Heilige Schrift des Alten und Neuen Bundes. Vollständige deutsche Ausgabe, © Verlag Herder Freiburg im Breisgau 2005.

5 Vgl. dazu den Lehrentscheid „Benedictus Deus" von Papst Benedikt XII. aus dem Jahr 1336, in: Heinrich Denziger, „Enchiridion symbolorum definitionum et declarationum de rebus fidei et morum / Kompendium der Glaubensbekenntnisse und kirchlichen Lehrentscheidungen", verbessert, erweitert, ins Deutsche übertragen und unter Mitarbeit von Helmut Hoping herausgegeben von Peter Hünermann, Freiburg-Basel-Wien 2001, Nr. 1000–1002.

6 So spricht die hl. Thérèse von Lisieux von sich als dem Seelen-Vogel, dessen Flügel nicht ausreichen, sich zum Himmel aufzuschwingen: „In einem verwegenen Sich-Überlassen will er [der kleine Vogel] im Anblick seiner göttlichen Sonne verharren; nichts kann ihn erschrecken, weder Wind noch Regen, und wenn düstere Wolken ihm das Liebesgestirn verbergen, so rührt sich der kleine Vogel nicht von der Stelle. Es weiß ja, dass über den Wolken seine Sonne stets leuchtet" (Therese vom Kinde Jesu, „Selbstbiographische Schriften. Authentischer Text", ins Deutsche übertragen von Dr. Otto Iserland und Cornelia Capol, Einsiedeln [9]1981, S. 205.

7 Karl Rahner, Art. „Parusie", in: Karl Rahner / Herbert Vorgrimler (Hg.), „Kleines theologisches Wörterbuch", Freiburg [10]1976, S. 320 f.

8 Gottfried Bachl, „Verlockung Himmel?" Vortrag im Kath. Bildungswerk Bonn, Manuskripte Neue Folge 14, Bonn 1996.

9 Vgl. Claus Westermann, „Theologie des Alten Testamentes in Grundzügen", Göttingen 1978, S. 79.

10 Zitiert nach Erhard Kunz, „Protestantische Eschatologie. Von der Reformation bis zu Aufklärung"; in: „Handbuch der Dogmengeschichte" IV/7 c (1. Teil), Freiburg im Breisgau 1980, S. 88. Ohne die pietistischen, theosophischen und sonstigen zeitbedingten „Eierschalen" der Theologie Friedrich Christoph Oetingers (1702–1782) übernehmen zu wollen, scheint sich seine Vorstellung von der Vollendung der Schöpfung mit dem bisher Gesagten weitgehend zu decken.

BIBLIOGRAPHIE

Die Geschichte des Himmels

Ahorn, R., „Der Himmel. Was uns dort wirklich erwartet“, Holzgerlingen 2005

Angenendt, A., „Geschichte der Religiosität im Mittelalter“, Darmstadt 2000

Beinert, W., „Tod und Jenseits des Todes“, Regensburg 2000

Bellebaum, A. u. Schallenberg, P. (Hg.), „Glücksverheißungen. Heilige Schriften in der Menschheitsgeschichte“, Münster 2005

Bernheim, P.-A. u. Stavrides, G., „Welt der Paradiese – Paradiese der Welt“, Zürich 1992 (auch u.d.T. „Das Paradies. Verheißungen vom glücklichen Jenseits“, Düsseldorf 2004)

Bork, U., „Paradies und Himmel. Eine Reise an die Schwellen des Jenseits“, Stuttgart 2004

Delumeau, J., „Une histoire du Paradis“, 3 Bde., Paris 1992–2000

Dinzelbacher, P. (Hg.), „Mittelalterliche Visionsliteratur. eine Anthologie“, Darmstadt 1989

– , „Himmel, Hölle, Heilige. Visionen und Kunst im Mittelalter“, Darmstadt 2002

Dorn, K. u. Wagner, H., „Zum Thema Eschatologie, Tod, Gericht, Vollendung“, Paderborn 1992

Ebertz, M. N., „Die Zivilisierung Gottes. Der Wandel der Jenseitsvorstellungen in Theologie und Verkündigung“, In: „Zeitzeichen 14“, Ostfildern 2004

Flasch, K., „Eva und Adam. Wandlungen eines Mythos“, München 2004

Grabner-Haider, A., „Wieviel Himmel braucht der Mensch?“, in „Topos plus“ 437, Kevelaer 2004

Greshake, G., „Stärker als der Tod. Zukunft, Tod, Auferstehung, Himmel, Hölle, Fegfeuer“, Mainz 1976

Grimm, R.R., Paradisus coelestis – Paradisus terrestris. Zur Auslegungsgeschichte des Paradieses im Abendland bis um 1200, München 1997

Kessler, H. (Hg.), „Auferstehung der Toten. Ein Hoffnungsentwurf im Blick heutiger Wissenschaften“, Darmstadt 2004

Krauss, H. (Hg.), „Das Paradies. Eine kleine Kulturgeschichte“, München 2004

Lang, B., „Himmel und Hölle. Jenseitsglaube von der Antike bis heute“, München 2003

Lang, B. u. McDannell, C., „Der Himmel. Eine Kulturgeschichte des ewigen Lebens“, München 1996

Lauxmann, F., „Der philosophische Himmel. Wer erklärt uns die Welt am Beginn eines neuen Jahrtausends?“, München ²2002

Le Goff, J., „Die Geburt des Fegfeuers“, Stuttgart 1984

McGrath, A.E., „A Brief History of Heaven“, Oxford 2003

Merkt, A., „Das Fegfeuer. Entstehung und Funktion einer Idee“; Darmstadt 2005

Möbius, F. (Hg.), „Der Himmel über der Erde. Kosmossymbolik in mittelalterlicher Kunst“, Leipzig 1995

Oechslin, Chr., „Der Himmel der Seligen“, in: P. Jezler u.a., „Himmel, Hölle, Fegfeuer. Das Jenseits im Mittelalter“, München ²1994, S. 41–46

Russell, J.B., Geschichte des Himmels, Leipzig 1999

Schneidewind, F., „Das Lexikon von Himmel und Hölle“, o.O. (Leipzig), o.J. (2000)

Stickelbroeck, M., „Nach dem Tod. Himmel, Hölle, Fegefeuer“, in: „Fundamente“ 125, Augsburg 2004

Der Himmel – Die Botschaft christlicher Hoffnung

Medard Kehl, „Eschatologie“, Würzburg 1996

– „Dein Reich komme. Eschatologie als Rechenschaft über unsere Hoffnung“, Kevelaer 2003

– „Und was kommt nach dem Ende? Von Weltuntergang und Vollendung, Wiedergeburt und Auferstehung“, Mainz 2005

BILDNACHWEIS

AKG, Archiv für Kunst und Geschichte, Berlin: 2, 20, 128 r, 147 ul, 219
Art Archive, London: 110, 140, 159, 175, 180,
Artothek, Weilheim: F.: Joachim Blauel 32 l, F.: Ursula Edelmann 188, 190
Baumli Othmar, Meggen: 4/5
Bayerische Schlösserverwaltung: 151
Bayerische Staatsbibliothek, München: 19, 147 ur
Benediktinerinnenabtei St. Hildegard, Rüdesheim am Rhein: 93
Beyer Constantin, Weimar: 112/113
Bibel und Orient, Freiburg: 15 u, 27
Biblioteca Apostolica Vaticana: 14, 39, 50, 120 r, 121, 155, 164 u, 172, 215, 218
Bibliothèque nationale, Paris: 18, 160
Bibliothèque royale de Belgique, Bruxelles: 144
Bildarchiv Preussischer Kulturbesitz, Berlin: 7, 29, 102/103, 122, 176, 184, 187 o,
Bistum Magdeburg, St. Mechthild: 114
Bodleian Library, Oxford: 66
British Library, London: 51
Bunz Achim, München: 118
Cameraphoto Arte, Venedig: 208
Collection Heinz Kisters, Kreuzlingen, Privat Collection: 97
Dinzelbacher Peter, Werfen: 161 l
Diözesanmuseum Bamberg: 116
Dommuseum, Hildesheim: 36 l
Eichenberger Marc, Luzern: 10/11
EMB-Archiv, Adligenswil: 12, 15 o, 16, 23, 24, 30, 32 r, 35, 43, 44, 49, 52, 57, 59, 60, 61, 62, 63 o, 65, 72, 75 r, 78, 80, 81, 84 l, 89, 123, 126, 127, 129, 130, 131, 136, 141, 143 r, 146, 147 o, 148, 149, 150, 152, 153, 154, 156/157, 166, 167, 168 u, 170, 171 l, 173, 174, 179, 180 l, 196, 200, 202, 204
Erbengemeinschaft C.G.Jung, Oberwil BL: 187 u
ETH, Graphische Sammlung, Zürich: 98
Faksimile Verlag, Luzern: 139
Gerster Georg, Zumikon: 69, 70/71
Gisler Tobias, Adligenswil: 73
Idini Antonio, Rom: 77
Japanische Fremdenverkehrszentrale, Frankfurt a. M.: 134
Kerth Klaus, Pforzheim: 163
Kribus Peter, Paderborn: 85
Kunsthaus Zürich: 195
Kunstmuseum Basel: Kupferstichkabinett, Inv. X.2239: 84 r, F.: Martin Bühler, Inv.473: 91
Kunsthistorisches Museum, Wien: 165, 223
Landesmuseum für Vorgeschichte, Halle: 55
Lensini Fabio, Siena: 100/101
Michaelisgemeinde, Hildesheim: 75 l
Michigan-Princeton-Alexandria Expedition to Mount Sinai: 83
Musée des Arts Décoratifs de Strasbourg, F.: E. Bacher: 137
Musei Vaticani, Rom: 26
National Gallery of Art, Washington: 171 r
National Gallery of Victoria, Melbourne: 109
NTV, Tokyo: 53, 124/125
Opera del Duomo, Orvieto: 58
Pedicini Luciano, Neapel: 177
Radovan Zev, Jerusalem: 17, 22
Ravenna Tourismus: 87
RMN, Paris: 40, 41, 216, 220
Rheinisches Bildarchiv, Köln: 79
Scala Group, Antella: 105, 192/193
Schöner Jörg, Dresden: 106
Seitz-Gray Ursula, Frankfurt a. M.: 211
Staatliche Kunsthalle Karlsruhe: 191
Staatliche Münzsammlung, München: 186
Staatsbibliothek Bamberg: 8, 36 r, 198
Staatsgalerie, Stuttgart: 183, 210, 212/213
Sullivan Mary Ann, Bluffton: 47
Tate, London: 206
Tiroler Landesmuseum Ferdinandeum, Innsbruck: 162
Topkapi Museum, Istanbul: 68
Tourismus, Ravenna: 87
Universitätsbibliothek, Erlangen: 31
Werner Forman Archive, London: 63 u, 133, 135
Wetzel Christoph, Göppingen: 111, 128 l, 138, 145, 161 r, 169, 181 r, 185

REGISTER

Halbfett gedruckte Seitenzahlen beziehen sich auf die Bildlegenden (z.B. Künstler, Thema/Motiv, Textquelle, Auftraggeber).

Eine Produktion von EMB-Service für Verleger, Adligenswil/Luzern

Bildkonzept und Bildlegenden: Christoph Wetzel, Göppingen
Lektorat: Christoph Wetzel, Göppingen
Gestaltung: Franz Gisler, Adligenswil/Luzern
Umschlaggestaltung: Finken & Bumiller, Stuttgart
Satzherstellung: EMB-Service für Verleger, Adligenswil/Luzern
Fotolithos: Cover Communication, Mailand
Druck und Einband: Cover Communication, Mailand

Printed in Italy

ISBN-13: 978-3-451-29086-2
ISBN-10: 3-451-29086-3